Bruno Kurtze

Die Deutsch-Ostafrikanische Gesellschaft

Ein Beitrag zum Problem der Schutzbriefgesellschaften und zur Geschichte Deutsch-Ostafrikas

Bruno Kurtze

Die Deutsch-Ostafrikanische Gesellschaft

Ein Beitrag zum Problem der Schutzbriefgesellschaften und zur Geschichte Deutsch-Ostafrikas

ISBN/EAN: 9783955644499

Auflage: 1

Erscheinungsjahr: 2013

Erscheinungsort: Bremen, Deutschland

@ EHV-History in Access Verlag GmbH, Fahrenheitstr. 1, 28359 Bremen. Alle Rechte beim Verlag und bei den jeweiligen Lizenzgebern.

Die

Deutsch-Ostafrikanische Gesellschaft

Ein Beitrag zum Problem der Schutzbriefgesellschaften
und zur Geschichte Deutsch-Ostafrikas

Von

Dr. Bruno Kurtze

Mit einer Karte im Anhang

Vorwort.

Die vorliegende Arbeit über die Deutsch-Ostafrikanische Gesellschaft, deren Werdegang bis zur Ablösung ihrer Hoheitsrechte, nicht auch in seinem späteren Verlaufe, verfolgt wird, ist als ein monographischer Beitrag zum Problem der Schutzbriefgesellschaften gedacht. Diese Organisationen haben seit den Tagen des Merkantilismus, bald Handelskompagnien, bald Kolonisationsgesellschaften genannt, im Wirtschaftsleben Europas eine bedeutsame Rolle gespielt. Daß sie auch in der politischen Geschichte hervorgetreten sind, geht eine rein - wirtschaftliche Problemstellung zunächst nichts an. Sie hatten ihre Blütezeit zwischen 1650 und 1750 und verloren mit dem Aufkommen und Erstarken des wirtschaftlichen Liberalismus nicht nur praktisch, sondern auch theoretisch jeden Boden unter den Füßen. Erst die neuerlichen Expansionsbestrebungen der europäischen Staaten, seit Anfang der achtziger Jahre etwa, haben auch wieder Organisationen dieser Art geschaffen, wie die North-Borneo-Company, die hier betrachtete Deutsch-Ostafrikanische Gesellschaft und andere. Viele dieser Gesellschaften, und namentlich jene älteren, sind in der politischen Geschichte sowohl, wie unter dem Gesichtspunkte ihrer formalen, handelsrechtlichen Organisation und ihrer Bedeutung in der Geschichte der Unternehmungsformen behandelt worden. Eine Darstellung jedoch, die im besonderen ihre wirtschaftlichen Funktionen und ihre Stellung in der jeweiligen Wirtschaftspolitik ihrer Heimatstaaten berücksichtigt hätte, ist ihnen bisher in deutscher Sprache nicht und, soweit ich es feststellen konnte, auch in keiner fremden zuteil geworden, und so wird einstweilen neben anderen auch die Frage offen bleiben müssen, ob die älteren Kompagnien, wie die englisch-ostindische und die holländisch-ostindische, gemessen an dem Maßstab unserer geltenden sozialökonomischen Begriffe, als handelspolitische oder als kolonialwirtschaftliche Organisationen anzusehen seien.

Das spezifisch wirtschaftliche Schutzbriefproblem nun, um das es sich hier handelt, läßt sich etwa folgendermaßen formulieren: Ist eine Erwerbsgesellschaft ohne Vernachlässigung ihres eigentlichen Zweckes, der Erwirtschaftung einer Rente, in der Lage, in kolonialem Neuland die Regierung und alle mit ihr verbundenen zivilisatorischen Verpflichtungen, gegebenenfalls unter dem militärischen, maritimen und diplomatischen Schutz des Heimatstaates, zu übernehmen? Den Kernpunkt des Problems bildet demnach die Rentabilitätsfrage. Die andere, ob das Rechtsgefühl der Zeit, wie die Institutionen des geltenden Rechts es zulassen, daß öffentliche Funktionen in größerem Umfange in die Hände Privater gelegt werden, wie das bei den Schutzbriefgesellschaften geschieht, scheidet hier ganz aus. Sie ist eine Rechtsfrage und mit sozialökonomischem Rüstzeug nicht zu beantworten. Überhaupt sollten wir uns, wenn es gestattet ist, in diesem Zusammenhang einen allgemeineren Gesichtspunkt zu erwähnen, in kolonialpolitischen Dingen nachgerade energischer um eine strenge Scheidung der Rechts- und Wirtschaftsprobleme bemühen. Die Wissenschaft der Kolonialpolitik, oder besser vielleicht der Kolonialwirtschaft, dürfte ihren Vorteil dabei finden.

Wie schon einleitend gesagt, will die vorliegende Arbeit eine Monographie sein, die als solche erst eine der Unterlagen für die Lösung des aufgeworfenen Problems schafft. Die Lösung selbst liegt der Arbeit fern und muß ihr fern liegen; denn, hat man sich einmal entschlossen, sie auf historisch-induktivem Wege zu suchen, dann läßt es eben die Relativität der Einzelerscheinung nicht zu, aus den an ihr beobachteten Verhältnissen auf eine jeder Bedingtheit entkleidete Frage die entsprechende absolute Antwort zu finden. Vielmehr sind möglichst zahlreiche Einzelbeobachtungen nötig: das liegt im Wesen induktiver Forschung, zumal auf kolonialwirtschaftlichem Gebiete, wo, im Gegensatz zu Vorgängen innerhalb derselben Volkswirtschaft oder desselben Kulturkreises, fast jede Einzelerscheinung unter besonderen kulturgeschichtlichen und besonderen natürlichen Voraussetzungen steht.

Durch die liebenswürdige Vermittlung Professor Antons, meines verehrten Lehrers, ist mir das Kolonialschriftstellern selten beschiedene Glück zuteil geworden, Zugang auch zu archivalischen Quellen, zu den Akten der Deutsch-Ostafrikanischen Gesellschaft zu erhalten. Ihr und besonders Herrn Direktor Warnholtz fühle ich mich in dieser Angelegenheit lebhaft verpflichtet und möchte nicht versäumen, gleichzeitig auch der bereitwilligen Unterstützung der Herren

Konsul Vohsen und Bibliothekar Henoch bei Beschaffung weiterer quellenmäßiger Unterlagen dankbar zu gedenken. Wenn nun auch die Veröffentlichung dieses Materials in allen mit der Geschichte der Gesellschaft in Zusammenhang stehenden politischen Vorgängen nicht das letzte Wort bedeutet — das wird erst mit der Publikation des beim Auswärtigen und Kolonialamt befindlichen Aktenmaterials gesprochen werden können —, so dürfte sich doch in wirtschaftlicher Beziehung und speziell über die aufgeworfene Rentabilitätsfrage im Tatsächlichen nichts wesentlich Neues mehr ergeben.

Die Anregung zur Arbeit habe ich im kolonialwissenschaftlichen Seminar zu Jena von Herrn Professor Anton erhalten, dessen Belehrung und Kritik mich bei der Verarbeitung des Stoffes außerordentlich gefördert haben. Herrn Professor Anton an dieser Stelle meinen herzlichen Dank auszusprechen, ist mir ein Bedürfnis.

Durch das liebenswürdige Entgegenkommen Herrn Geheimrat Pierstorffs bin ich in der Lage, die Arbeit in den Abhandlungen des staatswissenschaftlichen Seminars zu Jena erscheinen zu lassen.

Berlin, im Mai 1913.

Dr. Bruno Kurtze.

NB. Im Text wird die »Deutsch-Ostafrikanische Gesellschaft« immer »DOAG« genannt.

Inhalt.

	Seite
Vorwort	V

I. Abschnitt. Einleitung.

1. Kapitel. Vorbereitungen der Gesellschaft für deutsche Kolonisation zur Erwerbung des Schutzbriefgebietes ... 1
2. Kapitel. Der Schutzbrief der DOAG ... 8
3. Kapitel. Die Eigenart des Tätigkeitsgebietes der DOAG.
   § 1. Englische Interessen in Ostafrika ... 14
   § 2. Politische und wirtschaftliche Zustände in Ostafrika vor Erteilung des Schutzbriefes an die DOAG ... 23

II. Abschnitt. Die DOAG als Schutzbriefgesellschaft (1885—1891).

1. Kapitel. Die DOAG mit vorherrschend politischem Charakter (1885—1887).
   § 1. Die Entwicklung der inneren Verfassung der DOAG ... 40
   § 2. Sicherung und Erweiterung des Schutzbriefgebietes ... 50
      a) Erweiterung des Territorialbesitzes der DOAG durch eigene Expeditionen ... 52
      b) Sicherung des Territorialbesitzes der DOAG durch die Reichsregierung ... 57
2. Kapitel. Die DOAG mit vorherrschend privatwirtschaftlichem Charakter (1887—1891).
   1. Teil. Die Ära Peters (1887—1888).
      § 1. Die Entwicklung der politischen Verhältnisse in Zanzibar bis zum Abschluß des Küstenvertrages ... 62
      § 2. Die Wirtschaftstätigkeit der DOAG unter Dr. Peters ... 76
   2. Teil. Die Ära Vohsen (1888—1891).
      § 1. Die Entwicklung der politischen Verhältnisse nach Abschluß des Küstenvertrages ... 105
      § 2. Die Wirtschaftstätigkeit der DOAG unter Konsul Vohsen ... 140
      § 3. Kompetenzkonflikte zwischen der Reichsvertretung in Zanzibar und dem Generalbevollmächtigten der DOAG Geltungsbereich des Küstenvertrages ... 153

III. Abschnitt. Ablösung der Hoheitsrechte der DOAG.

1. Kapitel. Der Vertrag vom 20. November 1890 ... 160
2. Kapitel. Die fernere Entwicklung der Privilegien der DOAG ... 172
Anhang ... 178
Literaturverzeichnis ... 197

I. Abschnitt.
Einleitung.

1. Kapitel.
Vorbereitungen der Gesellschaft für deutsche Kolonisation zur Erwerbung des Schutzbriefgebietes.

1. Kolonisationsprojekt. — 2. Kolonisationskapital. — 3. Die Gesellschaft für deutsche Kolonisation als politischer Verein.

Die Gesellschaft für deutsche Kolonisation, am 28. April des Jahres 1884 in Berlin von einigen Männern, unter denen sich schon damals Dr. Peters auszeichnete, ins Leben gerufen, trat vom Anbeginn ihrer Wirksamkeit an zu den bestehenden Vereinen ähnlicher Tendenz, besonders dem Deutschen Kolonialverein, in einen bewußten Gegensatz. Der Deutsche Kolonialverein, unter dem Präsidium des Fürsten Hohenlohe-Langenburg, trat zwar dennoch mit der Gesellschaft im Sommer desselben Jahres zwecks Zusammenschlusses in Unterhandlungen, wurde aber zurückhaltender, als im August und September 1884 Gerüchte von ihrem kühnen Kolonisationsprojekt und ihren noch kühneren Finanzierungsplänen in der Öffentlichkeit besprochen wurden. Ein bereits im Manuskript fertig gestellter freundschaftlicher Brief des Präsidiums des Kolonialvereins wurde nicht abgeschickt und dafür kurz und kühl eine ablehnende Ansicht formuliert. In diesen Tagen erschien auch in der Kolonialzeitung, dem offiziellen Organ des Deutschen Kolonialvereins, ein Artikel der Redaktion[1], in welchem im Anschluß an den offenbar fingierten Brief eines Vereinsmitgliedes Gelegenheit genommen wurde, die gegensätzlichen Überzeugungen der beiden Vereinigungen in höchst interessanter

---
[1] Deutsche Kolonialzeitung, I. Band, Heft 19, abgeschlossen 25. August 1884 (Kolonialverein und Kolonisations-Gesellschaften).

und für die damaligen kolonialpolitischen Ansichten charakteristischer Weise gegenüberzustellen.

Die Ziele des Deutschen Kolonialvereins waren, wie es an einer anderen Stelle desselben Bandes der Zeitschrift heißt, »das Verständnis der Notwendigkeit, die nationale Arbeit der Kolonisation zuzuwenden, in immer weitere Kreise zu tragen.« »Ist dieser Gedanke einmal in Fleisch und Blut unseres Volkes übergegangen, so wird er auch dem Nationalwillen das machtvolle Können verleihen: Denn noch ist die Welt nicht vergeben.« So glaubte der Verein, mit theoretisierender Aufklärungsarbeit der Forderung des Tages Genüge getan zu haben. Die Erwerbung von Kolonien selbst könne erst Sache des zwanzigsten Jahrhunderts sein, meinte Dr. Fabri.

Die Gesellschaft für deutsche Kolonisation aber steuerte von vornherein darauf los, deutsche Ackerbau- und Handelskolonien zu begründen, und insbesondere für »Beschaffung eines entsprechenden Kolonisationskapitals«, »Auffindung und Erwerbung geeigneter Kolonisationsdistrikte« und »Hinlenkung der deutschen Auswanderung in diese Gebiete« zu sorgen[1]). Dieser Gegensatz, wie die Kühnheit und Entschlossenheit des Handelns, schufen der Gesellschaft für deutsche Kolonisation bald zahlreiche Feinde, die jahrelang erbittert jede ihrer Lebensregungen bekämpft haben.

1. Kolonisationsprojekt.

Die geschäftsführende Körperschaft der Gesellschaft für deutsche Kolonisation war ein Ausschuß von höchstens 12 Mitgliedern, von denen 6 von der Hauptversammlung mit dem Recht der Kooptation von 6 weiteren Mitgliedern gewählt wurden. In der Zeit vom März 1884 bis Oktober 1884, also bis zur Aussendung der Usagara-Expedition, wechselte das Präsidium im Ausschuß dreimal: Bis 26. Mai führte Graf Behr-Bandelin, bis 24. Juli Freiherr Molitor v. Mühlfeld, dann Dr. Carl Peters den Vorsitz. Es ist falsch, diese Unbeständigkeit so zu deuten, daß innerhalb der Organisation große Meinungsverschiedenheiten über die Zwecke der Gesellschaft bestanden; geschlossen stand vielmehr der ganze Ausschuß gegen die theoretisierende Untätigkeit und Unfruchtbarkeit der übrigen kolonialpolitischen Vereine. Nur über das Kolonisationsprojekt konnte man sich lange nicht einigen.

---

[1]) Satzungen der Gesellschaft für deutsche Kolonisation aus dem Jahre 1884.

Es war noch unter dem Vorsitz des Freiherrn Molitor v. Mühlfeld, als sich die Sympathien der Ausschußmehrheit dem von einem Reeder ausgehenden Plan zuwandten, in Argentinien eine deutsche Kolonie ins Leben zu rufen. Gerade auf Südamerika richteten sich im Anfang der achtziger Jahre hoffnungsvoll die Blicke vieler Kolonialfreunde[1]). Hier gab es Siedelungsland, das sich für den Ackerbau und die Viehzucht eignete; das Klima war gesund, und, was die meisten anzog, in Südbrasilien hatte das Deutschtum seine ersten Siedelungserfolge errungen, während Afrika, wenigstens für die breite Öffentlichkeit und die als Siedler in Betracht kommenden Kreise noch immer eine terra incognita und darüber hinaus ein gefürchtetes Land war. Es darf darum nicht wunder nehmen, wenn sich auch im Ausschuß der Gesellschaft für das argentinische Projekt eine starke Mehrheit einsetzte. Nur der energische Widerstand der von Dr. Lange geführten Minderheit verhinderte seine Ausführung. Dieser Gruppe schien Südamerika für einen Gebietserwerb seitens des Deutschen Reiches, oder, wie im Ausschuß vorsichtig gesagt wurde, für eine »deutsch-nationale Kolonie« nicht geeignet. Der ganze Plan ging zudem von den anfechtbaren Interessen jenes Reeders aus[2]).

Außer Argentinien standen im Juni und Juli 1884 noch zwei Gegenden Afrikas als eventuelle Kolonisationsprojekte im Ausschuß zur Besprechung. Das eine betraf die Länder am Kuango[3]) und wurde von einem Major v. Mechow, der die Gegenden bereist hatte, empfohlen, das andere bezog sich auf das Humpatagebirge im Hinterlande von Mossamedes und ging von dem Missionsinspektor und Superintendenten Merensky aus.

Jenes fand keine Gnade vor den Augen des Ausschusses, dessen Vorsitz übrigens seit dem Fall des südamerikanischen Projektes nicht mehr Freiherr Molitor v. Mühlfeld, sondern Dr. Carl Peters führte. Unter ihm[4]), jedoch gegen seinen Willen, wurde der Vorschlag Merensky angenommen und am 19. August 1884 einer nach Berlin berufenen Versammlung von Anteilscheininhabern

---

[1]) »Export«, redigiert von Dr. Jannasch. Deutsche Kolonialzeitung, I. Bd., Heft 19. Ferner die Kolonisationspläne des Vereins für Handelsgeographie in Leipzig.

[2]) Lange, Reines Deutschtum. 4. Aufl., 1904. Anh. 1: Kolonialpolitische Erinnerungen.

[3]) Wagner, Deutsch-Ostafrika. Berlin 1888. S. 22, 23. Dr. Lange, a. a. O. Graf von Pfeil, Zur Erwerbung von Deutsch-Ostafrika. Berlin, Curtius, 1907.

[4]) Dr. Carl Peters, Die Gründung von Deutsch-Ostafrika. 1906. S. 46ff Wagner, a. a. O., S. 22, 23. Graf von Pfeil, a. a. O.

unterbreitet. »Sie billigten dasselbe vollkommen«[1]). Da die Reichsregierung jedoch durchblicken ließ, daß sie den Plan keineswegs begünstigen werde und ihre eventuelle Unterstützung versagte, so kam man noch in letzter Stunde von seiner Ausführung zurück und faßte, zunächst in privaten Besprechungen zwischen Dr. Peters, Dr. Lange und Graf Pfeil und auf Empfehlung des letzteren, die Landschaft Usagara ins Auge. Die Initiative vor dem Ausschuß überließ man Dr. Peters, der am 16. September unter seinem Namen den Antrag einbrachte, »daß Mossamedesprojekt fallen zu lassen und dafür an der Ostküste Afrikas, Zanzibar gegenüber, in Usagara, falls dies nicht möglich, an einem anderen Punkt der Ostküste die Landerwerbung der Gesellschaft für Deutsche Kolonisation vorzunehmen.« Diese neuen Vorschläge wurden angenommen[1]) und Dr. Carl Peters, Dr. jur. Jühlke und Graf Pfeil mit der Ausführung der Expedition beauftragt.

2. Kolonisationskapital.

Mit der Annahme des Antrages Dr. Peters' vom 16. September war die Frage nach dem Kolonisationsgebiet endgültig beantwortet. Schon einen Monat früher war es gelungen, dem Unternehmen eine finanzielle Grundlage zu geben und damit die zweite wichtige Voraussetzung für die beabsichtigte koloniale Tat zu schaffen. Jedoch auch in dieser Hinsicht bedurfte es erst eines regen Gedankenaustausches zwischen den führenden Männern des Ausschusses, Dr. Lange und Dr. Peters, ehe ein festumrissener Plan vorlag. Man kam schließlich dahin überein, den Grundstock des Kolonisationskapitals durch einen Aufruf, der sich an alle Kreise der Nation wenden sollte, zu schaffen, daneben aber den Versuch zu machen, auch Kapitalisten zur Beteiligung heranzuziehen.

Am 25. Juli wurde ein Aufruf zur Zeichnung von Beträgen von mindestens 5000 Mk. beschlossen und veröffentlicht[2]). Im Gegensatz zu dem weiter unten besprochenen Aufruf an kleine Zeichner, der die Zeichnungen ausdrücklich als à fonds perdu gegeben wissen will, fehlte im vorliegenden ein solcher Hinweis. Er möchte aus rein taktischen Gründen unterblieben sein. Es ist aber anzunehmen, daß jeder, der 5000 Mk. zeichnete, sich bewußt war, ein Risiko, das einer Weggabe à fonds perdu gleichkam,

---
[1]) Wagner, a. a. O, S. 23.
[2]) Mitgeteilt bei Wagner, a. a. O., S. 16.

zu laufen. Spätestens jedenfalls mußte ihm diese Erkenntnis in der auf den 19. August einberufenen orientierenden Versammlung gekommen sein.

Während dieser Aufruf der Petersschen Idee, auch Kapitalistenkreise für die Gründung einer Kolonie zu interessieren, entsprang[1]), folgte der zweite, welcher »fast gleichzeitig erging«[2]), dem Vorschlage des Dr. Lange[3]). Er wandte sich allgemein an kleine Zeichner, indem er zu Spenden in jeder beliebigen Höhe aufforderte, richtete sich also nicht an einen begrenzten Personenkreis und gab auch dem verhältnismäßig Unbemittelten Gelegenheit, sich an einer nationalen Großtat direkt zu beteiligen. Die Einschränkung, daß jeder dieser kleinen Zeichner auch Mitglied der Gesellschaft für deutsche Kolonisation zu werden bereit sein müsse, ändert den Grundgedanken nicht. Die Beteiligung unbemittelter Kreise gibt dem ganzen ostafrikanischen Unternehmen eine Eigentümlichkeit, die es von anderen ähnlichen, wie der Neu-Guinea-Kompagnie oder der Deutschen Kolonialgesellschaft für Südwestafrika durchaus unterscheidet. Wir werden in einem folgenden Abschnitt zu zeigen haben, wie weit und inwiefern sich diese sogenannten kleinen Zeichner als ein Hindernis für die normale Entwicklung des Unternehmens erwiesen und wie sie infolgedessen allmählich in den Hintergrund gedrängt und durch kapitalkräftigere Kreise ersetzt wurden.

Daneben interessieren an diesem Aufruf zur Bildung eines Kolonisationsfonds der Gesellschaft für deutsche Kolonisation noch zwei andere Dinge: die Natur der Zeichnungen und der Einfluß der Zeichner auf die unmittelbare Verwendung des Fonds. Die Summen wurden »ausgesprochenermaßen« à fonds perdu verlangt, wenn man auch Eventualitätsrechte an kolonialem Landbesitz zusicherte. Einen Einfluß auf die Verwendung hatte keiner der Fondszeichner, die, wie oben dargelegt, alle Mitglieder der Gesellschaft sein sollten; denn laut Satzungen durfte der Ausschuß die »eingegangenen Gelder« ganz nach seinem Ermessen verwenden, sich freilich von den Gesellschaftszwecken nicht entfernen. Ein anderer Abschnitt der Satzungen gab dem Ausschuß die Initiative in der Erledigung aller inneren und äußeren Angelegenheiten und das Verfügungsrecht über das Gesellschaftsvermögen. Abschnitt V, 7 ebenda enthob ihn gleichzeitig jeder Verantwortung

---
[1]) Dr. Peters, a. a. O., S. 52.
[2]) Wagner, a. a. O., S. 16. Der Aufruf mitgeteilt bei Wagner, S. 17.
[3]) Dr. Peters, a. a. O., S. 52.

in der Geschäftstätigkeit. In diesem Zusammenhang wird es verständlich, warum die Fondszeichner nicht, wie gleichzeitig doch die großen Zeichner, zu einer orientierenden Versammlung geladen, vielmehr »nach glücklichem Gelingen des Kolonisationsplanes« auf einen Bericht vertröstet wurden. Die Maßnahme lag aber auch im Interesse einer schnellen und ungehinderten Durchführung des Projektes. Trotzdem setzte fast die gesamte Presse diesem Finanzierungsplan den heftigsten Widerstand entgegen.

Die auf den 19. August einberufene Versammlung der großen Zeichner führte, weil sich nicht genug Persönlichkeiten gefunden hatten, die gleich 5000 Mk. für ein zwar patriotisches, aber höchst riskantes Unternehmen hergeben wollten, zu dem Entschluß, neben den großen und kleinen Anteilscheinen auch solche zu 500 Mk. auszugeben. Sie brachten zusammen mit der ersten Rate der 5000 Mk.-Anteile (in Höhe von 1000 Mk.) 45000 Mk., die kleinen Zeichnungen 20000 Mk.[1]). Dr. Lange[2]) nennt kleinere Summen; auch bei Dr. Peters finden sich andere Zahlen[3]). Zur Überwachung der Verwendung des gesamten Kapitals wurde aus den Anteilscheinzeichnern eine Kontrollkommission gebildet.

Eine besondere Schwierigkeit entstand, als das Mossamedesprojekt ersetzt werden mußte, ohne daß die Zeichner des Kolonisationskapitals um ihre Zustimmung gefragt worden wären. Ein namhafter Rechtsgelehrter, wie es bei Wagner heißt, äußerte sich über die damit geschaffene Rechtslage, insbesondere über die Verpflichtung der Zeichner, auch unter den veränderten Verhältnissen ihr eingegangenes Zahlungsversprechen aufrecht zu erhalten, folgendermaßen[4]): »Die Unternehmer der Gründung einer deutschen Kolonie in Afrika hatten solche Herren, die sich für ein solches Projekt interessieren möchten, eingeladen, um sie zur Zeichnung von Beiträgen zu veranlassen. Den Versammelten wurde nur mitgeteilt, daß ein solches Projekt zu unterstützen, resp. durch Beiträge möglich zu machen sei, und es wurde von ihnen daraufhin die Zeichnung von Beiträgen gewährt. In dem vollen Vertrauen, daß die Unternehmer, das heißt die Mitglieder des Ausschusses, die besten Schritte zur Ausbildung des Unternehmens tun würden, zeichnete darauf eine Mehrzahl von Herren bestimmte Beiträge und verpflichtete sich zu deren ratenweiser Zahlung. Darin lag

---

[1]) Wagner, a. a. O., S. 19, 23.
[2]) Dr. Lange, a. a. O.
[3]) Dr. Peters, a. a. O., S. 54.
[4]) Mitgeteilt bei Wagner, a. a. O., S. 27, Anmerkung.

die unbeschränkte Vollmacht für den Ausschuß, nach bestem Ermessen zu handeln. Wenn den Zeichnern nachträglich das in Aussicht genommene Projekt vertrauensvoll mitgeteilt wurde, so ist aus dem Zusammenhang dieser Vorgänge doch nicht zu entnehmen, daß die Zeichner an ihre Zeichnung nur gebunden blieben, wenn das speziell ihnen nachträglich mitgeteilte Projekt ausgeführt wurde, vielmehr war es Recht und Pflicht des Ausschusses, das Projekt den Umständen und Konjunkturen entsprechend zu ändern, nachdem sich herausgestellt hatte, daß das ursprüngliche Projekt unmöglich war. Hiernach bedurfte es weder einer vorherigen Mitteilung, noch einer Genehmigung der Zeichner, denn der Ausschuß handelte innerhalb der Grenzen seiner Vollmacht.«

5. Die Gesellschaft für deutsche Kolonisation als politischer Verein.

So waren denn alle Vorbereitungen zur Gründung einer deutschen Kolonie getroffen: Man hatte ein Projekt und »für den ersten Wurf« das nötige Kapital. Nicht die Interessen eines Kaufmanns oder eines hanseatischen Kaufhauses veranlaßten diesmal die vorbereitenden Schritte zur Gründung einer deutschen Kolonie, sondern das in der Gesellschaft für deutsche Kolonisation zusammengefaßte kolonialpolitische Interesse weiter Kreise der Nation. Die Gründung Deutsch-Ostafrikas war eine nationale Tat nicht nur im Hinblick auf ihre Bedeutung, sondern vor allem auch in Anschung der Tatsache, daß sie durch national und nicht wirtschaftlich orientierte Kreise inauguriert wurde.

Dieser Eigenart entsprach auch die in der Geschichte der Kolonisation einzigartige Tatsache der Organisation des kolonialpolitischen Wollens in Gestalt eines eigentlich politischen Vereins, dessen Mitgliedschaft jeder Deutsche gegen einen geringen Jahresbeitrag erwerben konnte. Der Verein besaß weder Erwerbsinteressen, noch glich er in seiner Verfassung einer Erwerbsgesellschaft. Hier lag aber gleichzeitig eine Fehlerquelle für die ganze spätere Entwicklung des Unternehmens, das in fast dreijähriger Arbeit einen guten Teil seiner Kräfte in Organisationsfragen festlegen mußte, ehe es ihm gelungen war, sich von den Eierschalen des politischen Vereins zu befreien und als eine regelrechte Charter- oder Schutzbriefgesellschaft seine eigentliche kolonisatorische Tätigkeit beginnen zu können.

2. Kapitel.
Der Schutzbrief der DOAG.

1. Kompetenzverteilung zwischen der Reichsregierung und der Gesellschaft. — 2. Rechtsverhältnis zwischen Schutzgebiet und Reich. — 3. Eigenart des Schutzbriefes der DOAG.

Nachdem Dr. Peters, Dr. Jühlke und Graf Pfeil in den Monaten November und Dezember 1884 die Landschaften Usagara, Useguha, Nguru und Ukami durch eine Anzahl von Verträgen[1]) mit zehn einheimischen Häuptlingen erworben hatten[2]), kehrte Dr. Peters Anfang Februar nach Deutschland zurück. Die Verträge wurden dem Auswärtigen Amte vorgelegt, welches am 27. Februar 1885, einen Tag nach Beendigung der Kongokonferenz, einen Schutzbrief für die erworbenen Gebiete erteilte. Die Rechtsgültigkeit der mit den Häuptlingen abgeschlossenen Verträge war damit anerkannt.

Offenbar lag Bismarck daran, von der nunmehr vollzogenen Tatsache einer deutschen Erwerbung im sogenannten konventionellen Kongobecken möglichst wenig Aufhebens zu machen, um die Signatarmächte nicht vor den Kopf zu stoßen. Aus diesem Grunde dürfte er den Schutzbrief erst nach Beendigung der Konferenz am 26. Februar erteilt haben. Seine Presse, die Norddeutsche Allgemeine Zeitung, wie die Kreuzzeitung, nahmen nicht einmal Notiz von dem Ereignis, während sie in langatmigen Artikeln den Schlußakt der Kongokonferenz bis auf höchst nebensächliche Einzelheiten beschrieben, oder, wie die Kreuzzeitung, es sich angelegen sein ließen, das in der Konferenz zutage getretene freundschaftliche Verhältnis zwischen Deutschland und Frankreich[3]) in den Vordergrund der Betrachtung zu stellen.

Erst allmählich, nachdem schon von Kreisen, welche der Gesellschaft für deutsche Kolonisation nicht freundlich gesinnt waren, Gerüchte von dem Scheitern der Gesellschaftsexpedition verbreitet worden waren, sickerte die Neuigkeit durch. Zuerst in der Täglichen Rundschau besprochen, gingen dann auch die Blätter der Regierung darauf ein, jedoch nicht, ohne vorher die Veröffentlichung des Schutzbriefes am 3. März im Reichsanzeiger abgewartet zu haben. Und auch dann noch begnügte sich die Nord-

---
[1]) Es waren 12 Verträge. Einige sind im Anhang I abgedruckt.
[2]) Über den Verlauf der Expedition siehe Dr. Peters, a. a. O., S. 70ff., und Wagner, a. a. O., S. 25ff.
[3]) Vgl. Anton, Entwicklung des französischen Kolonialreiches. Dresden 1897. S. 26ff.

deutsche Allgemeine Zeitung mit der bloßen Wiedergabe des Schutzbriefes unter Verzicht auf jeden Kommentar, während die Kreuzzeitung im Anschluß an die Notizen in der Täglichen Rundschau und der Frankfurter Zeitung sich mit dem Gegenstande etwas ausführlicher beschäftigte.

Der Kaiserliche Schutzbrief hatte folgenden Wortlaut:

»Wir, Wilhelm, von Gottes Gnaden Deutscher Kaiser, König von Preußen, tun kund und fügen hiermit zu wissen: Nachdem die derzeitigen Vorsitzenden der »Gesellschaft für deutsche Kolonisation« Dr. Carl Peters und Unser Kammerherr, Felix, Graf Behr-Bandelin, Unsern Schutz für die Gebietserwerbungen der Gesellschaft in Ostafrika, westlich von dem Reiche des Sultans von Zanzibar, außerhalb der Oberhoheit anderer Mächte, nachgesucht und Uns die von besagtem Dr. Carl Peters zunächst mit den Herrschern von Usagara, Nguru, Useguha und Ukami im November und Dezember vorigen Jahres abgeschlossenen Verträge, durch welche ihm diese Gebiete für die deutsche Kolonisationsgesellschaft mit den Rechten der Landeshoheit abgetreten worden sind, mit dem Ansuchen vorgelegt haben, diese Gebiete unter Unsere Oberhoheit zu stellen, so bestätigen Wir hiermit, daß Wir diese Oberhoheit angenommen und die betreffenden Gebiete, vorbehaltlich Unserer Entschließungen auf Grund weiterer Uns nachzuweisender vortragsmäßiger Erwerbungen der Gesellschaft oder ihrer Rechtsnachfolger in jener Gegend, unter Unseren Kaiserlichen Schutz gestellt haben. Wir verleihen der besagten Gesellschaft unter der Bedingung, daß sie eine deutsche Gesellschaft bleibt, und daß die Mitglieder des Direktoriums oder die sonst mit der Leitung betrauten Personen Angehörige des Deutschen Reiches sind, sowie den Rechtsnachfolgern dieser Gesellschaft unter der gleichen Voraussetzung, die Befugnis zur Ausübung aller aus den Uns vorgelegten Verträgen fließenden Rechte, einschließlich der Gerichtsbarkeit gegenüber den Eingeborenen und den in diesen Gebieten sich niederlassenden oder zu Handels- und anderen Zwecken sich aufhaltenden Angehörigen des Reiches und anderer Nationen, unter der Aufsicht Unserer Regierung und vorbehaltlich weiterer von Uns zu erlassender Anordnungen und Ergänzungen dieses Unseres Schutzbriefes.

Zu Urkund dessen haben wir diesen Schutzbrief Höchsteigenhändig vollzogen und mit Unserem Kaiserlichen Insiegel versehen lassen.

Gegeben Berlin, den 27. Februar 1885.

(gez.) Wilhelm
(gegengez.) v. Bismarck.

In seiner fast lakonischen Kürze und summarischen Ausdrucksweise könnte man den Schutzbrief als ein Symptom dafür ansehen, daß das Gebiet der Kolonialpolitik und des Kolonialrechtes für alle Kreise Deutschlands, die kaufmännischen wie die gelehrten, insbesondere aber auch für die Reichsregierung ein absolut unbekanntes war, auf dem man zunächst erst einmal die Anfangsgründe lernen mußte, wenn es überhaupt vorwärts gehen sollte. Schon der der Neu-Guinea-Kompagnie wenige Monate später erteilte Brief war detaillierter, ohne doch von anderer Art zu sein und den englischen Vorbildern auch nur einen Schritt näher zu kommen.

1. Kompetenzverteilung zwischen der Reichsregierung und der DOAG.

Inhaltlich können wir den Schutzbrief trotz seiner Dürftigkeit im Materiellen in zwei Teile zerlegen: Kompetenzen der Gesellschaft und solche der Reichsregierung. Das einzige der DOAG zugewiesene Recht war »die Befugnis zur Ausübung aller aus den uns vorgelegten Verträgen fließenden Rechte«, welch letztere der Schutzbrief selbst an einer anderen Stelle als »Rechte der Landeshoheit« bezeichnet. Die Verleihung der Landeshoheit ist nun zwar die einzige Konzession, welche der DOAG im Schutzbrief gemacht wird; sie ist aber gleichzeitig so umfassend, daß neben ihr kaum noch eine andere Platz gehabt hätte. Erstreckt sie sich doch sogar auf »die Angehörigen des Reiches und anderer Nationen« und nicht nur bloß auf die »Eingeborenen«. Hätte sie doch selbst der DOAG das Recht gegeben, alle privatrechtlichen Erwerbszweige autonom zu monopolisieren, wenn in Ostafrika nicht die Gültigkeit der Kongoakte derartige Aspirationen wenigstens für einen Staat unmöglich gemacht hätte, der sich seiner internationalen Verpflichtungen bewußt war.

Während nun die DOAG die staatsrechtliche Landeshoheit erhielt, übernahm die Reichsregierung die völkerrechtliche Vertretung mit den Worten des Schutzbriefes: »So bestätigen Wir hiermit, daß Wir   die betreffenden Gebiete   unter Unseren

Kaiserlichen Schutz gestellt haben.« Eine praktische Anwendung fand dieser Passus noch im Jahre 1885, als die Reichsregierung sich genötigt sah, die Grenzen des Schutzgebietes gegen die Ansprüche des Sultans von Zanzibar sicher zu stellen. Neben der völkerrechtlichen Vertretung beanspruchte das Reich aber auch eine staatsrechtliche »Oberhoheit«, die in den letzten Worten der Urkunde inhaltlich dahin bestimmt wird, daß die Ausübung der Landeshoheit stattfinden solle »unter der Aufsicht Unserer Regierung und vorbehaltlich weiterer von Uns zu erlassender Anordnungen und Ergänzungen dieses Unseres Schutzbriefes.« Die Reichsregierung behielt sich also erstens ein Aufsichtsrecht über die Ausübung der Landeshoheit und zweitens autonome Eingriffe in die Kompetenzen der DOAG vor. Übrigens ist durch die ganz eigenartige Entwicklung der ostafrikanischen Verhältnisse, welche dahin führte, daß die DOAG nach der kurzen Episode der Generalvertretung Dr. Peters' ihr Tätigkeitsgebiet aus dem eigentlichen Schutzbriefgebiet weg an die Küste verlegte, eine praktische Anwendung der in jener Urkunde aufgestellten staatsrechtlichen Normen nicht eingetreten. In diesem Betracht können wir überhaupt kein objektives Urteil darüber aussprechen, ob der Schutzbrief der DOAG den praktischen Anforderungen, die an ihn zu stellen waren, genügt haben würde. Meine Überzeugung geht dahin, daß es zu schweren Konflikten zwischen der Reichsregierung und der Gesellschaft hätte kommen müssen, wenn jene es nicht sollte vorgezogen haben, beizeiten den embryonalen Zustand des Schutzbriefes durch eine detaillierte und die Einzelheiten präzisierende Bearbeitung zu beseitigen, bzw. Ergänzungen durch Ausführungsverordnungen zu schaffen.

2. Rechtsverhältnis zwischen Schutzgebiet und Reich.

Juristischen Theoretikern hat das eigentümliche Rechtsinstitut zu tiefgründigen Erörterungen und weitschichtigen Auseinandersetzungen über die staats- oder auch völkerrechtlichen Beziehungen des Schutzgebietes zum Reich schon in den 80er Jahren Veranlassung gegeben[1]). Es war vornehmlich der Begriff Oberhoheit, dem verschiedene Deutungen gegeben wurden, so daß die einen

---

[1]) Pann, Das Recht der deutschen Schutzherrlichkeit. Eine staats- und völkerrechtliche Studie. Wien, Manzsche Hofbuchhandlung, 1887. Joel in den Annalen des Deutschen Reiches, Jahrg. 1887, S. 191 ff. Ferner bei Laband, in den zahlreichen Schriften v. Stengels über Kolonialrecht, bei G. Meyer, Die staatsrechtliche Stellung der deutschen Schutzgebiete, Leipzig 1888.

das Schutzbriefgebiet ein Protektorat, die anderen einen sekundären Staat, die dritten eine Provinz des Reiches nannten. In engem Konnex mit der Erörterung des Begriffes Oberhoheit standen zwei andere Fragen: Hatte die Schutzbriefgesellschaft ihre Hoheitsrechte als Eigentum bekommen oder war ihr nur die Ausübung derselben überlassen worden? Von wem erhielt die Schutzbriefgesellschaft ihre Hoheitsrechte, vom Reich oder von den Häuptlingen, mit denen sie ihre Verträge abgeschlossen hatte?

Diese Erörterungen waren rein akademischer Natur. Die Reichsregierung hat jedenfalls nicht nur die Einziehung des Schutzbriefes der DOAG, 1890, als ihr gutes Recht angesehen, sondern es für selbstverständlich gehalten, daß die Hoheitsrechte der Gesellschaft ohne weiteres an das Reich übergingen, ganz unbekümmert darum, ob das formell überhaupt zulässig war oder nicht.

3. Eigenart des Schutzbriefes der DOAG.

Von besonderem Interesse sind nun nicht die formalen, zudem durchaus strittigen Fragen nach dem Wesen der Oberhoheit, der Herkunft der Hoheitsrechte und dem Gegenstande der Verleihung, sondern die im Schutzbrief genannten Kompetenzen selbst.

Wir haben schon eingangs angedeutet, daß die DOAG mit den Rechten der Landeshoheit ausgestattet wurde, und können hier hinzufügen, daß der Schutzbrief dies Gebiet staatsrechtlicher Kompetenzfragen — von einer einzigen Stelle abgesehen — überhaupt nicht verläßt. Er beschäftigt sich weder mit der Organisation der DOAG als Gesellschaft, noch mit ihren etwaigen privatwirtschaftlichen Unternehmungen, noch mit ihrer kolonisatorischen Tätigkeit überhaupt. Er oktroyiert in keiner dieser Beziehungen besondere Verpflichtungen, wenn wir von der einzigen absehen, daß sie eine deutsche Gesellschaft bleiben und mit der Leitung nur Angehörige des Deutschen Reiches betrauen soll. Diese Bedingung fand sich schon in den ältesten Charters des 17. und 18. Jahrhunderts und hatte da ihre Ursache in den herrschenden merkantilistischen Grundsätzen der Wirtschaftspolitik. Sie rettete sich in die modernen englischen Schutzbriefe hinüber und fand von dort Eingang auch in die deutschen. Mit wirtschaftlichen Gründen, wie das die Zeit des Merkantilismus getan hat, wird man sie heute kaum stützen können. Um so mehr aber fallen politische Momente ins Gewicht, die gerade bei einer Schutzbriefgesellschaft wie der DOAG mit ihren weitgehenden öffentlichrechtlichen Befugnissen den Ausschlag geben mußten.

Abgesehen also von der Verpflichtung der DOAG, ihren nationalen Charakter zu bewahren, enthält der Schutzbrief nichts als eine noch dazu sehr unbestimmte Verteilung der aus der Staatsgewalt fließenden Hoheitsrechte im Schutzgebiet zwischen der Reichsregierung und der Gesellschaft. Ähnlich sagt Jäckel[1]), daß man »unter Erteilung eines Schutzbriefes gegenwärtig die Verleihung staatlicher Hoheitsrechte zu verstehen hat, wenn die über den Verleihungsakt ausgestellte öffentliche Urkunde die Bezeichnung »Schutzbrief« führt. Damit soll gesagt sein, daß das Reich seinen Schutz zusagt, d. h., es verspricht, das völkerrechtlich bisher herrenlose Land dem Ausland gegenüber als Inland zu vertreten.« Nach Romberg[2]) wird den Gesellschaften im Schutzbrief Auftrag erteilt, das Schutzgebiet in effektiver Weise in Besitz zu nehmen. Hinzuzufügen ist allen drei Definitionen, daß es sich dabei nur um deutsche Schutzbriefe handelt, eine Tatsache, die wir darum mit aller Schärfe hervorheben müssen, weil der Inhalt der englischen modernen Charter wesensverschieden von dem der deutschen Schutzbriefe ist[3]).

Der Staatssekretär Graf Herbert Bismarck äußerte sich einmal in einer Unterredung, die er mit Konsul Vohsen von der DOAG hatte, über die englische Charter dahin, daß sie ein auf republikanischer Staatsorganisation begründetes Dokument sei und sich darum für die DOAG und deutsche Verhältnisse nicht eigne. Er lenkte dann allerdings diplomatisch-widerspruchsvoll ein und meinte, ein Kaiserlicher Schutzbrief bedeute genau dasselbe. Es ist aus dem Zusammenhang leider nicht ersichtlich, welche Besonderheiten den Staatssekretär veranlaßt haben könnten, die englische Charter republikanisch zu nennen, und ob er den deutschen Schutzbrief etwa als eine monarchische Institution dachte.

Wir sehen hier auch davon ab, den letzteren als Charter oder Oktroi zu bezeichnen. Die beiden Benennungen haben nach ihrer ganzen Vergangenheit und dem ihnen durch die Geschichte ge-

---

[1]) Jäckel, Die Landgesellschaften in den deutschen Schutzgebieten. Jena 1909. S. 23.

[2]) Romberg, Die rechtliche Natur der Konzessionen und Schutzbriefe in den deutschen Schutzgebieten. Heft 17 und 18 der kolonialen Abhandlungen. Berlin 1908. Zitiert bei Jäckel a. a. O., S. 23.

[3]) Die englische Charter regelt 1. die innere Organisation der Kompagnie, spezialisiert 2. das Aufsichtsrecht der Regierung, begrenzt und detailliert 3. den politischen und wirtschaftlichen Wirkungskreis der Kompagnie und auferlegt ihr 4. gewisse humanitäre und öffentliche Verpflichtungen. Siehe Carton de Wiart, Les grandes compagnies coloniales anglaises du XIXe siècle. Paris 1899. Besonders S. 220 ff.

gebenen Inhalt nichts mit einem deutschen Schutzbrief gemein. Ein solcher ist lediglich eine Urkunde über Kompetenz-Verleihung und -Verteilung bezgl. der Hoheitsrechte im Schutzgebiet.

3. Kapitel.
Die Eigenart des Tätigkeitsgebietes der DOAG.

§ 1.
Englische Interessen in Ostafrika.

Seit England sich im 17. Jahrhundert in Indien festzusetzen begonnen hatte, bestanden Beziehungen zwischen dem Vereinigten Königreich und der Küste Ostafrikas und Arabiens. Inder trieben nach dem Südosten Arabiens, manche auch nach Zanzibar und Mombas Handel, den die Englisch-Ostindische Kompagnie zu schützen und zu pflegen sich veranlaßt sah. In diesem Bestreben hatte sie 1820 von Bombay eine Expedition von Sepoys nach Maskat entsandt, um einen räuberischen arabischen Stamm, der im Gebiet des Seyyid Said von Maskat saß, zu züchtigen.

Vier Jahre später, 1824, war es ein Kapitän der englischen Marine, Owen, der in die Kämpfe zwischen den Saids in Maskat und den Msara in Mombassa eingriff, zwei Dynastien, von denen die erstere die Souveränität auch über das Gebiet der letzteren beanspruchte[1]). Die Msara, hart bedrängt, baten Owen um englischen Schutz, den er auch gewährte, indem er über Mombassa und seine Dependencen, mit Einschluß von Pemba und der Küste zwischen dem Flusse Pangani und Malindi, das britische Protektorat erklärte. England erkannte sein Vorgehen aber nicht an und annullierte 1826 die Protektoratserklärung. Unter dem Einfluß liberaler Wirtschaftsideen stehend, war das Vereinigte Königreich zu kolonialen Neuerwerbungen damals nicht zu bewegen.

Die Ostindische Kompagnie aber verlor den Kontakt mit Ostafrika nicht, zumal die erstarkende amerikanische, französische und später auch deutsche Konkurrenz sie seit den 30er Jahren zwang, der Entwicklung der politischen und wirtschaftlichen Verhältnisse in den arabischen Sultanaten am Indischen Ozean erhöhte Aufmerksamkeit zuzuwenden. Der Umstand, daß Seyyid Said seine Residenz im Jahre 1840 von Maskat nach Zanzibar verlegte und

---
[1]) Kolonial-Politische Korrespondenz, 2. Jahrg. 1886, Nr. 12, S. 45 f.

auch alsbald nach der Insel einen starken Zuzug arabischer Siedler veranlaßte, verlegte den politischen Schwerpunkt im Westen des Indischen Ozeans von Südostarabien nach Ostafrika. Durch einen Seeoffizier im Dienste der Englisch-Ostindischen Kompagnie[1], Cogan, wurde für Groß-Britannien im Jahre 1839 ein Handelsvertrag mit Said abgeschlossen, der allerdings erst 1848 durch den Königlich Englischen Residenten im Persischen Golf ratifiziert wurde. Schon 1841 hatte die Kompagnie nach Zanzibar einen Agenten entsandt, dem noch in demselben Jahre auch die Funktionen eines britischen Konsuls übertragen wurden.

Seit dieser Zeit versuchte die Ostindische Kompagnie systematisch, politischen Einfluß in Zanzibar-Maskat zu erlangen, der bisher nur sporadisch, wenn es gerade das wirtschaftliche Interesse der Gesellschaft oder ihrer indischen Untertanen verlangt hatte, geübt worden war. Sie mischte sich in die Thronstreitigkeiten, welche 1856 zwischen Thuwaini und Majid, den beiden ältesten Söhnen von Seyyid Said, ausbrachen. Said, der über Zanzibar und über Maskat, zwei Gebiete, die 3000 Seemeilen voneinander entfernt lagen, gleichzeitig geherrscht hatte, hatte zum Gouverneur von Maskat Thuwaini und von Zanzibar Majid noch zu seinen Lebzeiten eingesetzt. Da die arabischen Gesetze und Gebräuche keine geregelte Thronfolgeordnung kannten, so wollte nach dem Tode des Vaters keiner der Brüder dem andern weichen. Im Verlaufe der Auseinandersetzung drohte dann der Krieg auszubrechen, der die indischen und englischen Handelsinteressen direkt und indirekt zu schädigen geeignet gewesen wäre und die große Handelsstraße von Europa nach Indien beunruhigt hätte. So legte sich denn Lord Canning, der Generalgouverneur von Indien, ins Mittel und schlichtete den Streit, immer mißtrauisch von den damals am Hofe zu Zanzibar bevorzugten Franzosen beobachtet. Er entschied 1861 dahin, daß Zanzibar ein selbständiges Sultanat unter Majid bleibe, und daß es an Maskat alljährlich eine Entschädigungssumme von 70000 Kr. zu entrichten habe. Als die Auszahlung dieser Summe Schwierigkeiten machte, scheute Indien auch vor pekuniärer Unterstützung Zanzibars nicht zurück.

Frankreich hatte mit wachsender Sorge den englischen Einfluß erstarken sehen und traf, um wenigstens vor einer plötzlichen Annexion sicher zu sein, am 10. März 1862 mit England eine Abmachung, in welcher sich beide Staaten gegenseitig verpflichteten,

---

[1] Über Beziehungen der Ostindischen Kompagnie zu Ostafrika im 19. Jahrhundert vgl. Lyne, Zanzibar in Contemporary Times. London 1905.

die Souveränität der Sultane von Zanzibar und Maskat zu respektieren. Solche retardierenden Momente in der Entwicklung seiner Beziehungen zu den beiden Staaten wußte England mit diplomatischer Gelassenheit zu ertragen, gewann es doch gewöhnlich in Kürze — und so auch hier — seine alte Machtstellung wieder. Es waren nach der Auflösung der Ostindischen Kompagnie im Jahre 1858 freilich staatliche Organe, welche die britischen Interessen in Zanzibar vertraten. Noch bis in ihre letzten Jahre aber hatte die Gesellschaft die Veränderungen, welche in Ostafrika vor sich gingen, aufmerksam verfolgt und politischen Einfluß im Sultanat zu gewinnen versucht.

Seit Zanzibar politisch unabhängig geworden war, wandte sich ihm wegen seines größeren Reichtums und seiner günstigeren Verkehrslage die Aufmerksamkeit der Kaufleute fast ausschließlich zu, während Maskat vernachlässigt wurde. Auch die englisch-indische Regierung blieb nicht müßig und bediente sich seit der Deklaration von 1862 einer weniger geräuschvollen Methode, ihren Einfluß zu konsolidieren. Es begann damals die wirtschaftliche Eroberung des Sultanats durch die englischen Inder, geschickt geleitet und gefördert von Sir John Kirk, seit 1873 in Zanzibar Generalkonsul und Political Agent. Der Zuzug von Indern war außerordentlich stark. Arm kamen sie in der Regel an die ostafrikanische Küste, trieben Handels- und Wuchergeschäfte und gingen in vielen Fällen als wohlhabende oder reiche Leute schon nach Monaten oder Jahren wieder in ihre Heimat zurück. Darunter litt der Wohlstand des Landes, und zahlreiche vornehme arabische Familien kamen in wirtschaftliche Abhängigkeit von den Indern, die, unter Englands Schutz und Jurisdiktion stehend und der arabischen Rechtsprechung entzogen, ihre ökonomische Überlegenheit in der rücksichtslosesten Weise auch politisch auszunützen verstanden.

England tat alles, um Zanzibar zu seiner sicheren Beute zu machen, und scheute, von jener indischen Invasion abgesehen, auch keine Kosten, um eine friedliche Eroberung noch auf anderen Wegen einzuleiten. So begannen in den 70er Jahren englische Missionen ihre Arbeit im Sultanat. Die »Central African Mission« gab für ihre Stationen im später deutschen Gebiet von 1875 bis 1888 allein ca. 5 Millionen aus, die »Missionary Society« in ganz kurzer Zeit für den gleichen Zweck und in demselben Territorium 60000 Mk. Jährlich sollen die englischen Missionen in den 80er Jahren nach einer deutschen Schätzung im späteren Deutsch-

Ostafrika allein ca. 45000 Mk. ausgegeben haben; das Britische Konsulat kostete die englische Regierung pro Jahr 120000 und das englische Geschwader 720000 Mk. An Prämien für befreite Sklaven wurden im Jahre 60000 Mk. gezahlt, so daß alle Aufwendungen englischerseits in Ostafrika sich jährlich auf 1350000 Mk. und von 1875 bis 1888 auf ca. 20 Millionen Mk. beliefen, wie jene Schätzung feststellt.

Man wird begreifen können, daß England nach solchen Ausgaben und in Anbetracht seiner durch die Tätigkeit der Inder starken wirtschaftlichen Vormachtstellung im Zwischenhandel, wenn auch nicht im Großhandel, von den deutschen Erwerbungen im Hinterlande des Sultanats unangenehm berührt ward und die deutsche Aktion als »Überraschung« empfand. Diese Eindrücke mußten am stärksten gerade bei Sir John Kirk sein, der sein Lebenswerk in der friedlichen Durchdringung und Eroberung Zanzibars für die englische Nation gesehen hatte. Es erklärt das manchen unfreundlichen Zug der englischen Politik in den nächsten Jahren während der Verhandlungen mit Deutschland und ist andererseits geeignet, die tatsächlichen Erfolge der deutschen Diplomatie, die ja manchem Kolonialpolitiker zu gering waren, ins rechte Licht zu setzen.

§ 2.
Politische und wirtschaftliche Zustände in Ostafrika vor Erteilung des Schutzbriefes an die DOAG.

I. Politische Verhältnisse: Politische Zustände im allgemeinen. — 2. Die Bevölkerung des Sultanats Zanzibar. — 3. Bodenrecht. — 4. Rechtspflege. — 5. Finanzen: a) Einnahmen, b) Ausgaben für die Verwaltung, c) Verwendung des Überschusses. — II. Wirtschaftliche Verhältnisse: 1. Zanzibar als Agrarstaat. — 2. Zanzibar als Handelsstaat. — 3. Geldwesen.

I. Politische Verhältnisse.

1. Politische Zustände im allgemeinen.

Zur Zeit der deutschen Erwerbungen war das einzig höher entwickelte Gemeinwesen in Ostafrika das Sultanat Zanzibar. Ein selbständiger Staat seit dem Jahre 1856, hatte es früher eine Provinz des Sultanats Maskat gebildet. Bis 1840 ein wenig beachtetes Anhängsel desselben, gewann es erst politische Bedeutung, als Seyyid Said in diesem Jahre seine Residenz von Maskat nach Zanzibar verlegte, und gleichzeitig eine stärkere Zuwanderung von

Vollblutarabern zunächst nach den Inseln Zanzibar und Pemba stattfand. Die Herrschaft des Sultans von Maskat-Zanzibar auf dem Festlande reichte von Warscheich im Norden bis zum Kap Delgado im Süden, war aber namentlich an der Somaliküste auf einige Küstenstädte beschränkt. Die Suahelibevölkerung dieser Gegenden, von Dynastien regiert, welche, wie die Msara in Mombas, bis 1750 noch rein arabisch gewesen waren, hatte sich lange und oft mit Erfolg den Unterjochungsversuchen der Maskarenen widersetzt. Nach dem Innern zu bestanden überhaupt keine festen Grenzen; die dort wohnenden Negerstämme zahlten nur in seltenen Fällen Abgaben und erkannten die Autorität des Sultans in der Regel nicht an[1]). In Anbetracht dieser Zustände setzte die internationale Grenzkommission, der die Vorarbeiten zum englisch-deutschen Vertrage von 1886 übertragen waren, als Inlandsgrenze des Sultanats eine Linie fest, die der Küste parallel in einem Abstande von 10 Seemeilen verlief. Im Norden sprach man dem Sultan nur einige Plätze zu. So auf dem Festlande vielfach nur lokal, war die Herrschaft der Zanzibariten nicht einmal auf Pemba und Zanzibar eine vollkommen territoriale.

An diesem Zustande mag außer Rassegegensätzen und der militärischen Ohnmacht des Sultans die anarchisch-individualistische Verfassung der arabischen Gesellschaft überhaupt Schuld gewesen sein. Sie bestimmte auch den Charakter des Staatswesens und verurteilte die Staatsgewalt zur Bedeutungslosigkeit. Nur zeitweise, wenn ein besonders kraftvoller Mann das Zepter führte und seine Persönlichkeit durchzusetzen verstand — Seyyid Said von 1806—1856 und auch Seyyid Bargasch von 1870—1888 —, wurde der Staat ein bestimmender Faktor des öffentlichen Lebens. Den Vollblutarabern galt Seyyid Bargasch nur als der primus inter pares[2]), als ihr Sprecher; sie kleideten sich ihm gleich, und selbst der Gebrauch eines gespitzten Turbans war nicht bloß dem Sultan, sondern allen Mitgliedern des regierenden Hauses gestattet. Sie sprachen jeden Tag bei ihm vor, und diese »barazas« glichen viel mehr familiären Besuchen als etwa Audienzen. Am stärksten aber kam die faktische Ohnmacht des Seyyid darin zum Ausdruck, daß er sich den Wünschen der zahl-

---

[1]) Kolonial-Politische Korrespondenz, 2. Jahrg. 1886, Aufsätze v. Grimms über die staatsrechtlichen Verhältnisse der Städte Brawa, Merka, Makdischu und im Somalilande.

[2]) Lyne, a. a. O., S. 142.

reichen mohammedanischen Sekten bei der Bestallung des Kadi unbedingt unterordnen mußte. Eine offizielle Autorität kannte man nicht. Eine Stelle, die die Interessen der Allgemeinheit vertreten hätte, gab es nicht. Alle Schichten und alle Berufskreise durchdrang eine Korruption, für die uns die Geschichte der DOAG noch manches Beispiel liefern wird. Wo, wie im Küstengebiete, die ständige persönliche Anwesenheit des Herrschers fehlte, da mußte diese Korruption die üppigsten Blüten treiben und den fruchtbarsten Boden für Rebellionen abgeben, wenn der Seyyid in Zanzibar sich einmal durch eine Regierungsmaßregel mißliebig machte.

2. Die Bevölkerung des Sultanats Zanzibar.

Nähere Angaben über die Größe der Bevölkerung fehlen ganz. Die meisten Reisenden haben Schätzungen vorgenommen, die begreiflicherweise im Resultat auseinandergehen:

Smee (1811)   200 000 Einwohner,
Dr. Ruschenberger (1835)   150 000
Guillain (1846)   60—200 000
Burton (1857—59)   300 000
Britischer Konsul (1860)   250 000

Die Angaben beziehen sich auf die Insel Zanzibar. Der britische Konsul nahm für die Stadt Zanzibar allein ungefähr 60 000 Seelen an. Neuere Schätzungen, bis 1884, bestehen nicht.

Die Sklaven bildeten $^2/_3$ bis $^3/_4$ der Bevölkerung. Sie bewohnten und bewirtschafteten größtenteils die Schambas, während die Herren meistens in der Stadt lebten. Die Zahl der freien Neger war gering.

Die Vollblutaraber schätzte Guillain auf 3000[1]), Burton[2]) zehn Jahre später auf 5000; im Verhältnis zur gesamten Einwohnerschaft also nur ein verschwindender Teil.

Inder und Europäer waren exterritorial und unterstanden der Rechtsprechung ihrer Konsuln. Sie stellten insofern ein imperium in imperio dar, ein Zustand, der da, wo stärkere sittliche Hemmungen und ein ausgebildeteres Verantwortlichkeitsgefühl im allgemeinen fehlten, wie bei den Indern, die arabische Korruption auch seinerseits befruchtete und in der Tat tiefgreifende wirtschaftliche und politische Mißstände schuf.

---

[1]) Siehe Guillain, Documents sur la géographie et l'histoire etc. Paris 1856.
[2]) Siehe Burton, Zanzibar, City, Island and Coast. London 1872.

Die Inder Zanzibars bezifferte noch Guillain[1]) auf nur 500 und konstatierte gleichzeitig, daß sie einen besonders stark fluktuierenden Bestandteil der Bevölkerung ausmachten. Schon Burton[2]) aber weiß von 4000 englisch-indischen Untertanen zu berichten, deren Zahl überdies beständig im Steigen begriffen war. Daneben lebten im ganzen Sultanat, also auch an der Küste, noch 14000 Banjanen. In der Tat ist erst, seit im Jahre 1840 Zanzibar politische Bedeutung gewann, eine starke Zuwanderung von Indern eingetreten. Sie ist auch darauf zurückzuführen, daß eben damals im Betrieb des ostafrikanischen Handels durch den forcierten Anbau der Gewürznelken und die stetig wachsende Nachfrage nach Elfenbein und Kautschuk Veränderungen eintraten. Die Einwanderung hat dann in den nächsten Jahrzehnten eine solche Ausdehnung angenommen, daß man von einer indischen Invasion gesprochen hat.

Jahrtausendelang, wie man immer wieder hört, haben die Inder ihre heutige eigenartige Stellung im ostafrikanischen Handel also durchaus nicht inne. Viele ihrer Handelsgepflogenheiten, die man nur wegen ihres ehrwürdigen Alters nicht im deutschen Schutzgebiet beseitigt hat, obwohl gewerbepolizeiliche und handelsrechtliche Gründe dafür sprachen, sind erst ganz jungen Datums. Ist doch beispielsweise auch die Rupie erst in den siebziger Jahren als Zahlungsmittel aufgekommen.

Ein besonderes Charakteristikum der Bevölkerung Zanzibars ist die starke Fluktuation. Nicht nur die vorübergehend als Lastträger und Kärrner tätigen Araber aus Hadramaut, welche $1/8$ bis $1/10$ der arabischen Bevölkerung ausmachten, auch die reichen Grundbesitzer der herrschenden Klasse verließen das Sultanat häufig, da sie auch im Jemen, in Hadramaut oder Maskat Besitzungen hatten. Am stärksten kam der Zu- und Abfluß bei den Banjanen zum Ausdruck, die oft in zwei bis drei Jahren durch ganz neue Leute ersetzt waren. Was bei solchen Zuständen im wirtschaftlichen Leben Treu und Glauben bedeutete, läßt sich ja leicht ausmalen.

3. Bodenrecht.

Die tatsächlichen politischen Verhältnisse in ihrer anarchisch-individualistischen Struktur standen theoretischen Vollmachten des Sultans gegenüber, die in ihrer Art Absolutismus und Despotie

---

[1]) a. a. O., S. 78.
[2]) a. a. O., S. 318.

in gleicher Weise atmeten. In der Person des Sultans vereinigte sich der oberste Richter, der höchste Geistliche, die militärische Behörde, der alleinige Großgrundbesitzer und einer der ersten Großhändler des Reiches[1]). Die Auffassung der Abusaidis, des zanzibaritischen Herrschergeschlechts, ging bezüglich des Bodeneigentums dahin, daß ihnen alles Land zivilrechtlich gehöre. In der Erhaltung und Stärkung ihres Immobiliareigentums sahen sie die Konsolidierung ihrer politischen Macht. Infolgedessen hatte es sich zu einem Rechtssatze herausgebildet, daß Landübertragungen zwischen Arabern ohne die Zustimmung des Sultans unmöglich seien. Es genügte jedoch nach der formalen Vorschrift, daß sich die Kontrahenten beim Kadi, als dem Bevollmächtigten des Seyyid, einfanden. Falls er vom Sultan autorisiert war, machte seine Mitwirkung den Kaufakt rechtskräftig. Bei Landverkäufen an Neger waren die Kadis durch eine »rechtmäßige Anordnung« des Seyyid angewiesen, ihre Mitwirkung zu versagen. Besitzrechte an Grund und Boden konnten die Neger also rechtens nicht erwerben. Der arabischen Oberschicht allein war ein Nutzeigentum vorbehalten, während der Sultan für sich eine Art Obereigentum in Anspruch nahm. Es herrschten Verhältnisse, unseren lehnsrechtlichen Zuständen ähnlich, wie wir sie in den germanischen Staatenbildungen des frühesten Mittelalters finden, unter stärkster Betonung aber der herrschenden Rassenunterschiede und mit einem entschiedenen Zug ins Despotische, der uns zum Beispiel in dem »ausgleichenden Erbrecht«[2]) entgegentritt, wonach der Sultan von dem Eigentum eines Beamten, der sich vom »hungrigen Lumpen zum Haupte der Stadt und des Staates emporgeschwungen«, nach seinem Tode ohne weiteres Besitz ergriff.

Eine Steuer oder Auflage belastete den Boden nicht; jedoch hatte jeder Grundbesitzer die Pflicht, in Kriegszeiten mit seinen Hintersassen zum Sultan zu stoßen[3]).

Die Okkupation herrenlosen Landes war den Arabern gestattet; da in Ostafrika schafeitisches Recht herrscht, so wird man als Voraussetzung der Inbesitznahme aber wohl die vorangegangene Kultivierung des Grundstückes angesehen haben.

---

[1]) G. Rohlfs, Quid novi ex africa. Kassel 1886.
[2]) Carl Claus v. d. Decken, Reisen in Ostafrika in den Jahren 1859 bis 1861. Bearbeitet von Otto Kersten. Leipzig und Heidelberg 1869, I. Buch, Abschnitt VI, S. 115 ff.
[3]) Bericht des britischen Konsuls.

4. Rechtspflege.

Der Sultan galt als der oberste Richter in allen bedeutenden Fällen[1]), gegen dessen Entscheidungen es keine Berufung gab, und dessen Urteile sofort vollstreckt wurden. Er übte seine Jurisdiktion zwar ungehindert und in despotischer Form, aber doch gewöhnlich nur in Angelegenheiten, in denen er auch zugleich der Kläger war. Sein richterlicher Beamter, der Kadi, häufig nicht einmal autonom von ihm ernannt, sondern nach den Wünschen der am Orte herrschenden religiösen Sekte, saß in allen anderen Sachen zu Gericht. Das Prozeßverfahren war mündlich; die Verhandlungen wurden nicht aufgezeichnet. Alle Sklaven unterstanden dem Spruch ihrer Herren und waren somit der Gewalt des Sultans und seiner Beamten entzogen, was natürlich auch von den exterritorialen Europäern und Indern galt.

Gerichtsbarkeit wie Bodenrecht charakterisieren Zanzibar als einen despotisch regierten Feudalstaat. Wie schon angedeutet, waren diese Rechte des Sultans aber immer dann theoretischer Natur, wenn hinter ihnen nicht eine starke Persönlichkeit stand, die auch die Kraft besaß, sie praktisch anzuwenden. So wechselten denn je nach dem Charakter oder der Laune des Herrschers im öffentlichen Leben anarchische Zustände mit patriarchalischen Szenen und despotischen Brutalitäten ab.

5. Finanzen.

a) Einnahmen.

Dem Charakter des Staatswesens entsprechend galten die öffentlichen Einkünfte als private Einkünfte des Sultans; sie flossen aus Zöllen, Steuern, Gebühren und den Krongütern und betrugen

1811 (nach Capt. Smee)	60 000 $,	1860 (Brit. Consul)	206 000 $,
unter Seyyid Said		1863/64 (Burton)	181 000 $[2]),
(Burton)	170 000 $,	1870	70 000 £,
1846 (Guillain)	349 000 $,	1888	200 000 £[3]).

[1]) v. d. Decken, a. a. O.
[2]) Unter den Einnahmen finden sich auch regelmäßig 10000 $ (bei Guillain 12000) aus einer Kopfsteuer, welche die Mukhadim zahlten. Jedes Familienhaupt entrichtete sie und war damit von Zwangsarbeit frei. Bis 1860 etwa wurde pro Kopf eine Auflage von 2 $ erhoben; später wurde die Summe bedeutend verringert. Die Mukhadim bewohnten den östlichen Teil der Insel Zanzibar und hatten vor der arabischen Invasion auf der ganzen Insel geherrscht.
[3]) Lyne, a. a. O., S. 144.

Bargasch ließ in Geldsachen nicht mit sich spaßen und wandte bei den Zöllen ein System der Erhebung an, dessen Grundprinzip war, die selbstischen Interessen seiner Beamten gegeneinander auszuspielen. Unter den Einnahmen hatten die Zölle die erste Stelle inne; jedenfalls gibt v. d. Decken[1]) für 1866 nur 15000 $ oder Maria Theresien-Taler als Ertrag der Krongüter an, eine Summe, die sich unter Seyyid Bargasch dadurch vergrößerte, daß er alle von seinem Vater Said unter seine Erben verteilten Güter wieder in seiner Hand vereinigte[2]).

Die Gesamtzolleinnahme des Sultanats soll nach Erhebungen, welche das deutsche Generalkonsulat 1889 angestellt hat, betragen haben:

1879/80	8,70335	Laks $	(ein Lak $ = 100000 $; 47 $ = 100 Rps.),
1880/81	10,90434	$,	
1881/82	11,10354	$,	
1882/83	10,11299	$,	
1883/84	9,25315	$,	
1884/85	8,85835	$,	
1885/86	8,10182	$,	
1886/87	12,29798	„ $,	
Sa.	79,33552	Laks $,	

durchschnittlich pro Jahr 9,91694 Laks $. Setzt man die Zolleinnahme für Güter von und nach Pemba und diejenige für die später englische Küstenstrecke zwischen Wanga und Warscheich mit 4,91694 Laks $, also etwa der Hälfte ein, so bleiben für die später deutsche Küste an Einkünften aus den Zöllen im Jahre 5,00000 Laks $ = ca. 1063829 Rps. Diese Summe hätte der DOAG zufallen und ihre Rentabilität ein für allemal garantieren können, wenn eben nicht der Sultan gewesen wäre, dem sie rechtmäßig gehörte und dem sie nur unter Anwendung von Gewalt oder doch nur mit Zustimmung der übrigen europäischen Mächte entrissen werden konnte. Die ureigenste Domäne englischer Chartergesellschaften, die Ausnützung von Regalien, war der DOAG unter diesen Umständen, zumal sie bis ins Jahr 1888 keinen rechtlich begründeten Einfluß im Sultanat besaß und auf die absolut unentwickelten Negerterritorien des Schutzbriefgebietes beschränkt blieb, ganz verschlossen.

Einige Jahre (1879—1885, nach anderen gelegentlichen Bemerkungen in den Akten der DOAG bis 1883) hatte Seyyid

---
[1]) v. d. Decken, a. a. O.
[2]) Lyne, a. a. O., S. 143.

Bargasch die Zölle an den Inder Jeeram Sajwe verpachtet, der jährlich 5 Laks $ an ihn gezahlt haben soll. Anscheinend war der Sultan nicht mit ihm zufrieden. Er entschloß sich daher bald, die Zölle in eigene Verwaltung zu nehmen. Es soll ihm gelungen sein, von der später deutschen Küste allein 14 Laks Rps. dadurch zu vereinnahmen, daß er durch eine brutal gehandhabte Aufsicht seine Beamtenschaft von jedem Versuch einer Veruntreuung zurückschreckte. Wir erleben hier den bezeichnenden Vorgang, daß eine riesige Steigerung der Zolleinnahmen[1]) nur durch verschärfte Überwachung des Personals erzielt wird und nicht, wie wir unter normalen Verhältnissen zu schließen berechtigt wären, durch eine Steigerung von Wert oder Maß des Handelsverkehrs.

b) Ausgaben für die Verwaltung.

Die Einnahmen wurden fast ausschließlich für private Zwecke des Sultans verwendet; Straßenbauten und andere öffentliche Arbeiten wurden nur soweit ausgeführt, als sie dem Herrscher nützten. In den meisten Fällen bezahlte er nicht einmal seine Zollerheber, ganz zu schweigen von den Gouverneuren und anderen höheren Verwaltungsbeamten.

So erhielten im Jahre 1888

in Lindi der Wali und 54 Soldaten monatlich	$201^{1}/_{2}$ \$,
Sudi 30 Soldaten „	$92^{1}/_{2}$ \$,
Kilwa Kiwindsche der Wali und 60 Soldaten monatl.	304 \$,
Mikindani der Wali, 1 Akida und 100 Soldaten monatlich	$320^{1}/_{2}$ \$,
Kilwa Kissiwani 1 Akida, 6 Soldaten monatlich	$14^{1}/_{2}$ \$,
in Daressalam Wali, Akida, 47 Soldaten	164 \$,
Bagamoyo Wali, 2 Akidas, 1 Jemmadar und 90 Soldaten monatlich	341 \$.

Rechnet man den Sold eines Soldaten auf ca. 3 $, was etwa dem damals gezahlten Arbeitslohn im Monat an Ort und Stelle entspricht, so bleiben für Wali und Akida, den höchsten Zivil- und den höchsten Militärbeamten am Platze, Gehälter von 20 oder 40 $ monatlich und nur in zwei Fällen größere Summen übrig. Der Posten des Wali, des Zivilgouverneurs, galt direkt als eine Ehrenstelle. Er war nur mit geringen rechtmäßigen Nebeneinnahmen, die im Jahre einige 100 $ nicht überstiegen, verbunden.

---

[1]) Vgl. die Zahlen auf S. 23.

Nach seiner eigenen Angabe erhielt der Sultan von den Walis an den verschiedenen Festtagen des Jahres mindestens ebensoviel an Wert in Geschenken zurück, als ihre Jahresbezüge ausmachten. Bei anderen Beamten, namentlich bei den Zollerhebern, die oft überhaupt kein Gehalt bekamen, erklärt sich die auch für ostafrikanische Verhältnisse kärgliche Besoldung durch die Nebeneinnahmen, welche man sich kraft seiner amtlichen Stellung zu verschaffen verstand. Nicht selten erhöhten sich die Zollsätze durch derartige Erpressungen auf das zwei- und dreifache. Der Elfenbeinhandel mag unter solchen Zollrepressalien vielleicht nicht gelitten haben; wenn es aber eine deutsche Kolonialgesellschaft unternahm, mit Waren geringeren Wertes zu handeln, so forderten einfach schon wirtschaftliche Gründe, daß die Verwaltung des Küstenzolles jener geradezu systematisch arbeitenden Korruption aus der Hand genommen wurde. Daß man die fetten Pfründen nicht ohne Widerstand aufgeben würde, war vorauszusehen.

Schon einleitend konnten wir feststellen, daß die Macht des Sultans längs der Küste im allgemeinen nicht eigentlich eine territoriale, sondern nur eine lokale war. Das gilt auch von der Strecke südlich von Daressalam bis zur Tunghibai und nördlich von Wanga bis Warscheich. Wo der Sultan dauernde Gewalt auch über den nächsten Umkreis eines von seinen Beamten besetzten Ortes hinaus besaß, da hatte er zu seinen Stellvertretern in den Negerdörfern ergebene Dorfhäuptlinge oder Jumben — zuweilen aus dem Heer seiner Sklaven stammend — gemacht, die in ihrer Beamteneigenschaft, als Dorfschulzen also gewissermaßen, Schaves hießen. In den größeren Küstenplätzen war der Zivilgouverneur, der Wali, der höchste Beamte. Neben ihm und häufig völlig unabhängig von ihm stand der richterliche Beamte, der Kadi. Zuweilen wurden die am Orte befindlichen Sultanssoldaten, Askaris, von besonderen militärischen Befehlshabern, den Akidas, geführt, welche der Sultan dann mit Vorliebe aus den persönlichen Feinden des Wali ernannte, weil er in der Feindschaft dieser beiden Beamten das beste Mittel sah, sich vor Veruntreuungen und Hintergehungen zu schützen. Nicht selten fehlten, wie obige Aufstellung zeigt, die Akidas ganz, zuweilen auch die Walis. Oft wurden deren Funktionen von vornehmen eingesessenen Arabern nebenamtlich versehen. Dies war z. B. in Sadani der Fall, wo der als Nachfolger Buschiris bekanntgewordene Bana Heri die Stelle innehatte. Untere und mittlere Beamte gab es nicht; für untergeordnete dienstliche Angelegenheiten gebrauchte der Wali seine eigenen Sklaven.

Alles in allem beliefen sich die Ausgaben des Sultans für die Verwaltung in dem dem deutschen Gebiet vorgelagerten Küstenstreifen auf ca. 170000 Rps., nach einer anderen Angabe auf 130000 Mk. Nimmt man 500000 Mk., was gewiß hoch gegriffen ist, für die gesamte Verwaltung an, so stehen sie einer gleichzeitigen Einnahme von ca. 4 Millionen Mk. gegenüber.

c) Verwendung des Überschusses.

Der große Überschuß diente den Privatzwecken des Sultans. Seyyid Bargasch hatte sich in Chukuani südlich und in Chuini nördlich der Stadt Zanzibar kostspielige Paläste bauen[1]), eine kleine Trambahn[2]) zur Beförderung von Bausteinen aus den Brüchen anlegen lassen und eine Zuckerfaktorei rein zu seinem Vergnügen eingerichtet. Unter Seyyid Khalifa verschlang der Hofhalt im Minimum monatlich 80000 Rps.[3]).

Seyyid Bargasch aber war nicht nur ein prunkliebender orientalischer Herrscher, sondern auch einer der geschicktesten und großzügigsten Händler und Unternehmer seines Staates, ein Mann, dessen kaufmännische Fähigkeiten und Kapitalkraft sich gelegentlich auch die DOAG zu nutze zu machen versuchte. Neben seinen Zuckerfaktoreien auf Zanzibar waren es insbesondere Schiffahrtsunternehmungen, denen er sich mit Vorliebe zuwandte. Vor den deutschen Erwerbungen schon hatte er eine Aden-Linie und eine Suez-Linie eingerichtet; da sie sich jedoch nicht rentierten, zog er sie bald nach den ersten Fahrten wieder ein. Bis an sein Lebensende betrieb er aber eine Linie Bombay-Zanzibar, die mit 200000 Rps., nach Lyne[3]) mit 20000 £ jährlichem Verlust arbeitete. Darauf aufmerksam gemacht, soll er geantwortet haben, daß seine Verluste durch die Erweiterung des Außenhandels und demzufolge durch die Vergrößerung der Zolleinnahmen wieder eingebracht würden.

Nur ganz ausnahmsweise legte er seine Mittel auch in öffentlichen Arbeiten an, wie dem Bau einer Wasserleitung nach Zanzibar und der Herstellung von Straßen. Niemals aber hat diese Tätigkeit die Insel Zanzibar überschritten und beschränkte sich in der

---

[1]) Lyne, a. a. O., S. 143.
[2]) G. Rohlfs, a. a. O.
[3]) Lyne, a. a. O., S. 143.

Regel auf die unmittelbare Umgebung der Residenz oder seiner Schlösser.

Wir haben es also mit einem für moderne europäische Begriffe zwar unentwickelten, aber für ostafrikanische Verhältnisse und in Anbetracht der kolonialpolitischen Unerfahrenheit Deutschlands immerhin komplizierten Staatswesen zu tun, dessen verwickelte Struktur dadurch noch unübersichtlicher wurde, daß es kein geschriebenes Gesetz gab. Zanzibar war ein despotisch regierter Feudalstaat, der aber durch die Berührung mit der modernen Weltwirtschaft schon viel von seiner Reinheit verloren hatte, wie wir im folgenden zu zeigen haben werden. Ein Staat zudem, der infolge der Korruption der arabischen Gesellschaft in sich selbst schon lange wurmstichig war.

II. Wirtschaftliche Verhältnisse.

1. Zanzibar als Agrarstaat.

Entsprechend seiner politischen Organisation war das Sultanat wirtschaftlich ein Agrarstaat von gutsherrlicher Verfassung. Teilweise, namentlich auf Zanzibar und Pemba, produzierte die Landwirtschaft für den Export. Die Stadt Zanzibar war der Zentralmarkt des Staates und vermittelte Ein- und Ausfuhr ganz allein. Die agrarischen Stapelprodukte waren Nelken und Kokosnüsse. Die vornehmen Araber, hier und da auch eine Suahelifamilie, repräsentierten den Stand der Gutsherren. Ihre Landgüter, Schambas genannt, lagen verstreut längs der Küste und auf Pemba und Zanzibar. Oft gehörte einem Gutsherrn eine ganze Anzahl solcher Schambas, die sich teils an der Küste, teils auf den Inseln befanden. Natürlich konnte der Eigentümer nicht überall anwesend sein; dann bewirtschafteten Aufseher mit Sklaven die Besitzung selbständig. Nach Burton[1]) gab es Araber, welche 80000 Nelkenbäume, ein oder zwei Schiffe und 1000 bis 2000 Sklaven ihr eigen nannten.

Diese Grundbesitzer bildeten mit ihren Sklaven den Grundstock der Bevölkerung. Inder und Europäer, deren wirtschaftliche Bedeutung für das Sultanat auf einem ganz anderen Gebiete als dem der agrarischen Produktion lag, hatten nicht einmal auf Zanzibar, geschweige denn an der Küste nennenswerte Besitzungen. Nach einer Schätzung betrug ihr Gesamtwert auf der Insel im Jahre

---

[1]) a. a. O., S. 378.

1886 nur 700000 bis 1300000 $[1]), der größere Teil gehörte den Indern.

Bewirtschaftet wurden die Schambas von Sklaven und Sklavinnen, die ihren Herren als völlig unfrei gehörten. Insbesondere übte der Herr uneingeschränkte Jurisdiktion über sie — nicht einmal der Sultan hatte da hineinzureden —, besaß, wenn er sie irgendwo in Dienst gegeben hatte, Eigentumsrecht an ihrem vollen Lohn und überließ ihnen in der Regel nur das Poscho, die Verpflegung. Männer, Frauen und Kinder erhielten im allgemeinen denselben Lohn. Soweit die Sklaven als Landarbeiter beschäftigt waren, wohnten sie auch auf dem Gut, wo ihnen außer einem Haus oder einer Hütte ein Stück Land zugewiesen war, auf dem sie ihre tägliche Nahrung bauten. Zwei Tage der Woche, der Donnerstag und Freitag, gehörten nur ihnen. Der Herr stellte dann keinerlei Ansprüche an sie. Auch alles, was sie selbst auf ihren Äckern erzeugten, durften sie an diesen Tagen, ohne eine Abgabe abgeliefert zu haben, auf den Markt bringen. Für ihre Tätigkeit auf der Schamba erhielten sie keine Entschädigung, auch nicht Naturalverpflegung.

Die agrarische Produktion der Araber arbeitete nun nicht nur für den Eigenbedarf und war auch nicht für den Bedarf des Inlandmarktes allein bestimmt, sondern stellte namentlich Produkte für den Export bereit. Allerdings handelte es sich dabei um zwei Früchte, die keiner besonderen Pflege und Kultur bedurften, um zu gedeihen. Das gilt für den Nelkenbaum wie für die Kokospalme. Einzig die Ernte der Gewürznelke war eine feinere Arbeit, die geschicktere Hände erforderte. Nach dem Bericht des britischen Konsuls[2]) waren die Araber zu träge, feinere Kulturen, wie die der Baumwolle und des Zuckerrohrs zu pflegen, ja, seit mit der Einführung[3]) der Gewürznelke ein einträglicher Exportartikel gefunden war, vernachlässigte man zu seinen Gunsten auch den Anbau von Reis so, daß alljährlich von Indien und Madagaskar größere Quantitäten eingeführt werden mußten. Weite Strecken Landes lagen brach und wurden von niemandem verwertet. Die wirtschaftliche Indolenz der Araber ist in ihren religiösen Anschauungen und in ihrer ganzen psychischen Disposition, dann aber auch darin begründet, daß man nur mit Negersklaven wirtschaftete, von deren Zahl es abhing, wieviel Hektar der einzelne Grundbesitzer

---

[1]) Kolonial-Politische Korrespondenz, 2. Jahrg. 1886, Nr. 24, S. 151.
[2]) a. a. O.
[3]) Nach Stuhlmann um 1800.

bearbeitete, und deren zurückgebliebene Wirtschaftsmethode die Araber wohl oder übel annehmen und beibehalten mußten. Die aus Zanzibar und Pemba, sowie dem schmalen arabischen Küstenstreifen ausgeführten Ackerbauprodukte, einschließlich der Sesamsaat, welche die Suaheli der Küste erzeugten, machten ca. 30% der gesamten Ausfuhr in den Jahren 1869 bis 1871 aus. Dieser Anteil vergrößerte sich von da bis zur deutschen Besitzergreifung wahrscheinlich noch[1]). Von den ca. 30%· waren (1869 bis 1871)

Nelken nebst Nelkenstengeln	12%,
Sesamsaat	9%,
Kopra nebst Kokosöl	6%,
Rohrzucker	1%

der Gesamtausfuhr. Nicht also, wie das im Somalilande und im Gebiete der Witugesellschaft der Fall war, arbeitete die agrarische Exportproduktion für den Lebensmittelbedarf, sondern erzeugte hochwertige Genußmittel, Rohstoffe für die industrielle Produktion und sogar auch Halbfabrikate, wenn auch in bescheidenem Umfang. Darin offenbart sich freilich weniger Intelligenz und Rührigkeit der Bewohner, als die Natur des Landes. Gerade in der Nelkenproduktion besaßen und besitzen Pemba und Zanzibar mit einigen kleinen hinterindischen Inseln, die ihre Nelkenbäume aus der Zeit der holländischen Kompagnie herübergerettet haben, ein natürliches Monopol.

2. Zanzibar als Handelsstaat.

Zanzibar war nun seit 1840 in stärkerem Masse das Arbeitsfeld indischer, amerikanischer und europäischer Kaufleute geworden. Das erste amerikanische Handelsschiff hatte Zanzibar im Jahre 1830 angelaufen. Es fand arme Araber, die weder Waren kaufen, noch auch nur eintauschen konnten. Auch an der Küste des Festlandes fand sich keine Gelegenheit, eine Ladung einzunehmen. Der Handel mit Sklaven nach dem Persischen Golf und Bourbon allein war im Schwung. Günstigeres konnte auch der Befehlshaber eines englischen Schiffes im Jahre 1834 nicht berichten[2]). Im Jahre 1833 hatten nur erst 13 fremde Handelsschiffe Zanzibar angelaufen, von denen 9 amerikanische und 4 englische waren. Am 21. September 1833 schloß Amerika einen Freundschafts- und

---

[1]) Laves im »Export«, Organ des Centralvereins für Handelsgeographie usw., mitgeteilt in der Kolonial-Politischen Korrespondenz, 3. Jahrg. 1887, Nr. 24., S. 185 ff.
[2]) Bericht des brit. Konsuls.

Handelsvertrag mit Zanzibar, am 31. Mai 1839 England; der englische wurde jedoch erst 1848 ratifiziert. Dann folgte Frankreich mit der Unterzeichnung eines bereits 1844 verabredeten Vertrages im Jahre 1846 und 1859 die deutschen Hansestädte, deren Abmachung später auf das Deutsche Reich überging[1]). Inzwischen hatte auch die friedliche Invasion der Inder größere Dimensionen angenommen, so daß sich allmählich in Zanzibar ein Handelsstand aus exterritorialen Fremden bildete. Sie pflegten entweder mittelbar oder unmittelbar den legitimen Export und Import — im Gegensatz zum Sklavenhandel — und regten Eingeborene und Araber zur Sammeltätigkeit und zu intensiveren Kulturen an.

Ein Agrarstaat war Zanzibar durch seine arabische Bevölkerung, ein Handelsstaat durch seine Exterritorialen: so etwa würde man den Zustand der zanzibaritischen Wirtschaft zur Zeit der deutschen Erwerbung charakterisieren können. Schon oben zeigten wir, daß die Araber und Suaheli ca. 30% der Ausfuhr, die nämlich an Ackerbauprodukten, auf ihrem Grund und Boden erzeugten. Jedoch auch an den übrigen 70% waren die Araber nicht unbeteiligt; während sie dort aber die Produzenten waren, hatten sie hier, wo es sich um okkupatorische Güter handelte, die Rolle der Aufkäufer und Kommissionäre im Dienste der Inder.

Ehe wir jedoch die Organisation des Handels und einige interessante wirtschaftliche Begleiterscheinungen besprechen, wollen wir uns eine Vorstellung von seinem Umfang und seiner Art zu schaffen versuchen.

Alle Angaben, auch die offiziellen der Konsuln einzelner Staaten, beruhen auf Schätzungen. Schon aus diesem Grunde sind Vergleiche mit den Handelsumsätzen anderer Staaten unmöglich; sie sind es umsomehr, als die auf jene Weise ermittelten Werte weit auseinandergehen. So stellt z. B. Lyne[2]) für 1859 einen Import im Werte von 905 911 £ fest, gleich ca. 18 Millionen Mk., für 1861 von 245 981 £, nahezu 5 Millionen Mk., indem er für das erste Jahr den Sklavenhandel mit einbezieht, im zweiten jedoch nur den legitimen Handel wertet. Nach dem Journal der Londoner Handelskammer, Band I Nr. 8[3]) soll der Gesamthandel 32 Millionen Mk. im Jahre 1888 betragen haben, nach einer amtlichen amerikanischen Quelle[4]) 1883 40 Millionen Mk., während

---
[1]) Lyne, a. a. O., S. 33 ff.
[2]) Lyne, a. a. O., S. 69.
[3]) Kolonial-Politische Korrespondenz, 3. Jahrg. 1887, Nr. 24, S. 186.
[4]) United States Consular Reports, Nr. 45.

die Angaben des deutschen Konsuls immer viel kleinere Zahlen enthalten, so für 1870 nur 17 Millionen Mk., für 1875 nur 22 Millionen Mk. Er bezog in seine Schätzungen den Handel mit der Festlandsküste nicht ein.

Wir beschränken uns deshalb darauf, die einzelnen Positionen in ihrem Verhältnis zum gesamten Import bzw. Export zu betrachten, um auf diese Weise wenigstens ein ungefähres Bild von der relativen Bedeutung der einzelnen Handelszweige im Sultanat zu gewinnen und geben die Zahlen nach der deutschen Schätzung für die Jahre 1869 bis 1871[1]).

1869/70/71.
Gesamthandel Zanzibars jährlich 17 Millionen Mk.

Export.
1. Elfenbein 36%,
2. Gummi-Kopal 11%,
3. Orseille 11%,
4. Ebenholz 1%,

Okkupatorische Güter	59%,
5. Trockene Rindshäute	9%,

6. Nelken, Nelkenstengel 12%,
7. Sesamsaat 9%,
8. Kopra, Kokosöl 6%,
9. Rohrzucker 1%,

Ackerbau-Produkte	28%,
10. Palmkerne, Erdnüsse, roter Pfeffer, Reis, Mais, Kaurimuschel,	4%,
	100%.

Import.
1. Rohe oder gebleichte Baumwollwaren (aus England, den Verein. Staaten, Ostindien) 51%,
2. Andere Manufakturwaren, vornehmlich bunte Baumwollwaren 23%,
3. Rest 26%,
   Davon: a) Glas- und Tonwaren 8%,
   b) Metalle, Metallfabrikate und -waren 5%,
   c) Waffen, Munition 6%,
   d) Steinkohlen 1%,
   100%.

---
[1]) Kolonial-Politische Korrespondenz 1887, Nr. 24, S. 186 f.

Zirka 60% also des Exports waren okkupatorische Güter, welche nicht im Sultanat, sondern in den Negerterritorien des Innern gesammelt wurden.

Die trockenen Rindshäute kamen aus den südlichen Somalihäfen. Daß die okkupatorischen Güter gerade aus später deutschen Gegenden kamen, mußte bei der herrschenden Stellung, die sie im ostafrikanischen Handel einnahmen, für die DOAG Bedeutung gewinnen. Allerdings wird man hinzufügen müssen, daß sie nur vorübergehend sein konnte. Einerseits sind okkupatorische Güter als solche erschöpfbar, dann aber liegt, wie die Tatsachen lehren, der Schwerpunkt moderner europäischer Kolonisationsarbeit in einem intensiven Wirtschaftssystem.

Da die okkupatorischen Güter nicht im Reiche des Sultans gesammelt wurden, so ist man berechtigt, von einer Einfuhr dieser Waren ins Sultanat zu sprechen. Da sie sämtlich wieder ausgeführt wurden, erscheint Zanzibar als Durchgangsland. Doch zogen nicht die Araber den Gewinn aus diesem Handel, sondern die exterritorialen Fremden. Nur der Zoll, den die Sultane erhoben, blieb im Lande.

Vier Fünftel des auswärtigen Handelsumsatzes lag in den Händen von Europäern und Amerikanern, die damit den Überseehandel beherrschten, wie folgende Aufstellung aus den Jahren 1869 bis 1871 zeigt[1]):

Am auswärtigen Handel in Zanzibar waren beteiligt
1. Firmen der Vereinigten Staaten mit   23,2%,
2. deutsche Firmen   22,2%,
3. französische Firmen   16,7%,
4. englische Firmen   15,4%,
5. indische und arabische Firmen   „   21,4%,
                                        ‾‾‾‾‾
                                        98,9%.

In den achtziger Jahren war in diesem Status insofern eine Veränderung eingetreten, als die großen Inder Zanzibars, wie Taria Topan und Seewa Haji, schwache Versuche machten, direkt, unter Umgehung der europäischen Häuser, nach Europa zu exportieren. Die radikale Umgestaltung der ostafrikanischen Handelsverhältnisse, die damit begonnen hatte, wurde durch die politischen Vorgänge im Keim erstickt. Nichtsdestoweniger machen diese Versuche dem Unternehmungsgeist der Inder alle Ehre.

Die Inder bildeten den Stand der Zwischenhändler. Sie

---

[1]) Kolonial-Politische Korrespondenz, 3. Jahrg. 1887, Nr. 24, S. 187.

kauften durch Agenten in den Küstenplätzen von den ankommenden selbständigen Negerkarawanen der Wasukuma und Waniamwezi. In Bagamoyo und Pangani beschäftigten sie auch Araber kommissionsweise mit dem Aufkauf im Innern. Diese organisierten mit eigenen oder fremden Sklaven Karawanen, waren aber durch die ihnen in großem Umfange gewährten Kredite wirtschaftlich völlig in der Hand der Inder.

Um diese Beziehung zwischen den handeltreibenden Indern und den sklavenhaltenden feudalen Arabern klarer zu erkennen, führen wir uns die Organisation des ostafrikanischen Elfenbeinhandels vor Augen. Ein Konsortium von wenig vermögenden Indern oder auch ein einzelner reicher Inder schob einen Strohmann vor, welcher mit einem arabischen Grundherrn und Sklavenbesitzer, der Karawanen führte, wegen Ausrüstung einer solchen verhandelte. Dem Araber wurde nach den getroffenen Vereinbarungen das Geld für das aufzukaufende Elfenbein gegeben — gewöhnlich pro frasilah[1]) 35 bis 40 $ —, wogegen er als Sicherheit in erster Linie seine eigenen Häuser, Gärten und Palmenhaine usw. verpfändete, in zweiter Linie, wenn es sich um große Summen handelte, auch die etwaigen Besitzungen seiner Pagazis (Träger) und Aufseher.

Der Araber hatte damit ein vielfaches Risiko übernommen, während sich der Inder davon ganz frei zu machen verstanden hatte. Mit dem Gelde kaufte der Araber Tauschwaren — wobei der Inder schon wieder verdiente — und warb soviel Träger an, als er über die Zahl seiner eigenen Sklaven hinaus benötigte. Der Verlust an Trägern und Aufsehern oder durch sie belief sich in Werten in der Regel auf ein Drittel bis ein Viertel der vorgeschossenen Summe, und schließlich konnte es leicht geschehen, daß man im Innern höchst ungünstige Ankaufsverhältnisse traf. Das ganze Geschäft war eine höchst gewagte Spekulation, deren Risiko der Araber allein trug. Dem Inder brachte es jedoch gewöhnlich, bei Einrechnung aller mittelbar und unmittelbar entstehenden Verdienste, 50% Gewinn.

Die wirtschaftlich bedenklichste Erscheinung an diesem Handel war aber die zunehmende Verschuldung des Grundbesitzes der Araber. Sie, wie die in den Jahren vor der deutschen Besitzergreifung wachsende Entwertung des arabischen Grundeigentums, sind zwei Ursachen des damals häufiger beobachteten Landüber-

---

[1]) Frasilah = 35 lbs. (englische Pfund).

gangs an die Inder gewesen. Soweit es dazu nicht kam, blieb doch eine starke wirtschaftliche Abhängigkeit des arabischen Elements vom indischen übrig.

Die Entwertung des Grund und Bodens war besonders dadurch eingetreten, daß, seit Zanzibar immer mehr der Konkurrenz des Weltmarktes ausgesetzt und eine stärkere Zollbelastung der Nelkenproduktion eingetreten war, die Bewirtschaftung der Schambas durch die Sklaven nach den primitiven Methoden sich als irrationell herausgestellt hatte. Andere Betriebssysteme einzuführen, war die von der Überlieferung und Tradition beherrschte Intelligenz der Zanzibararaber nicht fähig. So lag denn der Boden brach, sank im Preise und wurde von spekulierenden Indern gekauft, die auf die Zukunft rechneten, in welcher die Europäer rationelle Betriebe einführen und dadurch eine Wertsteigerung des Landes hervorrufen würden. Das Kapital mancher Araber beschränkte sich damals schon häufiger auf ihre Sklaven, die sie als Lohnarbeiter vermieteten. Jede Maßregel gegen die Sklaverei mußte gerade diese enteigneten Araber hart treffen.

Die Verschuldung des arabischen Grundbesitzes, von der wir eben sprachen, war bei den Rechtsverhältnissen des Sultanats eigentlich ein Unding[1]). Für ein Hypothekenwesen fehlte jede Voraussetzung, da es weder Grundbücher gab, noch eine Subhastation dem arabischen Recht geläufig war. Dieser Umstand fand wirtschaftlich darin seinen Ausdruck, daß der Zinsfuß für Kredite, welche gegen Verpfändung der Liegenschaften oder der Ernten gegeben wurden, dem für ungedeckte Kredite entsprach. Er betrug 8% pro Jahr und stieg in manchen Fällen bis zu 40%. Die Höhe dieses Satzes wurde übrigens auch durch die andauernde Entwertung des Silbers bedingt.

3. Geldwesen.

Es kursierten im Sultanat in den Jahren 1840 bis 1891 die verschiedenartigsten Münzen. Nicht alle jedoch waren in größeren Mengen vorhanden, und zu verschiedenen Zeiten standen auch verschiedene Münzen im Mittelpunkt der Wertschätzung. Bis in die sechziger Jahre hinein bildete der Maria-Theresien-Taler »die Basis des Münzsystems«[2]), dann folgte, wenn Noback[3]) richtig unterrichtet ist, der amerikanische Golddollar und in der zweiten

---

[1]) Kolonial-Politische Korrespondenz, 2. Jahrg. 1886, Nr. 24, S. 151.
[2]) Peez u. Raudnitz, Geschichte des Maria-Theres.-Talers, Wien 1898, S. 113.
[3]) Noback, Münz-, Maß- und Gewichtsbuch, 1877.

Hälfte der siebziger Jahre etwa die indische Rupie[1]). Der Maria-Theresien-Taler oder Schwarze Taler wurde von den arabischen Fürsten nach Ostafrika gebracht, die ihn neben den sogenannten Kolonnaten, den Säulentalern oder spanischen Piastern in ihren Ländern bevorzugten. Ein selbständiges Münzsystem hatte keines dieser Sultanate, wohl aber hatte sich der Regel nach eine bestimmte fremde Geldsorte unter den zahlreichen umlaufenden Münzen einen herrschenden Platz erobert. An ihr wurde der Wert aller übrigen Stücke gemessen; war sie selten, so fielen die anderen im Werte, war sie häufiger, so stieg dieser. Zu solcher Basis des Geldverkehrs war nun seit Ende des 18. Jahrhunderts am Roten Meer und weiterhin in ganz Nordafrika der Schwarze Taler mit dem Bilde der Kaiserin Maria Theresia geworden[2]). Er gewann dann eine ähnliche Stellung in Ostafrika unter Said und Majid und behielt sie auch trotz der starken Einwanderung von Indern und deren Herrschaft im Zwischenhandel, wurde aber durch besondere Umstände während des Sezessionskrieges vom amerikanischen Golddollar abgelöst. Die Händler der Union waren damals nicht in der Lage, mit Merikani oder anderen Baumwollstoffen zu zahlen und bedienten sich ihrer heimischen Münze. Sie wurde in Zahlung genommen, und der Maria-Theresien-Taler war infolge davon, wie Noback schrieb, 1877 wenigstens in Zanzibar schon so selten geworden, daß er nicht ohne ein Aufgeld von 6% zu haben war. Was Guillain 1846 bei Seyyid Said mit dem französischen Fünffrankstück nicht gelungen war, das brachte dann Kirk mit der indischen Rupie in den siebziger Jahren fertig. Seyyid Bargasch setzte damals auf seine Veranlassung ihren Kurs auf 0,47 des amerikanischen bzw. österreichischen Dollars fest und entschied damit die Herrschaft des indischen Geldes. Unterstützt wurde der englische Generalkonsul in seinen Bestrebungen durch die Inder, deren ökonomische Macht groß genug war, um Maßregeln dieser Art zur Wirkung kommen zu lassen oder nicht. Sie wechselten Schwarze Taler in großer Zahl ein und verschickten sie nach Bombay, wo sie von Silberschmieden eingeschmolzen oder in den Münzstätten mit Vorteil umgeprägt wurden.

---

[1]) v. König in den Beiträgen zur Kolonialpolitik, 1900/01, S. 317.
[2]) Über die Vorzüge der Münze s. Peez, a. a. O., S. 21 ff., der auch Baker, Nilzuflüsse, zitiert. Als wesentlicher Vorzug möchte hinzukommen, daß die Ausprägungen in Österreich immer wieder von neuem erfolgten, wodurch man dem tatsächlichen Bedarf entgegenkam.

Die übrigen Münzsorten haben im Sultanat immer nur eine untergeordnete Rolle gespielt. Man nahm sie nicht gern oder doch nur für bestimmte Zwecke. Die Nachfrage war gering, und alle, die Piaster vielleicht ausgenommen, hatten ein größeres oder geringeres Disagio. Wir lassen hier eine Übersicht der kursierenden Stücke nach Gewicht, Feinheit, Feingewicht und Wert in Reichsmark folgen:

	Gewicht	Feinheit	Feingewicht	Wert[1]
1. Kompagnie-Rp.:	11,6638 g,	916,667,	10,6918 g,	1,9245 Mk.
2. Maria-Theresien-Taler:	28,0668 g,	833,333,	23,3890 g,	4,2100
3. Span. Piaster[2]):				
1707—1728	27,4682 g,	930,500,	25,5607 g,	4,6009
1728—1772	27,0643 g,	909,722,	24,6210 g,	4,4318
1772—1848	27,0643 g,	902,778,	24,4330 g,	4,3979
1848—1850	26,2910 g,	900,000,	23,6619 g,	4,2591
1850—1854	26,1046 g,	900,000,	23,4941 g,	4,2289
1854—1868	25,9601 g,	900,000,	23,3641 g,	4,2055
1868	25,0000 g,	900,000,	22,5000 g,	4,0500
4. Silbernes 5-Frs.-Stück:	25,0000 g,	900,000,	22,5000 g,	4,0500
5. Goldenes 5-Frs.-Stück:	1,6129 g,	900,000,	1,4516 g,	4,0500
6. Goldenes 10-Frs.-Stück:	3,2258 g,	900,000,	2,9032 g,	8,1000
7. Goldenes 20-Frs.-Stück:	6,4516 g,	900,000,	5,8065 g,	16,2000 „
8. Pfd. Sterling:	7,9881 g,	916,667,	7,3224 g,	20,4295 Mk.

Aus dieser Tabelle ist zu ersehen, daß die spanischen Kolonnaten fortwährend verschlechtert wurden und, was wichtig ist, dabei nicht nur an Feingehalt, sondern auch an absolutem Gewicht und Wert einbüßten. In Ostafrika fanden die älteren Reisenden, wie Krapf und Burton, die spanische Münze noch, v. d. Decken aber und andere jüngere Berichterstatter erwähnen sie nicht mehr. Ein Zusammenhang zwischen der Verschlechterung und dem Verschwinden dürfte anzunehmen sein, jedenfalls

---

[1]) Der Silberwert gilt für das Jahr 1877.
[2]) In Afrika liefen namentlich die vor dem Jahre 1848 geprägten Piaster um. Die vor 1772 ausgegebenen Stücke fanden sich in Spanien nur noch äußerst selten.

trifft es nicht zu, wenn bei Peez und Raudnitz[1]) gesagt wird, daß der Piaster niemals im Werte verändert worden sei. In Zanzibar liebte man die Münze nicht besonders. Burton berichtet[2]), daß sie dem Maria-Theresien-Taler gewöhnlich gleichgestellt war, zuweilen jedoch nur gegen ein Aufgeld von 2 % zugunsten des letzteren genommen wurde. Dabei gab es Gegenden in Arabien und Afrika, wo namentlich die älteren Piaster bis zu 8 % mehr wert waren als der Schwarze Taler. Als Krapf reiste, hatte der Säulentaler wechselnden Wert[3]). Ähnlich erging es den französischen 5-Frs.-Stücken. Guillain hatte 1846 von seiner Regierung den Auftrag erhalten, in Verhandlungen mit dem Sultan darauf hinzuwirken, daß das Disagio der französischen Münze im Verkehr mit Zanzibar verringert würde[4]). Für 100 Schwarze Taler forderte man dort 112 5-Frs.-Stücke. Da Frankreich in seinen afrikanischen Kolonien damals einen Zwangskurs für seine Münzen festgesetzt hatte[4]), indem es bestimmte, daß fortan gegen 100 spanische oder österreichische Taler nur 110 5-Frs.-Stücke einzuwechseln wären, so lag ihm daran, dasselbe Wertverhältnis auch in dem mit Nossi Bé und Bourbon in engen Handelsbeziehungen stehenden Zanzibar in Geltung zu sehen. Der Sultan weigerte sich zuerst, gestand dann eine Relation von 111 zu 110 und nach gewissen schriftlichen Garantien Guillains[5]) das geforderte Verhältnis von 110 : 100 zu, indem er gleichzeitig versprach, eine entsprechende Verfügung zu erlassen. Das geschah denn auch. Aber der französische Unterhändler selbst gab sich nicht der geringsten Hoffnung auf ein günstiges Resultat hin. In der Tat blieb der amtliche Tarif ohne Wirkung. Nach Burton[6]) forderte man 1857—59 im Handel nach wie vor 112 5-Frs.-Stücke. v. d. Decken (1859—65) schreibt[7]) allerdings, daß man schon gegen ein 5-Frs.-Stück und 8 Pesas einen Maria-Theresien-Taler erhielt, doch ist diese Angabe für eine Vergleichung unbrauchbar, weil die Pesas selbst wechselnden Kurs hatten, und sich daher nicht sagen läßt, wieviel solcher Kupfermünzen im Augenblick der Erhebungen

---

[1]) a. a. O.
[2]) a. a. O., I, S. 325. Ähnlich Guillain.
[3]) Peez, a. a. O., S. 107 ff.
[4]) Guillain, a. a. O., 2. Teil, Bd. I, S. 43 ff.
[5]) a. a. O.
[6]) a. a. O., Bd. II, S. 419.
[7]) Peez, a. a. O., S. 110.

v. d. Deckens für einen Schwarzen Taler bzw. ein 5-Frs.-Stück zu haben waren[1]).

Auch die Kompagnie-Rupie[2]) wurde zu verschiedenen Zeiten in verschiedener Anzahl gegen einen Maria-Theresien-Taler umgewechselt. Nach Guillain standen 2,20 bis 2,23 Rps. im Werte einem Taler gleich; er fügt ausdrücklich hinzu, daß die indische Münze nur in geringer Zahl in Zanzibar vorhanden sei. Burton nennt an einer Stelle seines Werkes dieselben Zahlen[3]), gibt an einer anderen Stelle aber das Verhältnis von 214 bzw. 220 : 100.

Wie fein der Zanzibarmarkt auf jeden Versuch, geringwertigere Münzen zu höheren Kursen auszugeben, reagierte, zeigt ein Vorgang aus den siebziger Jahren, als schon die Rupies im Sultanat vorherrschten. Damals, 1877, hatte Seyyid Bargasch in Paris Taler prägen lassen und sie zu Kursen von 2,4 Rps. abgegeben. Die Kaufleute wiesen sie jedoch zurück, weil ihr Silbergehalt dem Kurs nicht entsprach.

Auch Noback[4]) konstatiert, daß die fremden Geldsorten — als Basis des Geldverkehrs galt zur Zeit, für welche Nobacks Angaben zutreffen, der amerikanische Golddollar — im Werte je nach dem Vorrat schwankten und ferner, daß auch ihr Gold- bzw. Silbergehalt, vom Kurswert abgesehen, nicht voll bezahlt, sondern immer unterschätzt wurde.

Aber auch die Kupfermünzen, die indischen Pesas, wurden nicht immer in gleicher Zahl gegen den Levantiner- oder Maria-Theresien-Taler eingetauscht. Bis 1840 zahlte man Bruchteile dieser Münze, $^1/_2 =$ Soumouni, $^1/_4 =$ Robo, $^1/_8 =$ Summi, in Tauschgegenständen. Erst in diesem Jahre brachte Seyyid Said zum ersten Male für 5000 Taler Pesastücke, die in Bombay geschlagen worden waren, durch Vermittlung des englischen Konsuls ins Land. Eigene amtliche Münzstätten besaß nicht einmal Maskat, geschweige denn Zanzibar. Doch gab es im ersten etwa 16 private Münzstätten, in denen das Prägegeschäft sich wie jedes andere Handwerk mitten im freien Wettbewerb abwickelte und der Schlagschatz in verschiedener Höhe erhoben wurde[5]). Anfangs nun erhielt man 132—133 Pesas für einen Dollar oder Taler, später, wie Burton

---

[1]) v. d. Decken selbst gibt einen Maria-Theresien-Taler auf 110 bis 132 Pesas, ein 5-Frs.-Stück auf 120 Pesas an.
[2]) Der English East-India-Company.
[3]) Burton, a. a. O., Bd. I, S. 325.
[4]) Noback, a. a. O., Artikel Zanzibar.
[5]) Burton, S. 405 ff.

schreibt, nur 98, weil die Geldwechsler die Kupferstücke aufgekauft hatten. Burton selbst zahlte nach seiner Landung im Bazar 107—108 Stücke, an der Küste forderte man 112—113. Seyyid Said versuchte, einen amtlichen Tarif einzuführen, indem er anordnete, daß 128 Pesas für einen Dollar gegeben und genommen werden sollten. Der Tarif verfehlte wie jener andere, den er aus Vorliebe für die Franzosen Guillain zediert hatte, seine Wirkung. Nach einem Bericht des britischen Konsuls Rigby[1]) schwankte die Zahl der Pesastücke, welche man für einen Taler hingeben mußte, zwischen 110 und 130. Ähnliche Angaben macht v. d. Decken. Auch als die indische Rupie den österreichischen und amerikanischen Dollar verdrängt hatte, und damit eine Münze den Markt beherrschte, welche durch das indische Geldwesen in konsolidierten Beziehungen zum Kupferpesa stand, blieb der Wert dieses Stückes schwankend. Der regelmäßigen Versorgung Zanzibars mit Rupien durch die Chartered Bank of India, die jährlich mehr als eine Million Rupien einführte[2]), stand bezüglich der Kupferstücke keine ähnliche regulierende Maßnahme gegenüber. Kurz vor der endgültigen deutschen Besitzergreifung fing dann auch der Sultan an, Pesas auszugeben. Eine französische Gesellschaft hatte die Prägung übernommen. Dadurch wurde der Kurs der Kupfermünzen gegenüber der Rupie noch ungünstiger beeinflußt als bisher.

Im Verkehr der Inder mit den europäischen Großfirmen hatten sich Dollar und Cent wenigstens als Rechnungseinheiten auch in der Rupienzeit noch erhalten; gezahlt wurde freilich auch hier in indischer Münze, soweit es nicht durch Anweisungen auf Bombay oder andere Plätze geschah[3]).

---

[1]) Peez, a. a. O., S. 109f.
[2]) Deutsche Kolonial-Zeitung, 1889, S. 250.
[3]) Diese Schilderung der politischen und wirtschaftlichen Zustände in Ostafrika war lange abgeschlossen, als Ende 1912 bei Tetzlaff in Berlin eine Arbeit von Schwarze über »Die wirtschaftlichen Verhältnisse im Sultanat Zanzibar vor und nach der Errichtung der englischen Herrschaft« erschien. Schwarze kommt in den Hauptpunkten zu denselben Ergebnissen wie ich. Die älteren Quellen, namentlich der ungewöhnlich unterrichtete und vielseitige Guillain, wie die englischen Konsulatsberichte bleiben bei ihm unberücksichtigt. Auch die Akten der DOAG, denen ich eine Fülle von Einzeltatsachen verdanke, konnten von ihm nicht verwertet werden. Im Gegensatz zu Schwarze kam es mir darauf an zu zeigen, welche Hemmung und Förderung die DOAG als Schutzbriefgesellschaft in den politischen und wirtschaftlichen Zuständen Ostafrikas fand; es stehen daher andere Momente im Vordergrund meiner Darstellung.

II. Abschnitt.
Die DOAG als Schutzbriefgesellschaft (1885—1891).

1. Kapitel.
Die DOAG mit vorwiegend politischem Charakter (1885—1887).

§ 1.
Entwicklung der inneren Verfassung der DOAG.

Die Charters oder Oktrois der älteren privilegierten Gesellschaften des 17. und 18. Jahrhunderts regelten mit der Privilegierung zugleich die Verfassung der Körperschaft wenigstens in großen Zügen[1]). Auch darin unterscheidet sich die DOAG von den älteren Kompagnien und den modernen englischen Chartergesellschaften. Ihr Schutzbrief formulierte die Normen ihrer staatsrechtlichen Kompetenz und ließ die Frage der privatrechtlichen Organisation ganz beiseite. In dem Falle der DOAG, in welchem die Gesellschaftsverfassung den ganz neuartigen kolonialen Verhältnissen und Aufgaben anzupassen war, hätte in dieser Freiheit ein großer Vorzug liegen können. Er wurde aber von der DOAG nicht ausgenützt. Vom direkten Oktroi der Reichsregierung frei, hatte sie die Wahl zwischen einer ganzen Anzahl von Unternehmungsformen. Sie konnte eine der eigentlichen handelsrechtlichen Organisationsformen annehmen, dann aber stand ihr auch die Möglichkeit offen, sich nach Teil II, Titel VI des Allgemeinen Landrechts als Korporation zu konstituieren.

Angesichts dieser Situation entsteht die Frage, warum die DOAG nacheinander mehrere dieser Gesellschaftsformen angenommen hat, jede folgende für ihre Zwecke geeigneter fand als

---
[1]) Schmoller, Umrisse und Untersuchungen. Leipzig 1898. S. 469f.

die vorhergehende und sich doch schließlich wieder einer anderen zuwandte. Dies Hin und Her hat manche tüchtige Persönlichkeit und große Geldmittel den eigentlichen kolonialen Aufgaben entzogen, dazu dem Kredit der Gesellschaft und dem Vertrauen der Öffentlichkeit in die Solidität der gesamten jungen deutschen Kolonialbewegung mehr Abbruch getan als gut war. Veit Simon[1]) sieht die Ursache dieser Erscheinung darin, daß unser damaliges Recht keine den besonderen überseeischen Aufgaben angepaßte Organisationsform kannte.

Dem widersprechen doch die Tatsachen. Am 15. April 1885 schon hatte die Deutsche Kolonialgesellschaft für Südwestafrika als Korporation nach preußischem Landrecht die Rechte einer juristischen Person erhalten. Damit war allen anderen Kolonialgesellschaften der Weg vorgezeichnet und besonders denjenigen unter ihnen, welche, wie die DOAG, Hoheitsrechte auszuüben gedachten. Über gewisse formelle Bedenken der Juristen hatte sich die Reichsregierung bzw. die preußische Landesregierung bei der Inkorporierung hinweggesetzt, so daß jeder Einwand gegen diese Art der Konstituierung beseitigt war. Auch das andere trifft nicht zu, daß sich die Form der landrechtlichen Korporation nicht bewährt habe. Das ist im Gegenteil der Fall gewesen und zwar in einem Maße, daß die Novelle zum Schutzgebietsgesetz vom 15. März 1888 die Korporationsverfassung auch in die Reichsgesetzgebung hinübernahm und ihr durch Gesetz vom 2. Juli 1899 sogar noch ein erweitertes Anwendungsgebiet gab; das wird aber ferner auch dadurch widerlegt, daß eine größere Zahl von in den Kolonien tätigen Gesellschaften, unter ihnen die DOAG, noch heute als Korporation unter der Bezeichnung »Kolonialgesellschaften« mit Erfolg arbeitet und keine Klage über ihre Organisation laut werden läßt.

Wir sehen im Gegensatz zu Veit Simon die Ursache der unsteten Entwicklung, welche die DOAG bezüglich ihrer inneren Verfassung durchgemacht hat, darin, daß sie es verschmähte, die Form einer Korporation anzunehmen; denn sowohl die Neu-Guinea-Kompagnie wie die vorhin genannte Kolonialgesellschaft für Südwestafrika, beides Korporationen, haben ihre Rechtsform niemals geändert, und auch die DOAG blieb vor weiteren Erschütterungen bewahrt, seit sie am 27. März 1887 ebenfalls eine Korporation geworden. war.

---
[1]) Veit Simon in dem Artikel »Deutsche Kolonialgesellschaften«, Zeitschrift f. d. gesamte Handelsrecht, Bd. 34, 1. und 2. Heft.

Erklären müssen wir freilich noch, wie die DOAG dazu kam, sich die unmöglichen, jedenfalls nicht normalen handelsrechtlichen Verfassungen zu geben, die Veit Simon in dem zitierten Artikel zunächst beschreibt und dann zu klassifizieren versucht. In den folgenden Ausführungen wollen wir zeigen, daß dabei im wesentlichen zwei Eigentümlichkeiten der Gesellschaft mitgewirkt haben, die bei den beiden anderen Hoheitsgesellschaften niemals aufgetreten sind und darum keine Hemmungen in ihrer Entwicklung zeitigen konnten. Es ist dies einmal die bunte Zusammensetzung der »Aktionäre« der DOAG, verschieden nicht nur an Interessen und Plänen, sondern vor allem hinsichtlich der Größe ihres finanziellen Engagements; es ist dies sodann das unverkennbare und mehrfach ausgesprochene Bestreben des Leiters Dr. Peters, eine Organisation zu wählen, die alle Kräfte des Unternehmens, die Mittel wie die Personen, möglichst von einer im Zentrum stehenden Persönlichkeit abhängig machte, um so den stärksten Effekt und die denkbar größte Stoßkraft in den afrikanischen Aspirationen zu erzielen. Namentlich das letztere aber schien in einer durch die Korporationsverfassung demokratisch organisierten Gesellschaft unerreichbar, in der auf Generalversammlungen oder bei anderen Gelegenheiten die Mehrzahl der »Aktionäre« die Bestimmung über die Geschicke der Gesellschaft in die Hand bekam.

Der Schutzbrief hatte die Verträge, welche mit den afrikanischen Häuptlingen in den vier bekannten Landschaften abgeschlossen worden waren, vollinhaltlich anerkannt. Demgemäß standen der zu bildenden Gesellschaft in den fraglichen Gebieten nicht nur die Hoheitsrechte zu, sondern auch das ausschließliche Eigentumsrecht am Grund und Boden, von unwesentlichen, in den Verträgen genannten Ausnahmen abgesehen. Wer, das war zunächst die Frage, war der Eigentümer dieser Rechte: Die Gesellschaft für deutsche Kolonisation, welche namentlich als Inhaberin der Rechte im Schutzbrief genannt war, oder die Geldgeber, mit deren Mitteln die Expedition überhaupt erst hatte ausgerüstet werden können?

Laut Satzungen der Gesellschaft für deutsche Kolonisation (§ V, 3) hatte »der Ausschuß alle inneren und äußeren Angelegenheiten der Gesellschaft selbständig zu erledigen«. Und weiter: »Er faßt bündige Beschlüsse über alles, was den Zweck der Gesellschaft fördern kann, und hat das Recht, rechtsgültige Verträge im Namen der Gesellschaft zu schließen. Er verfügt für die Zwecke der Gesellschaft über die eingegangenen Gelder«. Ferner konnte kein Mitglied auf Grund der gezahlten Mitgliedsbeiträge irgendwelche Eigentumsansprüche an etwa erworbenen kolonialen Ländereien bei der Gesellschaft geltend machen. Man hatte lediglich Rechenschaft darüber zu fordern, daß die aus den Mitgliederbeiträgen aufgesammelten Gelder keine Verwendung fanden, welche den Vereinssatzungen zuwiderlief. Darauf gestützt, schloß man die Gesellschaft für deutsche Kolonisation als solche und ihr Vermögen soweit, als es aus regelmäßigen Beiträgen der Mitglieder bestand, von der zu gründenden Erwerbsunternehmung aus, und rechtfertigte den Schritt späterhin damit, daß »der Ausschuß den Geldgebern gegenüber die Verpflichtung anerkenne, das durch ihr Geld erworbene und ihnen vorzugsweise gehörige Land von dem Einfluß der Gesellschaft, deren Mitgliedschaft durch einen Beitrag von 5 Mk. erreichbar sei und sonst keine Verpflichtungen auferlege, unabhängig zu machen«[1]).

Der Schritt war formell durchaus zulässig. Sieht man aber von dem formalrechtlichen Gesichtspunkte ab und betrachtet die Wirkung der Maßregel, so könnte man zu dem Urteil kommen, daß sie immerhin bedauerlich bleibt. Gerade darin hatten wir schon in den ersten Erörterungen eine Eigentümlichkeit der DOAG gesehen, daß sie auch den weniger bemittelten, aber doch für Kolonialfragen interessierten Kreisen der Nation Gelegenheit gab, unmittelbar an der deutschen Kolonisationsarbeit teilzunehmen. Als man im März 1885 daran ging, die Gesellschaft für deutsche Kolonisation als solche von der finanziellen Beteiligung an dem ins Leben zu rufenden Unternehmen auszuschließen, verließ man jenes bisher beachtete Prinzip zum ersten Male. Es steht dabei gar nicht zur Diskussion, ob der Entschluß etwa im Interessse einer finanziellen Gesundung und sicheren Fundierung des Unternehmens lag. Das ist möglich, aber nicht zu beweisen. Sicher ist nur, daß weiten Kreisen der Nation die Verbindung mit der DOAG und das unmittelbare Interesse an dem Schicksal der Kolonie genommen wurde. Dr. Peters hat noch im Jahre 1887 in Heimatsberichten immer wieder betont, daß die DOAG eigentlich durch die größere Zahl von Kleinkapitalisten, welche Anteilscheine der Gesellschaft in Händen hatten, ein Unternehmen ganz anderer Art sei, als etwa die Neu-Guinea-Kompagnie, deren Aktien sich im Besitze einiger weniger Finanziers, wie Hansemanns, befanden. Das traf in gewissem Umfange damals auch noch zu, hätte aber in ganz andern Ausmaßen bestehen und vielleicht der charakte-

---

[1]) Zitiert bei Veit Simon, a. a. O., S. 96ff.

ristische Zug des Unternehmens auf die Dauer werden können, wenn man sich im März 1885 nicht zum Ausschluß der Gesellschaft für deutsche Kolonisation als solcher entschlossen hätte.

Aus den Geldgebern, den kleinen und den großen, wurde ein Konsortium gebildet, auf das alle Rechte aus den abgeschlossenen Verträgen übergingen. Es bestand aus den Eigentümern der Anteilscheine à 50, 500 und 5000 Mk. Dazu kamen noch die sogenannten Klein- oder Fondszeichner, denen in dem Aufruf, der an sie ergangen war, versprochen war: »Sobald die Gesellschaft als solche die Rechte einer juristischen Person erlangt hätte, würde auch für die kleineren Beiträge, je nach der Höhe des Betrages, ein entsprechender Anteil Land entfallen«. Neben den oben genannten Anteilscheinen auf runde Summen gab es also noch eine größere Anzahl, die auf die verschiedensten Beträge bis zur Höhe von 50 Mk. lauteten. Ihre Vielgestaltigkeit ist eine der Ursachen, die in der Folge öfters hemmend auf die Entwicklung der Gesellschaft wirkten.

Der Ausschuß der Gesellschaft für deutsche Kolonisation beauftragte am 12. Februar 1885 fünf Herren, Dr. Peters, Graf Behr-Bandelin, Dr. Lange, Hofgartendirektor Jühlke und Konsul Roghé, mit der Organisierung jener Anteilscheininhaber. Sie bildeten im Laufe des Monats Februar eine »Deutsch-Ostafrikanische Gesellschaft«[1]), deren Struktur sich leider nur in den allgemeinsten Zügen ermitteln läßt. Die eigentlichen Mitglieder waren nur jene fünf Herren. Sie bildeten, wie es in einer bei Wagner mitgeteilten Erklärung heißt, eine »offene Gesellschaft«, zu der die Inhaber der Anteilscheine wie Interessenten, d. h. »stille Teilnehmer«, standen. Die fünf Herren, in ihrer Gesamtheit Direktorium genannt, obwohl sie doch die »Deutsch-Ostafrikanische Gesellschaft« bildeten, »konstituierten sich als Gesellschaft mit Haftung sämtlicher Mitglieder. Die Anteilscheininhaber aber und solche Personen, welche fernerhin Anteilscheine nehmen würden, sollten mit den fünf Mitgliedern des Direktoriums als stille Teilnehmer in ein Vertragsverhältnis treten, das seinen Ausdruck eben durch den von sämtlichen Direktoren unterzeichneten Anteilschein erhält«[1]). Sie hafteten nur mit ihrem Anteil, ernannten eine Kontrollkörperschaft von fünf Mitgliedern und hatten im übrigen keine anderen Rechte als die von Gläubigern; ihr Unternehmercharakter war jedenfalls recht problematischer Natur. Die Degradation der Anteilscheininhaber zu

---

[1]) Wagner, a. a. O., S. 77f.

»stillen Teilnehmern« und »Interessenten« einerseits und die Ausstattung des »Direktoriums« mit der »Ausübung« der in Afrika erworbenen Rechte fast allein und ausschließlich auf der anderen Seite gibt der Verfassung eine aristokratische Tendenz, die man mit den besonderen afrikanischen Aufgaben, vor allem der Unübersichtlichkeit der Verhältnisse für einen weiteren Kreis, rechtfertigte.

Außer den bestehenden Anteilscheinen wurden weitere in Höhe von 500 bzw. 1000 Mk. ausgegeben.

Schon nach ca. fünf Wochen erhielt diese »Deutsch-Ostafrikanische Gesellschaft« eine andere Struktur. Das Direktorium konstituierte sich nunmehr als eine Kommanditgesellschaft unter dem Namen »Deutsch-Ostafrikanische Gesellschaft Carl Peters und Genossen«. Graf Behr-Bandelin trat aus dem Direktorium aus, so daß die Kommanditgesellschaft nur aus vier Personen bestand, von denen nur ein Mitglied Kommanditist war[1]). Das Verhältnis der Anteilscheininhaber zu diesem Direktorium blieb dasselbe wie in der vorigen Gesellschaft, d. h. sie galten als stille Teilhaber. In dieser Änderung zeigt sich die Neigung zur Zentralisation noch in verstärktem Maße. Sie fand ihren prägnantesten Ausdruck übrigens darin, daß Dr. Peters in einem Revers, in dem er sich verpflichtete, nichts ohne Übereinstimmung mit den Mitgliedern des Direktoriums zu unternehmen[2]), Generalvollmacht in der administrativen und politischen Leitung der Gesellschaft erhielt.

Eine Neuregelung der Geschäftsführung wurde schon am 9. Mai notwendig. Neben dem Posten eines Verwaltungschefs bestanden die beiden anderen eines Finanzdirektors und Handelsdirektors, welche Dr. Lange bzw. Konsul Roghé übertragen worden waren. Sie wurden wieder aufgehoben, weil sich für keines der Ressorts eine entsprechende Tätigkeit finden wollte. Zum mindesten galt das von dem Amt des Handelsdirektors; denn Konsul Roghé zog sich bald darauf gänzlich von der Gesellschaft mit der Begründung zurück, daß eine »Verwirklichung der geschäftlichen Ausbeutung der neuen Kolonie durch die mit dem Sultanat Zanzibar ausgebrochenen Differenzen einstweilen nicht zu erwarten sei«[3]). So blieb denn Dr. Peters als Verwaltungschef der einzige leitende Beamte der Gesellschaft. Er ist es, der die »Politik der Überstürzung«, der Ausdehnung des ostafri-

---

[1]) Veit Simon, a. a. O., S. 100.
[2]) Peters, a. a. O., S. 110.
[3]) Wagner, a. a. O., S. 98.

kanischen Besitzes, welche die Tätigkeit der Kommanditgesellschaft kennzeichnet, inscenierte und damit diejenige Arbeit geleistet hat, zu der die Gesellschaft historisch allein berufen und auch befähigt war.

Mitte Juli 1885 trat Karl von der Heydt, Chef des Elberfelder Bankhauses v. d. Heydt, Kersten & Söhne, als Kommanditist in das Direktorium »Kommanditgesellschaft Carl Peters und Genossen« ein, und damit nimmt die Geschichte der Gesellschaftsverfassung eine neue Wendung. Hatte die Sache Ostafrikas anfänglich in den Händen der Nation gelegen oder stand doch wenigstens durch Zahlung eines geringfügigen Jahresbeitrages den breitesten Schichten die direkte Teilnahme an praktischer kolonialpolitischer Tätigkeit offen, so ging die Kolonie mit der Kommanditgesellschaft an einen kleineren Kreis bemittelter Patrioten über, die ihrerseits schließlich großkapitalistischen Kaufleuten den Platz räumen mußten. Diese letzte Episode bereitete sich mit dem Eintritt v. d. Heydts vor, der, von Dr. Lange unterstützt, schon am 7. September 1885 im Direktorium den Antrag einbrachte, »die heutige Gesellschaftsform aufzugeben und im Prinzip zu beschließen, eine korporative Form anstatt ihrer zu wählen, in welcher die Gesamtgesellschaft Trägerin der Gesellschaftsrechte wird«[1]. Der Antrag wurde angenommen, jedoch in seiner weittragenden Bedeutung zum Teil durch gleichzeitige Annahme der folgenden Anträge Dr. Peters' paralysiert: »1. Die bestehenden Rechte des Direktoriums und einzelner Gesellschafter sind für die Umgestaltung zu berücksichtigen und als Vorrechte statutarisch festzustellen. 2. Den gegenwärtigen Satzungsentwurf mit seiner aristokratischen Tendenz für die Ausübung der Gesellschaftsrechte dem neuen Statut zugrunde zu legen, denselben indes nach dem Vorbilde der Satzungen der Südwestafrikanischen Gesellschaft formell und nach Bedarf auch materiell umzuarbeiten. 3. Als Grundzüge der Verfassung der Deutsch-Ostafrikanischen Gesellschaft festzuhalten, daß eine Direktionskörperschaft von etwa 15 Personen auf eine näher zu bestimmende Reihe von Jahren durch Wahl der Hauptversammlung mit der Ausübung der Gesellschaftsrechte zu betrauen sei. Neben dieser aber ist einer Kontrollkörperschaft, welche jährlich aus der Hauptversammlung zu wählen ist, die Vertretung der speziell finanziellen Interessen der Gesellschaftsmitglieder zu überlassen und ihr zu dem

---

[1] Wagner, a. a. O., S. 99.

Behuf eine kalkulatorische Kontrolle und ein gewisser Einfluß auf die Bestimmung einer etwaigen Dividende einzuräumen. Von der Direktionskörperschaft ist eine Verwaltung einzusetzen mit genügenden Kompetenzen, um eine einheitliche und starke Exekutive darzustellen.« Man merkt diesen Anträgen an, daß sie sich gegen die Demokratisierung der Gesellschaftsverfassung, wie sie der Antrag v. d. Heydt befürchten ließ, wenden. Sie umschreiben zudem nur mit anderen Worten den bestehenden Zustand und weichen nur an wenigen unerheblichen Stellen davon ab. In diesem Widerstreit Peters-v. d. Heydt, der noch im Jahre 1887 in den Petersschen Vorschlägen zur Reorganisation der Geschäftsführung, die häufig in den Berichten von Zanzibar aus gemacht wurden, nachklang, in diesem Kampfe aristokratischer und demokratischer Tendenzen standen eigentlich die politischen Interessen der DOAG gegen ihre wirtschaftlichen im Kampf. Ihr Interesse als Hoheitsgesellschaft forderte strikte Bindung aller verfügbaren Mittel unter einen souveränen Willen, eine Tatsache, die ihren wunderlichsten Ausdruck wohl in jenem Direktorium »Kommanditgesellschaft Carl Peters und Genossen«, das sich seinerseits wieder in der Generalvollmacht an Dr. Peters jeder Initiative enthielt, fand. Das Interesse der finanzierenden Geldleute aber verlangte eine Kontrolle und darüber hinaus tätige Mitwirkung bei der Verwendung ihrer Kapitalien, die einer zentralistisch-aristokratischen Organisation gefährlich werden mußte. Als die Mittel der Kommanditgesellschaft zur Neige gingen, war der Augenblick gekommen, in welchem das Interesse des Kapitals die Vormacht gewinnen mußte.

Auf den v. d. Heydtschen Antrag vom 7. September 1885 folgte am 3. Dezember desselben Jahres der Beschluß des Direktoriums, die bisher ausgegebenen Anteilscheine der Kommanditgesellschaft einzulösen und zwar zu Kursen von 120 für Zeichnungen im Höchstbetrage von 100 Mk., zu Kursen von 110 bzw. 100 für alle übrigen[1]), differenziert nach dem Gesichtspunkt des kürzeren oder längeren Engagements. Das bedeutete die Abfindung der kolonialfreundlichen Patrioten, welche bisher das deutsch-ostafrikanische Unternehmen finanziert hatten und zielte insbesondere auf die Beseitigung aller Inhaber von kleinen Anteilscheinen à 50 Mk. und weniger. Seine kaufmännisch-großkapitalistische

---

[1]) Kolonial-Politische Korrespondens, 2. Jahrg. 1886, Nr. 1.

Tendenz ist unverkennbar[1]). Es muß aber festgestellt werden, daß beiden Teilen damit geholfen wurde: jenen Patrioten finanziell, die ihr schon verloren gegebenes Geld mit teilweiser Verzinsung von ca. 13⅓ und 6⅔% zurückerhielten, und der DOAG geschäftlich, deren breitere finanzielle Basierung auf den tragfähigeren Schultern des Großkapitals nur unter der Voraussetzung möglich war, daß die kleinsten Anteilzeichner beseitigt wurden. Es ist in mancher Hinsicht bezeichnend, daß die Maßregel jedoch nur geringen Erfolg hatte, so daß fast ein ganzes Jahr später alle Inhaber von Anteilscheinen von weniger als 10000 Mk. (!) noch einmal aufgefordert wurden, ihre Anteile einzulösen[2]). Es wurden diesmal sogar Aufschläge von 50, 35, 25% je nach dem Zeitpunkt der Einzahlung geboten, was einer Verzinsung von etwa 25% im Jahr entsprach. Dies geschah zu einer Zeit, als die Finanzierung der Korporation im vollen Zuge war und beweist, wie viel den Großkapitalisten daran gelegen war, die kleinen Zeichner auszuschalten.

Der bedeutungsvollste Schritt in der Richtung auf die Demokratisierung der Organisation wurde am 20. März 1886 mit der Löschung der Kommanditgesellschaft im Handelsregister nach kaum einjährigem Bestehen vollzogen, nachdem diesbezügliche Beschlüsse schon am 14. Dezember 1885 in einer Hauptversammlung gefaßt worden waren. Alle Rechte und Pflichten der Kommanditgesellschaft gingen zunächst an ein provisorisches Syndikat »Deutsch-Ostafrikanische Gesellschaft« über, dessen vornehmste Aufgabe war, die notwendigen Schritte zur Bildung einer Korporation nach preußischem Landrecht zu tun. Das Syndikat nahm von vornherein nur noch Zeichnungen in Höhe von mindestens 10000 Mk. auf[3]). Die gesamte Leitung hatte Dr. Peters mit dem Titel Syndikus. Die Anteilscheininhaber delegierten eine Anzahl von Bevollmächtigten, die neben dem Leiter standen, in das Syndikat. Die Kalkulationen und die Entgegennahme der Zeichnungen wurde dem Bankhause v. d. Heydt, Kersten & Söhne übertragen[4]).

---

[1]) Damals traten Delbrück, Oechelhäuser, Langen und Mendelssohn, sowie einige Mitglieder des Hofadels in Beziehungen zur DOAG. Vgl. darüber Kolonial-Politische Korrespondenz, 1886, Nr. 10 und die Mitteilungen v. Poschingers in der Zeitschrift für Kolonialpolitik usw., 1908.
[2]) Kolonial-Politische Korrespondenz v. 27. November 1886, 2. Jahrg., Nr. 48, Beilage.
[3]) Kolonial-Politische Korrespondenz v. 2. Januar 1886, 2. Jahrg., Nr. 1.
[4]) Mitgeteilt bei Wagner, a. a. O., S. 99 ff.

Die Vorbereitungen zur Bildung der Korporation »DOAG« machten nur langsame Fortschritte. Mancherlei Umstände mögen dazu beigetragen haben. So nahm die Aufstellung der Satzungen, die eine Berücksichtigung der neuartigen, den beteiligten amtlichen und privaten Kreisen unbekannten kolonialen Verhältnisse erforderte, viel Zeit in Anspruch. Vor allem aber zeigte das Großkapital, welches nach Erschöpfung der bisherigen Quellen zur Finanzierung herangezogen wurde, eine starke Zurückhaltung von diesem kolonialen Engagement. Die Unklarheit über die Grenzen des deutschen Interessengebietes und die noch nicht abgeschlossenen Verhandlungen mit England taten ein übriges. Erst als sich die Seehandlung mit 500000 Mk., also 50 beitragspflichtigen Anteilen, beteiligt hatte, und die Zusammenziehung der kleineren Anteile zu Stücken von mindestens 200 Mk. gelungen war, zeigte das Großkapital ebenfalls mehr Interesse. Nach Dr. Peters[1]) soll auch die persönliche Verwendung des Fürsten Bismarck von Einfluß auf die günstigere Haltung gewesen sein.

Die geringe Aktionsfähigkeit des Syndikats in den eigentlich kolonialen Angelegenheiten, wie seine fast ausschließliche Beschäftigung mit Organisationsfragen und Finanzierungsproblemen brachte die Sache der Kolonie nahezu zum Stillstand. Der Anfang 1886 erreichte Status ist wesentlich weder in wirtschaftlicher, noch in politischer Hinsicht während der Dauer des Syndikats erweitert worden. Frisch hatte ehemals die Gesellschaft für deutsche Kolonisation die Gründung der Kolonie durchgeführt, und auch die Kommanditgesellschaft hatte sich noch fähig gezeigt, das Schutzgebiet territorial weiter zu entwickeln[2]). Beide waren private Körperschaften gewesen, beide aber waren nicht nach geschäftlichen, sondern vorwiegend nach patriotischen und nationalen Gesichtspunkten orientiert gewesen und hatten dementsprechend nach Verzinsung und Rentabilität wenig gefragt. Mit dem Syndikat, d. h. mit dem Vorbereitungsstadium der DOAG, kamen kaufmännische Grundsätze, welche mit dem Namen v. d. Heydt in der Kommanditgesellschaft zum ersten Male aufgetreten waren, endgültig zum Durchbruch. Es wäre falsch, wollte man für diese Wendung eine einzelne Persönlichkeit verantwortlich machen; sie lag ganz und gar in der Sache selbst, die in dem Stadium, in welches sie mit den großen Erwerbungsexpeditionen und schließ-

---

[1]) Peters, a. a. O., S. 147 ff.
[2]) Kolonial-Politische Korrespondenz Nr. 24 vom 26. Dezember 1885.

lich mit der Schaffung einer deutschen Interessensphäre im Vertrage mit England eingetreten war, Kapital und abermals Kapital forderte, an die nationale Opferfreudigkeit also Forderungen hätte stellen müssen, die schlechterdings nicht zu befriedigen gewesen wären. Das von Peters zitierte Wort[1]) des späteren Kolonialdirektors Dr. Kayser, in welchem Dr. Peters, v. d. Heydt und Delbrück als Vergangenheit, Gegenwart und Zukunft der DOAG bezeichnet wurden, trifft den Nagel auf den Kopf, sofern sich in diesen Namen die Entwicklung der Gesellschaft aus einem politischen zu einem kaufmännischen Unternehmen manifestiert.

Am 27. März 1887 wurden der DOAG vom König von Preußen die Korporationsrechte verliehen. Als dann durch Gesetz vom 15. März 1888 Korporationen auch nach Reichsrecht möglich wurden, beschloß die DOAG die Umwandlung in eine solche und benutzte die Gelegenheit, um die Befugnisse des Vorstandes gegenüber dem Verwaltungsrat in etwas zu erweitern und dadurch die Organisation etwas straffer zu gestalten, während sie sonst in wesentlichen Punkten unverändert blieb. Die Erteilung der Korporationsrechte durch den Bundesrat wurde am 18. September 1889 im Deutschen Reichsanzeiger veröffentlicht.

§ 2.
Sicherung und Erweiterung des Schutzbriefgebietes.

Die rege Anteilnahme, welche die Reichsregierung an den Erwerbungen der Gesellschaft für deutsche Kolonisation nahm, kam noch vor Erteilung des Schutzbriefes durch die Entsendung von Dr. Gerhard Rohlfs als Generalkonsul nach Zanzibar zum Ausdruck. Er traf am 27. Januar 1885 dortselbst ein und übernahm am folgenden Tage die Geschäfte. Es ist eine Tatsache, die für die Beurteilung der Situation in Ostafrika von nicht geringer Bedeutung ist, daß nun die Reichsregierung alle politischen Maßnahmen gegen den Sultan in ihre starke Hand nahm, beherrscht von der Vorstellung, daß die DOAG dem Sultan und seinen europäischen Hintermännern nicht gewachsen sei. Diese vollauf gerechtfertigte Einschätzung der politischen Lage hat sich leider nicht die Jahre hindurch im Programm der Reichsregierung erhalten. Es wäre sonst konsequent gewesen, die DOAG von anderen als privatwirtschaftlichen Beziehungen zum Sultan fern zu halten. Fürs erste jedoch galt das Sultanat dem Kanzler als eine

---
[1]) Peters, a. a. O., S. 152 f.

»Macht«, gegen deren eventuelle Übergriffe und Angriffe er versprochen hatte, die Interessen der Gesellschaft in völkerrechtlichen Formen zu vertreten. In dieser tatsächlichen Anerkennung des Sultanats als ein den Mitgliedern der Völkerrechtsgemeinschaft gleichwertiges Staatswesen liegt die Quelle der schweren Verwicklungen, in welche die DOAG späterhin geraten sollte. An sich hatte das Sultanat weder nach seiner kulturellen Entwicklung, noch nach seiner Machtstellung ein Anrecht darauf. Der Umstand aber, daß Frankreich und England im Jahre 1862 ihm die Unabhängigkeit garantiert hatten, und der andere, daß England sich finanziell in Ostafrika bereits stark engagiert hatte, machten das Sultanat für Bismarck, der wegen kolonialer Angelegenheiten keine Schwierigkeiten mit europäischen Großmächten wollte, zu einem »noli me tangere«. So war faktisch das Sultanat von Englands Gnaden ein Staat, dem man mit Schutzverträgen, wie sie mit den innerafrikanischen Negerhäuptlingen abgeschlossen worden waren, nicht beikommen konnte. Es wiederholte sich hier in Ostafrika der in der Weltpolitik so häufig beobachtete Vorgang, daß ein machtloses exotisches Staatswesen internationale Geltung erhält, weil die europäischen Interessenten im Augenblick weder den Mut noch die Gelegenheit fanden, an eine Aufteilung heranzutreten.

Diese Situation bestand auch fort, als die DOAG im Jahre 1887 direkt mit dem Sultan wegen des Küstengebietes zu verhandeln begann. Bis dahin aber war die Gesellschaft von diplomatischen Sorgen frei und konnte ihren ganzen wagemutigen Tatendrang in anderer Richtung entfalten. Das geschah denn auch. Sie führte mit viel Geschick auf einer ganzen Anzahl von Expeditionen die Erwerbung von Territorien auf Kosten der unabhängigen Negerhäuptlinge des Innern durch. Einer solchen Aufgabe hatte sie sich bereits auf der Usagara-Expedition gewachsen gezeigt.

So gliedert sich die Bearbeitung der Periode von der Erteilung des Schutzbriefes bis zur Konstituierung der DOAG als Korporation in zwei Teile: Die Erweiterung des Schutzbriefgebietes durch die Expeditionen der DOAG und seine Sicherstellung gegen die Ansprüche des Sultans durch die Tätigkeit der Reichsregierung.

a) Erweiterung des Territorialbesitzes der DOAG durch eigene Expeditionen.

Die Tätigkeit der DOAG in Ostafrika während der Jahre 1885/87 ist dem rein politischen Ziele gewidmet gewesen, das Schutzbriefgebiet durch Neuerwerbung von Territorien zu vergrößern. Es ist nur ganz gelegentlich auch zu wirtschaftlichen Maßnahmen gekommen, die aber auch dann noch nur keimhaft in den allerersten Anfängen stecken blieben. Es ist die Zeit der Erwerbungsexpeditionen, die »Periode des Flaggenhissens«, wie sie oft ironisch von gegnerischer Seite genannt worden ist. Schon oben wurde angedeutet, daß Gesellschaft und Regierung, wenn nicht formell, so doch tatsächlich eine Abgrenzung ihrer politischen Arbeitsgebiete vornahmen. Fürst Bismarck stellte sich vor das neue Schutzbriefgebiet gegen den Sultan und verstand es, die Grenzen des Territoriums und darüber hinaus einer deutschen Interessensphäre mit den Mitteln der Diplomatie festzulegen. Die DOAG dagegen suchte ihr Tätigkeitsfeld unter den Negerhäuptlingen des Innern, denen internationale Geltung auch nur im Sinne des Sultans von Zanzibar nicht zukam und für die sich demgemäß kaum ein europäischer Staat zu eventueller Intervention veranlaßt sah. In diesen Territorien schuf sie fast ungestört neue deutsche Rechtsansprüche. Die Teilung der politischen Arbeitsgebiete kommt auch in den seinerzeit viel gebrauchten Bezeichnungen »Zanzibar-Krisis«, an welcher deutscherseits allein die Reichsregierung beteiligt war, und »Politik der Überstürzung«, welche die DOAG mit ihren zahlreichen Erwerbungsexpeditionen betrieb, zu charakteristischem Ausdruck.

Die Ereignisse in den beiden Arbeitsgebieten blieben natürlich nicht ohne Einfluß aufeinander. In diesem Umstand liegt die Schwäche, aber auch die Stärke des Verfahrens. Als im Dezember 1885 die deutsch-französisch-englische Grenzkommission ihre Arbeiten begann, hörten die Erwerbungsexpeditionen der DOAG im wesentlichen auf. Ein Zusammenhang ist unverkennbar und erklärt sich wohl daraus, daß eine Fortsetzung der Expeditionen als eine versuchte Beeinflussung der Kommission hätte erscheinen müssen, ein Effekt, den Bismarck wohl vermieden wissen wollte. Die zwölfte und dreizehnte, die Sabaki- und Gasi-Expedition, welche von der Gesellschaft dennoch gerade in das Untersuchungsgebiet der Kommission entsandt wurden, und die auf ihnen abgeschlossenen Verträge wurden denn später auch nicht als vollgültig anerkannt, vielmehr ein großer Teil dieser Territorien den Engländern zugesprochen. Schon im Anfang der Zanzibarkrisis waren die Dispositionen der DOAG bezüglich des Tätigkeitsgebietes ihrer Erwerbungsexpeditionen wesentlich beeinflußt worden. In den Monaten Februar, März, April 1885 glaubte man in den leitenden Kreisen der Gesellschaft, die Expeditionen hauptsächlich in das Hinterland des Schutzbriefgebietes, in die Hochebenen zwischen den drei großen Seen, entsenden zu müssen. Als dann die Unternehmungen des Sultans von Zanzibar in Lamu und namentlich in dem Gebiet des Kilimandscharo bekannt wurden, als die englische Regierung ferner der deutschen mitteilte, daß englische Unternehmer den Bau einer Bahn von Mombas zum Kilimandscharo beabsichtigten, Tatsachen, die die Zanzibarkrisis einleiteten, verlegte die DOAG ihr Tätigkeitsgebiet mit der fünften Expedition, der sogenannten ersten Kilimandscharo-Expedition aus dem Hinterlande in die Küstengebiete vom Rovuma bis zum Kap Guardafui und Bender Gasen[1]).

Doch die Expeditionen der DOAG hatten ihrerseits auch wieder Einfluß auf die Intentionen der Reichsregierung. Die zahlreichen Erwerbungen der Gesellschaft schufen die Grundlage für die Abgrenzung der deutschen und englischen Interessengebiete im Londoner Abkommen vom 1. November 1886 und bildeten hier und da auch Kompensationsobjekte, wo widerstreitende Interessen der beiden Regierungen einen Ausgleich nötig machten. In diesen Momenten liegt die Rechtfertigung jener oft geschmähten »Politik der Überstürzung«. Sie zeitigte in mancher Beziehung nicht neue Reibungspunkte zwischen England, Frankreich und Deutschland, sondern schuf vielfach Gelegenheiten, die vorhandenen Unstimmigkeiten zu beseitigen. Die territoriale Abrundung unserer ostafrikanischen Kolonie, die sie so vorteilhaft von Togo, Kamerun und auch Südwest unterscheidet, ist nicht weniger eine Folge jener Expeditionspolitik. Ja, man kann so weit gehen, in ihr die koloniale Tat par excellence, die der DOAG gelungen ist, zu sehen. Die Reichsregierung hätte von sich aus eine solche Erwerbungspolitik nie durchführen können, was in den internationalen Beziehungen der großen Völker und in der Eigenart unserer modernen völkerrechtlichen Denkungsweise und Weltpolitik begründet ist. Eine Privatgesellschaft aber, wie die DOAG, ohne völkerrechtliches Gewissen,

---

[1]) Siehe weiter unten die Übersicht über die Expeditionen.

deren Erfolge oder Mißerfolge nicht gleich das Schicksal einer ganzen Nation aufs Spiel setzten, war besonders geeignet, jene Politik zu vertreten, die einer weltpolitischen Spekulation gleichkam. Auf Vorposten in der deutschen Kolonialpolitik gestanden und diesen Platz mit Auszeichnung behauptet zu haben, darin gipfelt das geschichtliche Verdienst und die historische Rechtfertigung der DOAG.

Im ganzen sind nach der Kolonial-Politischen Korrespondenz[1]) 18 Expeditionen in den Jahren 1884, 1885 und 1886 ausgerüstet worden, deren größter Teil, nämlich die Expeditionen 2 bis 14, in die Zeit fällt, als die DOAG eine Kommanditgesellschaft auf Aktien war und die Zanzibarkrisis noch schwebte. Nur eine dieser 18 Expeditionen, die 17., war eine Explorations-Expedition. Sie wurde von einem Geologen geführt und galt der Erforschung des ursprünglichen Schutzbriefgebietes im Herbst 1886. Alle übrigen dienten der Erwerbung neuer Landschaften; sie führten nur in wenigen Fällen auch zur Anlage einer Station; einige verliefen völlig ergebnislos. Mit der Art dieser Expeditionen ist der politische Charakter der Tätigkeit der DOAG während der in Frage stehenden Periode bewiesen.

Nach der angeführten Stelle in der Kolonial-Politischen Korrespondenz gebe ich eine Übersicht der Expeditionen:

1. Erste Usagara Expedition. Ausfahrt am 1. Oktober 1884. Resultat: Erwerbung der Landschaften Useguha, Nguru, Usagara, Ukami.
2. Zweite Usagara-Expedition. Ausfahrt am 24. Februar 1885. Sie führte zum Ausbau der Sima-Station, welche Graf Pfeil in Usagara nahe Muininsagara angelegt hatte.
3. Tana-Expedition. Ausfahrt am 24. März 1885. Sie scheiterte an dem Widerstand des Sultans von Zanzibar, welcher damals gegen die deutsche Protektorats-Erklärung über Witu remonstrierte.
4. Nyanza-Expedition. Ausfahrt am 21. April 1885. Die Erkrankung des Führers verhinderte die Durchführung.
5. Erste Kilimandscharo-Expedition. Abgang von Zanzibar im Mai 1885. Sie war gegen die Expedition des Sultans in dieselben Gegenden gerichtet und führte zur Erwerbung von Usambara, Bondei, Pare, Aruscha, Dschagga, Kahe Ugeno.

---

[1]) Kolonial-Politische Korrespondenz, 3. Jahrg. 1887, Nr. 3, S. 21 f.

6. Khutu-Expedition, von Sima-Station nach der Küste, geführt vom Grafen Pfeil. Die Landschaft Khutu am mittleren Rufiji wurde erworben.
7. Usaramo-Expedition. Abmarsch von Zanzibar im September 1885. Usaramo auf dem Nordufer des unteren Rufiji wurde erworben.

Mit diesen sieben Expeditionen war die gesamte Küstenlandschaft des heutigen Schutzgebietes nördlich des Rufiji, ausgenommen der dem Sultan von Zanzibar gehörige Küstenstreifen von 10 englischen Meilen, in deutschen Händen.

8. Njassa-Expedition. Abmarsch von Zanzibar im November 1885. Sie führte zur Erwerbung von Ubena, Wamatschonde, Mahenge, Wangindo.
9. Erste Somali-Expedition, Abmarsch von Lamu nach Halule September 1885. Die Somali-Küste von Bender Gasen bis Warscheich wurde erworben. Die Ansprüche wurden späterhin zugunsten Italiens preisgegeben.
10. Erste Komoren-Expedition. Ausfahrt 15. Oktober 1885 von Berlin. Sie scheiterte.
11. Zweite Kilimandscharo-Expedition. Ausfahrt von Berlin im Dezember 1885. Resultat: Anlage der Station Korogwe am unteren Pangani.
12. Sabaki-Expedition, im Januar 1886 ausgeführt. Resultat: Erwerbung von Giriyama, den Wanika-Ländern, den Gallagebieten und Ukamba.
13. Gasi-Expedition, im Januar 1886 ausgeführt. Erwerbung von Gasi.
14. Zweite Somali-Expedition. Ausfahrt von Berlin im Januar 1886. Resultat: Gründung der Station Halule.
15. Zweite Komoren-Expedition. Abmarsch von Zanzibar im Mai 1886. Resultat: Ratifizierung eines Kaufvertrages über 1000 Morgen Land als Privateigentum der Gesellschaft auf Groß-Komoro und Erwerbung der Ostküste von Groß-Komoro. Die völkerrechtlichen Ansprüche wurden später zugunsten Frankreichs aufgegeben.
16. Dritte Somali-Expedition. Ausfahrt von Hamburg im August 1886. Resultat: Erwerbung der Wabuschi-Mündung an der Benadir-Küste.
17. Einzige Explorations-Expedition eines Geologen durch die Landschaften Useguha, Ukami, Usagara im Herbst 1886.
18. Vierte Somali-Expedition. Ausfahrt von Berlin im Dezember

1886. Zweck: Ausbau der Station Hohenzollernhafen an der Wabuschi-Mündung. Die Station ist nicht eingerichtet worden. Die 11 Expeditionen 8—18 dieser zweiten Gruppe, soweit sie überhaupt Erwerbungsexpeditionen waren und nicht nur, wie 11, 14, 18, die Anlage einer Station bezweckten, oder, wie 17, reine Explorations-Expeditionen sein sollten, führten zur Erwerbung von Gebieten, die in späteren Staatsverträgen und Abmachungen zwischen Deutschland, England, Frankreich und Italien wieder aufgegeben wurden. Eine Ausnahme macht allein die vom Grafen Pfeil geführte 8. Expedition, deren Tätigkeit uns den dauernden Besitz weiter Stecken südlich des Rufiji bis zum Rovuma und Njassa brachte.

Die ganze Expansionspolitik der DOAG hatte die Tendenz, möglichst weite Strecken an der Küste und auf den vorgelagerten Inseln in deutsche Hände zu bringen und verzichtete auf eine Ausdehnung des Kolonialgebietes ins Innere des Kontinents. Sie verlief in die Breite und nicht in die Tiefe, ein Umstand, der in der scharfen Konkurrenz Englands, Frankreichs und später auch Italiens, die mit ähnlichen Absichten wie Deutschland in Ostafrika tätig waren, seine Erklärung findet. Als dann mit dem englisch-deutschen Abkommen vom November 1886 eine Begrenzung der Interessensphären eingetreten war, kamen die Erwerbungen längs der Küste naturgemäß zum Stillstand. Warum aber setzte man sie nunmehr nicht ins Innere hinein mit frischen Kräften fort? Die Bismarcksche Theorie vom »Hinterland«, welche den Marsch ins Innere überflüssig erscheinen ließ, mag ihr Teil dazu beigetragen haben; gleichzeitig aber kamen in der DOAG mit der neuen Organisation als landrechtlicher Korporation neue Männer und damit neue Vorstellungen vom Wesen, Zweck und den Aufgaben einer modernen Schutzbriefgesellschaft auf. Sie lehnten die Expansionspolitik ab und erstrebten den Ausbau und die Pflege des seither Erworbenen. Daß die Hinterlandstheorie nur ganz beschränkte Gültigkeit hatte und sich nur auf die sogenannten »unstrittigen Interessensphären« bezog, d. h. auf die Territorien, welche seitlich durch Demarkationslinien begrenzt waren, sollte später der Reichskanzler v. Caprivi in seinen Verhandlungen mit England gelegentlich des Zanzibarvertrages erfahren. Alle nicht seitlich begrenzten Territorien im Hinterlande wurden damals als »strittige Interessensphären« bezeichnet[1]). Um ihre Aufteilung (Uganda) wurde hart gekämpft. Hätte die DOAG, als sie Korporation ge-

---
[1]) Rede des Reichskanzlers v. Caprivi im Reichstage vom 5. Februar 1891.

worden und das deutsch-englische Abkommen von 1886 abgeschlossen war, ihre politischen Erwerbungsexpeditionen nicht aufgegeben, sondern sie mit neuen Aufgaben in die strittigen Interessensphären des Hinterlandes entsendet, dann zeigte unser Besitz in Ostafrika wohl trotz des Caprivischen Hosenknopfvertrages ein anderes Gesicht[1]). Die deutsche Emin-Pascha-Expedition, die noch dazu nur mit 30000 Mk. aus Mitteln der DOAG unterstützt wurde, kam zu spät, wie der Mißerfolg gezeigt hat.

Die Konstituierung der DOAG als Korporation bedeutet also auch hinsichtlich der kolonialen Aufgaben, welche sich die Gesellschaft stellte, einen Systemwechsel. Die eigentlich politischen Ziele, d. h. die territoriale Erweiterung des deutschen Besitzes, wurden bewußt beiseite gesetzt und machten einer kolonisatorischen Tätigkeit Platz, die sich allerdings nicht auf privatwirtschaftliche Unternehmungen beschränkte, sondern hier und da gouvernementale Probleme zu lösen versuchte.

b) **Sicherung des Territorialbesitzes der DOAG durch die Reichsregierung.**

Generalkonsul Rohlfs war im Januar 1885 mit doppeltem Auftrag nach Zanzibar gekommen. Er sollte einmal, wie es in der Kongoakte, Kap. 1, Art. 2 heißt, »beim Sultan gute Dienste einlegen, um die fragliche Zustimmung (zu der in der Akte stipulierten Handelsfreiheit) zu erhalten und für alle Fälle der Durchfuhr aller Nationen (durch das Gebiet des Sultans) die günstigsten Bedingungen zu sichern«, sodann aber, speziell für Deutschland, mit Seyyid Bargasch einen Freundschafts- und Handelsvertrag abschließen. Am Sultanshofe wurde der weit über Deutschlands Grenzen hinaus bekannte Afrikareisende mit hohen Ehren empfangen. Die Neigung Seyyid Bargaschs verwandelte sich aber schnell in Abneigung, als am 25. April 1885 die Erteilung des Schutzbriefes an die DOAG in Zanzibar bekannt wurde. Die Engländer, schon bei Entsendung von Gerhard Rohlfs in der Furcht, daß Deutschland das Sultanat zu annektieren beabsichtige[2]), steiften Bargasch den Nacken, so daß er

---

[1]) Siehe die Karte im Anhang. Die dort gegebene Begrenzung des deutschen Gebietes im Innern entspricht den Hoffnungen und Wünschen, die man in der DOAG hegte, nicht den tatsächlichen Verhältnissen. Trotzdem oder gerade darum ist sie ein Dokument von hervorragendem historischen Wert.

[2]) Note von Lord Granville an die Reichsregierung vom 14. Januar 1885 und Antwort Bismarcks.

bereits am 27. April 1885 ein Telegramm an den deutschen Kaiser sandte[1]), in welchem in höchst anmaßenden Worten gegen die Protektoratserklärung Einspruch erhoben wurde. Am 11. Mai ließ er eine Beschwerde an die Regierungen Englands, Frankreichs und der Vereinigten Staaten[2]) folgen und schickte am 21. an den Fürsten Bismarck einen brieflichen Protest[3]). In diesem Schreiben reklamierte er für sich das ganze Gebiet von der Tunghi-Bai bis Warscheich mit dem gesamten Hinterlande bis zu den Gebieten der Massai und den großen Seen. Und nicht genug damit, unternahm er gleichzeitig direkte Feindseligkeiten gegen Deutschland, als deren Inspirator in Berlin wohl mit Recht Sir John Kirk, der englische Generalkonsul und Berater des Sultans, angesehen wurde. So schickte Seyyid Bargasch nach dem Kilimandscharo und selbst nach Usagara Expeditionen, ließ dort seine Flagge hissen und versuchte einzelne Häuptlinge zum Abschluß von Schutzverträgen zu bewegen, was auch hier und da gelang. Und als ihm mitgeteilt wurde, daß Deutschland auch über das Sultanat Witu das Protektorat übernommen habe, legte er nach Lamu eine starke Truppenmacht.

Jetzt entschloß sich der Reichskanzler zu energischer Abwehr. Am 27. Mai wurde durch die Tageszeitungen bekannt, daß ein starkes deutsches Geschwader Befehl erhalten habe, nach Zanzibar zu gehen. Es sollte dem Sultan der Beweis erbracht werden, daß Deutschland, entgegen den Einflüsterungen des englischen Generalkonsuls, auch als Seemacht stark genug sei, seine Ansprüche eventuell unter Anwendung von Gewalt geltend zu machen. Gleichzeitig wurden die Regierungen in London und Paris von den bevorstehenden Schritten in Kenntnis gesetzt und ihnen über etwaige weitergehende Absichten beruhigende Erklärungen gegeben[4]). Frankreich enthielt sich in der Folge jeder Einmischung, während das englische Kabinett versprach, seinen Einfluß beim Sultan dahin zu verwenden, daß er seine ungerechtfertigten Forderungen fallen lasse. Diese Verständigung unter den europäischen Mächten verfehlte denn auch ihre Wirkung auf Seyyid Bargasch nicht.

Am 19. Juni wurde durch Generalkonsul Rohlfs die Ant-

---

[1]) Englisches Blaubuch: Correspondence relating to Zanzibar. January 1886. Nr. 20, Anlage.
[2]) Ebenda. Nr. 47 nebst Anlagen.
[3]) Ebenda. Nr. 63, Anlage 1.
[4]) Ebenda. Nr. 31, 43.

wort Bismarcks auf das Telegramm des Sultans überreicht. In ihr war nachgewiesen, daß den Sultanen von Zanzibar keinerlei Hoheitsrechte im Innern, insbesondere nicht im jetzigen deutschen Schutzgebiete zuständen, und die Erwartung ausgesprochen, »daß Se. Hoheit den Wünschen Sr. Majestät in dieser Hinsicht entgegenkommen und Ihre Beamten und Truppen aus dem deutschen Gebiet zurückziehen werde«[1]). England unterstützte diese Forderungen, so daß am 24. Juni schon der Abzug der Sultanstruppen aus den umstrittenen Gebieten gemeldet werden konnte.

Allerdings waren damit lange nicht alle Reibungspunkte beseitigt. Es fehlte namentlich noch immer an der formellen Anerkennung des Schutzbriefgebietes seitens des Sultans. Fürst Bismarck erklärte sich nun bereit, die Feststellung der beiderseitigen Gebietsgrenzen einer internationalen und unparteiischen Kommission zu übertragen, während Seyyid Bargasch in seinem brieflichen Protest vom 21. Mai ein Schiedsgericht, nur aus Engländern und Franzosen bestehend, angeregt hatte[2]). Ferner versprach der Fürst seinen Beitritt zum französisch-englischen Vertrag über die Souveränität des Sultans vom 10. März 1862. Darüber aber zogen sich die Verhandlungen in die Länge und stockten sogar eine Zeitlang. Wieder wurde von der Reichsregierung der Verdacht ausgesprochen, daß das Verhalten Sir John Kirks die Schuld daran trage, was die englische Regierung jedoch als unbegründet bezeichnete. Schließlich wurde Rohlfs nach Deutschland zurückberufen und provisorisch durch den Generalkonsul Travers ersetzt.

Als dann am 7. August das deutsche Geschwader vor Zanzibar eintraf, kamen die Verhandlungen wieder lebhaft in Fluß. Sie wurden von Travers anfangs in Gemeinschaft mit Kommodore Paschen, später mit Admiral Knorr geführt. Auf die deutschen Forderungen[3]) antwortete der Sultan am 14. August mit der Anerkennung der Schutzherrschaft Sr. Majestät über »besagte Länder« (Usagara, Useguha, Ukami, Nguru und Witu). Die Zusage des Fürsten, nach erfolgter Anerkennung dem Pariser Unabhängigkeitsvertrage vom Jahre 1862 beizutreten, fand am 20. Dezember 1886 durch eine entsprechende Erklärung des deutschen Generalkonsuls ihre Erledigung. In weiteren Verhandlungen stellte der

[1]) Englisches Blaubuch, Nr. 59, Anlage.
[2]) Ebenda. Nr. 67, 68.
[3]) Ebenda. Nr. 107, Anlage 1.

Sultan am 26. September dem Admiral Knorr den Hafen Daressalam zur Verfügung, gestattete Deutschland dort die Anlage einer Kohlenstation und erlaubte die Benutzung der Sultansruinen für Zwecke der Marine, behielt sich jedoch ausdrücklich die Souveränität über den Platz vor.

Von größter Wichtigkeit war, daß Admiral Knorr auch die von Rohlfs bereits eingeleitete Aussprache über einen neuen Freundschafts- und Handelsvertrag wieder aufnahm, der bestimmt war, das mit den Hansastädten im Jahre 1859 geschlossene Abkommen zu ersetzen. Die außerordentlichen Schwierigkeiten, die bis zu seiner Unterzeichnung am 20. Dezember 1886 zu überwinden waren, zeigen deutlich, wie recht die Reichsregierung daran tat, das neue Schutzgebiet auch im Verkehr mit dem Sultan politisch und diplomatisch selbst zu vertreten, die DOAG aber ganz im Hintergrunde zu lassen. Die Absicht, den Sultan zum Beitritt zur Kongoakte zu bewegen, ließen die deutschen Unterhändler zunächst auf sich beruhen. Erst im Londoner Abkommen verabredeten Deutschland und England gemeinsame Schritte in dieser Richtung, die den Erfolg hatten, daß Seyyid Bargasch der Akte am 8. November 1886 mit dem Vorbehalt beitrat[1]), das Prinzip der Handelsfreiheit, wie es in Art. I der Konvention statuiert war, nicht akzeptieren zu brauchen.

Schon am 10. Dezember 1885 war eine Kommission, bestehend aus je einem Vertreter Deutschlands, Englands und Frankreichs, zusammengetreten, um die endgültige Abgrenzung des Sultanats herbeizuführen. In Anbetracht dieser Arbeiten versagte es sich die Reichsregierung, der DOAG einen neuen Schutzbrief für ihre inzwischen in erheblichem Umfange gemachten Erwerbungen auszustellen. Man wollte bis zur endgültigen Regelung der Besitzverhältnisse jede Verwicklung vermeiden. Der Sultan, von irgend welchen Einflüssen beherrscht, störte jedoch die objektive Arbeit der Kommission dadurch, daß er ihr Soldaten voraufschickte, welche die Bevölkerung zu seinen Gunsten zu beeinflussen die Aufgabe hatten, und trotz mehrmaliger Aufforderung keinen Vertreter in die Kommission delegierte, mit der Begründung, daß nach seiner Auffassung gar nicht die Grenzen seines Landes, sondern die des deutschen Gebietes festzulegen wären. Schließlich erklärte er, sich

---

[1]) Englisches Blaubuch II, dem Parlament am 2. März 1887 vorgelegt, Nr. 119, Beilage.

»in keiner Weise an die Ergebnisse der Arbeiten für gebunden zu erachten«[1]). Im Sommer und Herbst 1886 wurden die Resultate der Kommissionsarbeiten in Verhandlungen zwischen den beteiligten Kabinetten für ein Abkommen verwertet, welches am 1. November 1886 geschlossen wurde. Seyyid Bargasch scheint seine anfänglichen Befürchtungen bald fallen gelassen zu haben, denn er beeilte sich[2]), seine Zustimmung zu dem Vertrage unumwunden auszusprechen.

Als das Gebiet des Sultans wurde in ihm anerkannt eine Anzahl von Inseln, Zanzibar, Pemba, Mafia, Lamu und einige kleinere, sodann ein ununterbrochener Küstenstreifen von der Mündung des Mininganiflusses bis Kipini in einer Breite von 10 Seemeilen landeinwärts und endlich mehrere Städte der südlichen Somaliküste, Kismaju, Barawa, Merka, Makdischu und Warscheich, mit ihrer nächsten Umgebung (Art. 1). Über das Kilimandscharogebiet sollte Deutschland sich mit Zanzibar friedlich auseinandersetzen (Art. 4). Für die DOAG von höchster Bedeutung war, daß der Sultan veranlaßt werden sollte, ihr die Pacht der Zölle in Daressalam und Bagamoyo zu überlassen (Art. 2). Schließlich enthält der Vertrag eine Abgrenzung der deutschen und englischen Interessensphäre (Art. 3), des Sultanats Witu (Art. 5) und die Verpflichtung der beiden Mächte, Seyyid Bargasch zu veranlassen, der Kongoakte beizutreten (Art. 6), sowie die Deutschlands, den zwischen England und Frankreich 1862 abgeschlossenen Garantievertrag auch für sich verbindlich zu machen.

Eine Betrachtung der Verhandlungsergebnisse in der Kolonial-Politischen Korrespondenz, dem Organ der DOAG, gibt der Meinung Ausdruck, »daß Deutschland alle Ursache hat, mit dem erzielten Resultat vollauf zufrieden zu sein«. Man empfand also auch in der von Landhunger scheinbar besessenen DOAG, daß eine Klarstellung des Besitzstandes der in Ostafrika interessierten Staaten viel Zündstoff aus den internationalen Beziehungen beseitigen mußte, und war es zufrieden, nunmehr dem eigenen kolonialpolitischen Wollen eine andere Gestalt geben zu können. Hatte man sich bisher von dem politischen Ziel einer größtmöglichen Ausdehnung des Territorialbesitzes leiten lassen, so erstrebte man jetzt, nach Festlegung der Grenzen, die wirtschaftliche Erschließung desselben.

---

[1]) Englisches Blaubuch, Nr. 28, Beilage, Nr. 33, 34, 37 und 56, Beilage.
[2]) Ebenda. Nr. 118, Beilage 1 und 2.

Der folgende Abschnitt wird zeigen, wie die DOAG sich diese kolonisatorische Arbeit gedacht und welche Erfolge ihre diesbezügliche Tätigkeit gehabt hat.

2. Kapitel.
Die DOAG mit vorherrschend privatwirtschaftlichem Charakter (1887—1891).

1. Teil.
Die Ära Peters (1887—1888).

§ 1.

Die Entwicklung der politischen Verhältnisse in Zanzibar bis zum Abschluß des Küstenvertrages.

Von Anbeginn an belebte die Ära Peters die Verhältnisse in Ostafrika, die sich im Laufe des Jahres 1886 ganz unerquicklich gestaltet hatten. Als Dr. Peters Mitte Mai 1887 in Zanzibar eintraf, fand er den Generalkonsul Dr. Arendt als Nachfolger des nur provisorisch tätigen Travers mit der Vertretung der deutschen Interessen im Sultanat beauftragt. Den Beamten des Reiches war von Bismarck die strikteste Weisung geworden, sich mit dem Sultan auf freundschaftlichen Fuß zu stellen. An sich hätte ein Einvernehmen aller Beteiligten den Interessen der Gesellschaft nur dienlich sein können, unter den obwaltenden Umständen aber bedeutete jene Anordnung für sie eine Gefahr. Die Jahre 1885 und 1886, als die Zeit der Flaggenhissung, hatten dauernd dem Sultan wie der Gesellschaft Veranlassung gegeben, sich gegenseitig beim deutschen Generalkonsul zu verklagen. In diesen Tagen kleinlicher Zänkereien ergriff der Vertreter des Reiches, unter dem Druck der Weisung des Auswärtigen Amtes stehend, gewöhnlich für den Sultan Partei. Es läßt sich auf Grund des zugänglichen Materials nicht recht entscheiden, ob den Generalkonsul nicht etwa auch sachliche Gründe zu seiner Stellungnahme veranlaßt haben, genug, die Gesellschaft stand beim Sultan nicht nur in höchster Ungnade, so daß er bei Beendigung des Ramadans 1886 es sich sogar versagte, ihr das konventionelle Geschenk von zwei Ziegen zu machen, sondern wurde auch das Objekt neuer Übergriffe und plumper Rechtsverletzungen seitens Sr. Hoheit. So erschienen in Muininsagara im Schutzbriefgebiet am 6. April 1887, ohne etwa von der dort herrschenden Sultanin gerufen worden zu sein, Truppen Seyyid Bargaschs, wie sich später herausstellte, vom Wali von Bagamoyo geschickt, und benahmen sich, als wären sie im eigenen Lande. Sie erklärten, die Deutschen nicht zu kennen, von ihrer Herrschaft nichts zu wissen, und nahmen für sich das Recht, von den durchziehenden Karawanen Abgaben erheben zu dürfen, mit der Begründung in Anspruch, daß sie das seit Jahren getan hätten. Da sie Mitte Mai den Ort noch nicht verlassen hatten, sah sich Dr. Peters als Generalvertreter der DOAG genötigt, den Sultan durch den Generalkonsul um Zurückziehung der Truppen ersuchen zu lassen und drohte gleichzeitig mit Schadenersatzforderungen. Die Angelegenheit verlief zwar später im Sande, bleibt aber insofern symptomatisch, als sie zeigt, daß der Sultan zwei Jahre nach Erteilung des Schutzbriefes und ein halbes Jahr nach seiner Zustimmungserklärung zum deutsch-englischen Abkommen vom 29. Oktober/1. November 1886 das Schutzbriefgebiet zu respektieren noch nicht für nötig hielt.

Solche mehr oder minder gefährlichen Sticheleien waren in Zanzibar an der Tagesordnung und hörten zunächst auch mit dem Erscheinen des Dr. Peters noch nicht auf, wenn er schon nach einem Aufenthalt von nur wenigen Wochen erkannte, daß sie nach Lage der Dinge am besten durch eine Politik der geheimen Intrigue, der Bestechung und der Schmeichelei zu ersetzen waren.

Gleich nach seiner Ankunft hatte der neue Generalvertreter mit Unterhandlungen wegen der Abtretung der Häfen Daressalam und Pangani begonnen und damit eine Aufgabe in die Hand genommen, von deren glücklicher Lösung das wirtschaftliche Gedeihen der jungen Kolonie ganz überwiegend abhing, deren tatsächliche Durchführung sich jedoch unter der Einwirkung mannigfacher Umstände derart komplizierte, daß schließlich für die DOAG und für die Existenz der Kolonie die schwersten Gefahren entstanden. Zu diesen Verhandlungen hatte man durch Artikel II des englisch-deutschen Vertrages freie Hand bekommen, in dem es hieß: »Großbritannien macht sich verbindlich zur Unterstützung derjenigen Verhandlungen Deutschlands mit dem Sultan, welche die Verpachtung der Zölle in den Häfen von Daressalam und Pangani an die Deutsch-Ostafrikanische Gesellschaft gegen eine dem Sultan seitens der Gesellschaft zu gewährende jährliche Zahlung bezwecken.«

Von der Ansicht ausgehend, daß der Artikel keinesfalls wollte, daß die Gesellschaft bloß in die Rechte und Pflichten der bisherigen zanzibaritischen Zollpächter in den beiden Plätzen eingesetzt werden sollte, daß ihr vielmehr eine weitere kolonisatorische Betätigung dortselbst gestattet sei, forderte Dr. Peters vom Sultan schon am 31. Mai neben der Zollerhebung einmal die Berechtigung, in den beiden Städten Ländereien entweder okkupieren oder erwerben zu dürfen, wenn sie sich im Privatbesitz befänden, und gleichzeitig die Einwilligung zum Bau von Straßen und anderen Kommunikationen zwischen den Häfen und dem Schutzbriefgebiet. Diese Interpretation des Artikels II begründete Dr. Peters in einem Promemoria an die Gesellschaft folgendermaßen: Wenn in der Tat die bloße Zollpacht in die Hand der Gesellschaft gegeben werde sollte, so beraube der Londoner Vertrag dieselbe um bestehende Anwartschaften auf die Küste und stelle sie gleichzeitig vor eine unlösbare Aufgabe, weil sich die Zollpacht ohne gleichzeitige Verfügung über die Polizeigewalt nicht durchführen lasse. Der Sultan antwortete auf das Schreiben vom 31. Mai nicht, entschuldigte sich jedoch mit dem Ramadan und ließ durch Michalla, den Dragoman des deutschen Generalkonsulats, wissen, daß er auf die Forderung, nichtbenutzte Terrains in Daressalam und Pangani abzutreten, nicht eingehen würde. Er betrachte die beiden Stadtgebiete als sein Privateigentum. Um dieser Auffassung die Spitze zu nehmen, verstand sich Dr. Peters zu einem Schritte, der zwar von ihm selbst in Kürze wieder rückgängig gemacht wurde, aber doch so recht zeigt, daß auch er sich noch nicht von der Politik der Zänkereien vergangener Monate losgesagt hatte. Mit einem Schlage nämlich wurde in einem Umkreise von 10 engl. Meilen das ganze Gebiet Daressalams von der DOAG aufgekauft. Der Sultan war empört, als er davon hörte, und versuchte die Nichtigkeit dieser Verträge durch die Behauptung zu erweisen, einer derselben sei mit der Pistole in der Hand erzwungen worden. Er wandte sich wieder, wie schon in vielen Fällen vorher, mit einer Beschwerde an den Generalkonsul.

Denselben Erfolg hatte ein anderer Schritt des Generalvertreters, der ebenso, wie jener erste, in dem Glauben getan wurde, daß der Sultan durch einen gelegentlichen Bluff am wirksamsten von dem Recht des Stärkeren zu überzeugen sei. Als jener Vorschlag vom 31. Mai nicht gleich bei Sr. Hoheit ein williges Ohr fand, wurde in beiden Häfen doch sofort mit der Anlage von Stationen begonnen. Man entsandte Baumeister

Hörnecke mit mehreren Weißen und 20 Askaris nach Pangani und Leue nach Daressalam, ebenfalls in Begleitung einiger Weißer und einer Truppe schwarzer Soldaten in derselben Stärke. Für Daressalam schloß man mit Siwa Hadschi einen Mietsvertrag, in welchem der Inder für je 100 Dollar jährlich einige Häuser dortselbst zur Verfügung zu stellen versprach. Der Wali des Platzes gab dem Kaufmann einen Wink und ließ ihn seine Unzufriedenheit mit dem Geschäfte merken, so daß der Inder plötzlich erklärte, in Daressalam gar keine Häuser zu besitzen. Erst nach einer energischen Demonstration und der Besetzung zweier Häuser durch die Gesellschaftsbeamten war die Gegenpartei eingeschüchtert. Auch darüber führte der Sultan beim Generalkonsul Beschwerde, indem er behauptete, die Gesellschaftsbeamten hätten sich wie die Herren geriert und das Haus des Wali mit Truppen umstellt.

Das Generalkonsulat nahm beide Beschwerden entgegen und betraute den Vizekonsul Steifensand mit der Untersuchung der Angelegenheit. Wahrscheinlich hätte dies wieder zu einer Niederlage der Gesellschaft geführt, zumal man auch in Europa in heller Aufregung über das Vorgehen der Kompagnie war, und das britische Parlament sogar die Regierung interpellierte[1]), wenn die Generalvertretung in Zanzibar sich nicht zu jener anderen, oben bereits skizzierten Politik verstanden hätte, die die Beschwerden und gegenseitigen Nörgeleien grundsätzlich beiseite ließ. Man vertrat nicht mehr den Machtstandpunkt oder den Rechtsstandpunkt, sondern richtete sich auf eine eben echt orientalische Politik mit Intriguen, gemachter Loyalität, Schmeicheleien usw. ein.

Der Erfolg hat gezeigt, daß sie der Situation am meisten Rechnung trug. In den Instruktionen, die Dr. Peters mit hinaus nach Afrika gegeben waren, war ihm unter anderem die Vollmacht erteilt worden, die Verhandlungen mit dem Sultan zwecks Abtretung der Häfen direkt, ohne den offiziellen Vertreter des Reichs, führen zu dürfen. Natürlich wurde dem deutschen Generalkonsul Dr. Arendt Mitteilung davon gemacht, der sich auch bereit erklärte, die Nachricht an den Sultan weitergeben zu wollen, jedoch den Weg der mündlichen Mitteilung vorschlug und dann auch wählte. So ist es denn wohl gekommen, daß die Vollmacht niemals Sr. Hoheit bekannt wurde, zumal die mündliche Übermittlung vom Generalkonsul über den Dragoman Michalla und

---

[1]) Dr. Peters, a. a. O., S. 160.

den Minister des Sultans, Muhamed ben Selim, einen weiten Weg nahm. Dr. Peters, der schon lange vergeblich auf eine Antwort zu seinen Zollvertragsvorschlägen wartete, ließ den Sultan Ende Juni wissen, daß er schriftliche Vollmacht habe, direkt mit ihm zu verhandeln, worauf Se. Hoheit antwortete, daß ihm bisher darüber nichts bekannt geworden sei, der Dragoman des deutschen Generalkonsulats vielmehr in den letzten Tagen darauf gedrängt habe, daß er, der Sultan, schriftlich um Zuziehung des Konsulats zu den Zollverhandlungen bitte. Gleichzeitig erklärte der Sultan, auf die Vorschläge zum Zollvertrage darum bisher keine Antwort erteilt zu haben, weil er nicht gewußt habe, wer sein Opponent sei, und sprach seine Freude darüber aus, direkt mit Dr. Peters verhandeln zu können. Aus Anlaß dieses Vorfalls telegraphierte Seyyid Bargasch noch denselben Tag an den Fürsten Bismarck und interpellierte ihn in der Angelegenheit. In den folgenden Tagen wurde dem Sultan die Tatsache der Petersschen Vollmacht vom Generalkonsul schriftlich mitgeteilt und ihr gleichzeitig durch ein besonderes Telegramm des Grafen Herbert Bismarck eine offizielle Bestätigung verliehen.

Der Zwischenfall hat für die kritische Betrachtung ein doppeltes Gesicht. Zeigt er einmal die Unhaltbarkeit einer doppelten politischen Vertretung des Reiches in Zanzibar, so ist er doch für den außerordentlichen Bevollmächtigten der erste Anstoß gewesen, seine Politik zu ändern. Verstanden es die Vertreter der Reichsregierung nicht, durch delikate Behandlung der schwierigen Situation Herr zu werden, so blieb, wenn anders ein Erfolg nicht überhaupt in Frage gestellt werden sollte, dem Generalvertreter nichts anderes übrig, als seinerseits neue diplomatische Fahrstraßen zu verfolgen, jedoch mit der Gefahr, das deutsche Generalkonsulat als politischen Faktor überhaupt in die Ecke zu drängen. Entweder litt das Ansehen der Gesellschaft oder das des Generalkonsulats, und da Dr. Peters sich in durchaus berechtigtem Selbsterhaltungsinteresse in der oben skizzierten Form selbständig machte, so war der Generalkonsul der leidende Teil.

Die neue Lage der Dinge verfehlte ihre Wirkung auf den Sultan nicht. Es vergingen nur wenige Tage und Se. Hoheit sandte über den ganzen Vorfall eine Beschwerde an die Kaiserliche Regierung, während er sich gleichzeitig mit der DOAG in Verhandlungen wegen der Zollabtretung einließ. Ende Juni wurden Dr. Peters die Gegenvorschläge des Sultans bekannt. Sie waren geeignet, die Angelegenheit auf eine ganz neue Basis zu stellen und besagten im einzelnen folgendes: Der Gesellschaft sollte genau der Vertrag zugestanden werden, welcher vom Sultan soeben mit den Engländern vereinbart worden war[1]). Die DOAG hatte dem Sultan die Einkünfte zu garantieren, welche er augenblicklich erhielt. Vom zu erwartenden Mehrertrag der Zölle waren ihm 50% zu zedieren. Die Tätigkeit der Gesellschaft in Ausübung des Übereinkommens sollte im Namen des Sultans geschehen. Die Rechte Sr. Hoheit und seiner Untertanen, wie sie durch Handels- und andere Staatsverträge festgelegt worden waren, durften unter der Administration der Gesellschaft nicht angetastet werden. Dr. Peters akzeptierte freudig diesen Gegenvorschlag, bemerkte jedoch, daß die endgültige Zustimmung von einer entsprechenden Erklärung der Reichsregierung und der Gesellschaft selbst, als deren außerordentlicher Bevollmächtigter er nur zu gelten habe, abhängig sei. Der Sultan seinerseits war von der Bereitwilligkeit der Generalvertretung ebenso angenehm berührt und gab diesem Gefühl in einem Schreiben an Dr. Peters vom 3. Juli Ausdruck.

Unterdes hatte sich der Generalvertreter an das englische Generalkonsulat um eine Inhaltsangabe des englischen Vertrages gewandt und in allen wesentlichen Punkten eine Übereinstimmung mit dem Sultansentwurf gefunden. Darauf gestützt und fest entschlossen, die britische Vorlage für Verhandlungen über die Einzelheiten zur Grundlage zu machen, hatte er in Berlin empfohlen, die Vorschläge anzunehmen, und sich gleichzeitig Vollmacht erbeten, da, wo die besondere Gestaltung der Verhältnisse dem Sultan eine Erweiterung der Konzessionen über den Rahmen der englischen hinaus begreiflich machen würde und, ohne Groll in ihm zu hinterlassen, erreichbar wäre, da noch über die Mindestforderungen des englischen Entwurfs hinausgehen zu dürfen.

Im Verlauf der Besprechungen des Entwurfs war zwischen Dr. Peters und dem Sultan auch die Frage nach der Gültigkeitsdauer des Pachtvertrages angeschnitten worden. Da Artikel II des englisch-deutschen Abkommens darauf direkt keine Antwort gab, so forderte Dr. Peters anfänglich einen Vertrag auf die Ewigkeit, entschloß sich jedoch auf Einreden des Sultans zu dem Modus, den übrigens auch die Engländer gewählt hatten, die Gültigkeit auf 50 Jahre zu beschränken, hielt aber grundsätzlich an seiner Interpretation des deutsch-englischen Abkommens, Artikel II fest.

---

[1]) Einzelheiten dieses Abkommens S. 68.

Auch in dieser Frage gab die Generalvertretung aus praktischen Gründen klein bei, wie sie das mit der Annahme des Vertragsentwurfs Sr. Hoheit unter Aufgabe ihrer eigenen Vorschläge vom Mai bereits getan hatte. Man kalkulierte, daß das Sultanat nicht für die Ewigkeit gebaut sei, und daß es nur einer geschickten Leitung bedürfe, um im gegebenen Augenblick, bei einem Thronwechsel beispielsweise, neue Konzessionen zu erwerben.

Während der Besprechung des Sultansentwurfs vom 27. Juni wurden nun Anfang Juli in Zanzibar Einzelheiten des englischen Vertrages bekannt. Man erfuhr unter anderem, daß der englischen Gesellschaft die Erhebung des Zolls nicht nur in Mombassa, sondern an der ganzen Küste überlassen werden sollte, und daß ihr auch die Verwaltung des Hinterlandes im Namen Sr. Hoheit und unter Übernahme der jetzigen Sultansgarnison versprochen war. Angesichts der Tatsache, daß der Sultan selbst vorgeschlagen hatte, zur Grundlage der Verhandlungen die den Engländern zugestandenen Konzessionen zu machen, regte Dr. Peters an, den mit der DOAG abzuschließenden Vertrag nicht auf Daressalam und Pangani zu beschränken, sondern auf die ganze, dem deutschen Schutzgebiet vorgelagerte Küste auszudehnen. Es verging eine Woche, dann erklärte sich der Sultan am 19. Juli bereit, die Zollerhebung von Wanga bis Manangeni abzutreten. »If you like to do this, we also like it«, heißt es etwas fatalistisch resigniert in der englischen Übersetzung des bezüglichen Schreibens Seyyid Bargaschs.

Der Sultan hat sich offiziell nie über die Gründe ausgesprochen, die ihn veranlaßt haben, seine Zustimmung zur Erweiterung der Konzession zu geben. Dr. Peters meint, daß es die Befürchtung war, durch die Konkurrenz der deutschen Küstenplätze Pangani und Daressalam, namentlich nach Fertigstellung einer Eisenbahn von letzterem Orte aus ins Innere, einen erheblichen Teil seiner Zolleinnahmen einzubüßen. Dr. Peters bestärkte Seyyid Bargasch und seine geschäftsklugen Ratgeber in diesem Glauben, wenn er auch zu seinem Vorgehen im wesentlichen durch andere Überlegungen sich gedrängt fühlte. Das Prestige der DOAG forderte, mindestens das zu erstreben, was die Engländer erreicht hatten, ganz abgesehen davon, daß ihr solches durch den Sultan auf alle Fälle garantiert war. Dann aber konnte eine Dreiteilung der Zollerhebung zwischen der DOAG, der englischen Gesellschaft und dem Sultanat dem Handel nur schaden, sicherlich aber die eigene Gesellschaft, wenn sie im Besitz von nur zwei Häfen blieb, gegen die kapitalkräftigen Engländer ins Hintertreffen bringen.

So wurden denn Ende Juli in Verhandlungen, die teils beim Sultan, teils im Gesellschaftshause geführt wurden, unter Zugrundelegung des englischen Entwurfes die zehn Artikel des deutschen Vertrages festgelegt. Am 30. Juli lag er fertig vor. Dr. Peters gab sich der Hoffnung hin, daß er in Kürze würde ratifiziert werden, obwohl er zugeben mußte, daß eine Zollaufstellung auf keinen Fall vor dem 18. August, dem Ende des arabischen Jahres, zu haben sein würde, und damit fürs erste die finanziellen Verpflichtungen der Gesellschaft noch eine unbekannte Größe blieben. Allerdings glaubte er mit dem Konsul O'Swald nicht an die Möglichkeit eines Geldverlustes.

In Berlin stand man gerade dieser allzu optimistischen Ansicht etwas skeptisch gegenüber und ließ sich bei der Beurteilung der bezüglichen Stellen des Vertrages mehr von kaufmännischen, als von machtpolitischen Gesichtspunkten leiten. Ehe der Direktionsrat sich zur Ratifikation entschloß, erwartete er die in Aussicht gestellten Zollstatistiken, und wirklich gelang es der Generalvertretung in der zweiten Hälfte des August, eine Zollabrechnung wenigstens für das Jahr 1885/86 zu bekommen; sie bezog sich jedoch nur auf den Export und enthielten nichts über die zweifelsohne noch beträchtlichere Einfuhr. Der Versuch, das Ergebnis des Jahres 1886/87 festzustellen, scheiterte noch kläglicher. Auch hier stellte sich wieder heraus, daß die Importen überhaupt nicht verzeichnet, die Zahlen über die Exporten aber exakt gar nicht anzugeben waren, da in den Zollbüchern höchste Unordnung herrschte. Bei dieser Sachlage schien es dem Direktionsrat in Berlin geboten, die Fassung des Julivertrages, in dem dem Sultan der »Jetztbetrag« allgemein garantiert war, als riskant abzulehnen, um darauf zu dringen, daß eine bestimmte Summe genannt werde. Gleichzeitig versicherte man sich in den bevorstehenden Verhandlungen des Wohlwollens der Reichsregierung, die Anfang September den neuen Generalkonsul Michahelles anwies, die Gesellschaft zu unterstützen.

Noch im August berichtete Dr. Peters aus Zanzibar, daß der Einfluß der Gesellschaft im Wachsen sei: Generalkonsul Holmwood habe Zanzibar verlassen und führe eine große englische Expedition zum Kilimandscharo, der Vertreter der British-East-African Company sei gestorben, und überhaupt sei der Sultan auf die Engländer schon darum schlecht zu sprechen, weil sie ihn durch ihre Haltung in den letzten drei Jahren verstimmt hätten. Auf der anderen Seite, so schrieb Dr. Peters, habe sich die Politik des Reiches, der Gesellschaft selbst die Erledigung ihrer politischen Angelegenheiten zu überlassen, durchaus bewährt. Diese günstige Situation sollte man ausnützen und den Zollvertrag schnellstens in der vorliegenden Form ratifizieren. Auch die Engländer hätten die allgemeine Fassung der Garantiesumme angenommen und dem Vertrag sofort auf telegraphischem Wege zugestimmt. Zudem sei der Sultan, wie bekannt, gar nicht in der Lage, einen bestimmten Zollbetrag herausrechnen zu können, so daß die Gesellschaft mehr oder weniger der Willkür ausgeliefert und schließlich doch zu nachträglichen Modifikationen gezwungen wäre.

Wenn der Sultan der DOAG im August also noch unkritisch sein Vertrauen schenkte, so zeigten sich schon im September die ersten Anzeichen einer beginnenden Mißstimmung, von denen Dr. Peters durch den deutschen Vizekonsul Steifensand Mitteilung erhielt. Als aber auch der Monat September ohne greifbares Resultat verlaufen war, zeigte es sich deutlicher, daß der Sultan unzufrieden war. Vielleicht auch war schon zu ihm einiges über die eigentlichen Ursachen der Verschleppung gedrungen; denn zwei Monate boten in Zanzibar genug Gelegenheit dazu, wo überall und jederzeit alle Hintertüren offen standen. Das ganze politische Leben dort trug den Stempel der Korruption an sich. Das böse Beispiel der arabischen Praktiken, die am Sultanshofe blühten, machte auch unter den Europäern Schule, denen willfährige und bestechliche indische und arabische Elemente das beste Material lieferten. Kurz, der Sultan machte seinem Unwillen in arabischer Weise Luft. Anfang Oktober wurde er krank und ließ, der Etikette gemäß, keinen Europäer ins Haus. Um dieselbe Zeit fiel Muhamed ben Selim in Ungnade. Er war ein eifriger Anhänger der DOAG und ein Verfechter ihrer Interessen bei Seyyid Bargasch gewesen. Ihm war auch ein bedeutender Anteil an der schnellen Erledigung des Präliminarvertrages zu danken. In der DOAG hatte er die Zukunft Zanzibars gesehen und sich bei ihr durch seine Gefügigkeit gnädige Berücksichtigung gesichert, wenn ihm einmal die Laune seines Herrn gefährlich werden sollte. Dies Schicksal hatte ihn nun schon jetzt ereilt. Er lag in seinem Hause und starb Mitte Oktober, wie man sich in Zanzibar erzählte, an den Wirkungen des Giftes, das ihm der Sultan hatte reichen lassen.

Es war Anfang Oktober, als Dr. Peters vom Direktionsrat die Nachricht erhielt, daß eine Abänderung des Präliminarvertrages gewünscht werde. Ausgehend von der neuen Situation in Zanzibar, antwortete der Bevollmächtigte, daß der Sultan bereits bereue, die Abmachungen vom 30. Juli getroffen zu haben. Er bat, die Angelegenheit in Kürze im Sinne des ursprünglichen Übereinkommens zu erledigen, und wies noch besonders darauf hin, daß der Sultan, selbst wenn er vom besten Willen beseelt wäre, in die Änderung nicht willigen könne, da er sich den Engländern verpflichtet habe, der DOAG nicht mehr als ihnen zu zedieren. In Berlin wollte man die Änderungen jedoch um jeden Preis, weil man sie für annehmbar hielt, war aber erschrocken, als man hörte, daß der Sultan »bereue«, die Präliminarien eingegangen zu sein. In dem Glauben, daß Seyyid Bargasch positiv den Rückzug angetreten habe, wandte man sich an das Auswärtige Amt mit der Bitte, die Verhandlungen durch das Generalkonsulat in Zanzibar wiederum zu beleben. Dr. Michahelles erhielt daraufhin eine entsprechende Weisung aus Berlin, konnte jedoch feststellen, daß ein positiver Entschluß seitens Sr. Hoheit gar nicht vorlag, und war diskret genug, von einem Einschreiten seinerseits abzusehen. Damit war der Direktionsrat fürs erste beruhigt.

Dr. Peters aber, einerseits zufrieden, daß sich die Vertretung des Reiches einer Einmischung enthielt, mußte sich andererseits entschließen, die Abänderungsvorschläge des Direktionsrats dem Sultan zu unterbreiten. Er tat dies schriftlich und erhielt wenige Tage darauf eine ablehnende Antwort. Sofort erbat er sich eine Audienz, die ihm auch gewährt wurde. Im Verlauf derselben erklärte sich der Sultan mündlich und späterhin auch schriftlich bereit, einem »kukumu« des Reiches nachgeben zu wollen. »kukumu« bedeutet einen Schieds- oder Richterspruch, gegen den es keinen Einspruch gibt. In diese Verhandlungen aber sollte auch der Generalkonsul gemäß dem Wunsche des Direktionsrates eingreifen. Man gab sich dabei der Hoffnung hin, daß es dem offiziellen Vertreter des Reiches, hinter dem die Reckengestalt des Fürsten Bismarck stand, gelingen müsse, den Sultan umzustimmen. So begab sich denn auch Dr. Michahelles am 6. November zum Sultan und erreichte in einer zweistündigen Verhandlung, daß dieser versprach, sich einem formellen Befehl, »amr = amri«, des Reiches zu fügen.

Nach Dr. Peters also genügte ein Richter- oder Schiedsspruch, den Sultan zur Annahme zu bewegen, nach Dr. Michahelles war ein formeller Befehl des Reichskanzlers nötig. Mit dieser Dissonanz, die am Ende ganz unbeabsichtigt vom Sultan herbeigeführt war, vielleicht auch sich ganz zufällig durch einen Übersetzungsfehler des Dolmetschers eingeschlichen hatte, entschwand die Zollsache endgültig den tatkräftigen Händen des Generalbevollmächtigten, da Seyyid Bargasch plötzlich erklärte, die Verhandlungen nur noch indirekt durch den Konsul betreiben zu wollen. Dr. Peters, dem der Wunsch des Sultans in einem Telegramm der Direktion aus Berlin und gleichzeitig durch das Konsulat in Zanzibar übermittelt wurde, war damit endgültig kaltgestellt. Ein kluger Schachzug des verschlagenen Arabers, der mit der Beseitigung seines gefährlichsten und hartnäckigsten Gegners seine Sache gerettet zu haben glaubte.

Der Generalkonsul führte nunmehr die Besprechungen allein. Dr. Peters unternahm Mitte Dezember eine Reise die Küste entlang von Bagamoyo aus nach Norden. Seine Anwesenheit in Zanzibar war ebenso unnötig wie inopportun. Zurückgekehrt — es war am 23. Dezember[1]) — fand er die Aufforderung des Direktionsrats vor, nach Berlin zu kommen, und antwortete am 28. Dezember, daß er mit der nächsten Post Zanzibar verlassen würde. Die Abreise des Generalvertreters faßte man auf der Insel als einen diplomatischen Sieg Seyyid Bargaschs auf und schöpfte frischen Mut und legte neue Hartnäckigkeit bei den Verhandlungen an den Tag. Es ist ein ganz charakteristisches Zeichen für die Zustände im Sultanat, daß Araber, Inder und Schwarze eben damals sich wieder als die Herren zu fühlen begannen und entsprechend auftraten. Ging es dem Sultan schlecht, so resignierte sich die ganze Schar seiner dunklen und halbdunklen Untertanen, hatte er aber Oberwasser, so kannte ihr Stolz und ihre Verachtung des Europäers keine Grenzen.

Von der Überzeugung durchdrungen, daß es mit den Deutschen aus sei, begannen die Sultansbeamten ein System der Schikane und Plackereien, das den Freiherrn v. Gravenreuth, den Vertreter des Dr. Peters nach seiner Abreise im Januar 1888, bald veranlaßte, beim Generalkonsul und Sultan vorstellig zu werden. Wenn dieser auch tatsächlich auf seine Beamten einwirkte, so waren die Herausforderungen damit doch nicht beseitigt. Es ist nicht unwahrscheinlich, daß er ein doppeltes Spiel trieb und hinter dem Rücken der Gesellschaftsvertreter widerrief, was er vor ihren

---

[1]) Dr. Peters, a. a. O., S. 194.

Augen anordnete. Am Pangani sprachen es die Araber und Dorfschulzen offen aus, daß die Deutschen ausgespielt hätten. Der Wali Abdul Kaoni ben Abdallah verbot sogar den Einwohnern Panganis, einer Gesellschaftskarawane Träger zu stellen. Und das, obwohl er in einem Brief aus Zanzibar zur Nachgiebigkeit veranlaßt worden war, und obwohl im Hafen ein deutsches Kriegsschiff lag. Vor Deutschenhof bei Pangani demonstrierte mit der roten Fahne der Abusaidis, des Herrschergeschlechts von Zanzibar, eine Rotte Schwarzer aus dem Dorfe Msa, dessen Jumbe zugleich Schave des Sultans war. Ihre Geste war nicht mißzuverstehen und ließ die Gefahr deutlich erkennen, in der die deutsche Sache schwebte. Dabei lagen alle Stationen der Gesellschaft, außer Aruscha und Mpapua, in der Einflußsphäre dieser fanatischen arabischen Konspiratoren.

In dieser Zeit verhandelte der deutsche Generalkonsul Dr. Michahelles mit Seyyid Bargasch, um ihm die Ratifikation des abgeänderten Präliminarvertrages abzuringen. Es ist bisher nicht bekannt geworden, ob er überhaupt im Sinne der letzten Erklärung des Sultans von Anfang November mit dem »Schieds- und Richterspruch« oder »dem formellen Befehl« des Fürsten Bismarck auf den Herrscher einzuwirken versuchte. Anzunehmen ist es nicht, da in solchem Falle die Weigerung des Sultans gleichbedeutend mit einer Herausforderung Deutschlands gewesen wäre, die der Vertreter des Reiches nicht ungeahndet hätte hinnehmen dürfen.

In echt orientalischer Weise drückte sich der verschlagene Mann zunächst mit allerlei Ausflüchten um eine klare Aussprache und wurde schließlich nervös und launisch, als er sah, daß seine Position auf die Dauer nicht zu halten war. Sein Hofstaat und seine Untertanen litten unter dieser Mißstimmung ihres Gebieters am meisten. Mit Hartnäckigkeit erhielt sich damals in Zanzibar das Gerücht, er habe zwei seiner Frauen vor seinen Augen zu Tode peitschen lassen. Arabern und Eingeborenen suchte er durch andere Gewalttätigkeiten zu zeigen, daß er noch immer Herr im Lande sei. Im Januar fing er an zu kränkeln und empfing lange keinen Europäer. Als er sich nach einer kürzeren Seereise auf einem seiner Schiffe wieder frischer fühlte, empfing er den deutschen Konsul, entließ ihn aber schon wieder nach einigen Minuten. Wie ihm früher Dr. Peters unangenehm geworden war, so beschwerte er sich jetzt bei der Reichsregierung über den deutschen Konsul, freilich ohne Erfolg. Im Februar unternahm er wieder kleinere

Seefahrten, um Anfang März zu einer größeren Reise nach Maskat in See zu gehen. Es war ein außergewöhnliches Ereignis, große Summen Geldes, der größere Teil des Harems und des Hausstandes wurden mitgenommen, mehrere Hundert Soldaten begleiteten ihn. Selbst die Fahne des Propheten fehlte nicht. Der Zweck der Reise blieb unklar. Er suchte zuerst seinen Bruder, den kriegerischen Sultan von Maskat, auf und weilte dann eine Zeitlang an den heißen Quellen am Persischen Golf, da er noch immer unter den Nachwirkungen der Elephantiasis litt, die ihn vor Jahren befallen hatte. Aus letzterem dürfte man schließen können, daß er die Reise aus gesundheitlichen Rücksichten[1]) antrat, wenn nicht der Aufenthalt in Maskat nahelegte, daß sie auch politische Zwecke hatte. Am 26. März abends gegen 6 Uhr kehrte Seyyid Bargasch zurück. Schon krank von Bord in den Palast gebracht, starb er dort gegen elf Uhr abends[2]).

General Mathews, der Kommandeur der Sultanstruppen, verstand es, durch geeignete Maßregeln die Ruhe im Lande aufrechtzuerhalten, während sonst der Tod eines zanzibaritischen Herrschers immer der Anlaß zu längeren Unruhen gewesen war. Am Morgen des 27. März wurde Seyyid Bargasch in der Nähe des Palastes beigesetzt. Einer seiner vier jüngeren Brüder[3]), Seyyid Khalifa, übernahm die Regierung, ein ruhiger, aber geistig etwas beschränkter Mann, der ganz in den Händen seines Bruders Ali war. Während der Europareise Seyyid Bargaschs im Jahre 1873 hatte er eine Verschwörung angezettelt und war dafür auf zwei Jahre nach Bombay verbannt worden. Seitdem hatte er zurückgezogen auf seinem Landsitz in der Nähe Zanzibars gelebt. Hier traf ihn auch die Nachricht vom Tode seines Bruders. Es gelang dem Generalkonsul nun, am 28. April von Seyyid Khalifa die Zustimmung zur Abänderung des Präliminarvertrags zu bekommen, nachdem er Anfang April eine bestimmte Frist gesetzt und der neue Vertrag länger als eine Woche dem Sultan zur Unterschrift vorgelegen hatte.

Anfangs hatte Seyyid Khalifa Widerstreben gezeigt, den Vertrag mit der DOAG zu machen, und verlangt, ihn mit der Reichsregierung abschließen zu dürfen. Erst als der General-

---

[1]) Bombay Gazette vom 30. März 1888.
[2]) Dr. Peters, a. a. O., S. 197, schreibt: »Augenscheinlich als Opfer einer Palastrevolution«. Bombay Gazette vom 30. März 1888: »Die Todesursache ist nicht festgestellt«.
[3]) Bombay Gazette vom 30. März 1888.

konsul vorschlug, in der Einleitung des Abkommens zu erwähnen, daß die Bevollmächtigung seiner Person vom Reichskanzler genehmigt sei, gab sich der Sultan zufrieden. Artikel I—VIII wurden so, wie sie im englischen Vorbilde standen, übernommen, nur, daß im deutschen Vertrage von den Worten »the Association or their representatives« immer die drei letzten Worte wegfielen. Die pekuniären Bedingungen, welche von der Gesellschaftsleitung gestellt worden waren und die den Anlaß der ganzen Verzögerung bildeten, diskutierte der Sultan merkwürdigerweise überhaupt nicht, sondern nahm sie en bloc an. Im Artikel IX heißt es demnach gemäß den Vorschlägen, daß dem Sultan zunächst 50000 Rps. Vorschuß auszuzahlen sind, daß die Maximalhöhe der Entschädigung für die Verwaltung der Zölle durch die DOAG 170000 Rps. zu betragen hat, und daß der Gesellschaft außerdem 5% Kommission von der Nettoeinnahme zustehen sollen. Vom zweiten Jahre der Übernahme der Zölle ab war an den Sultan alljährlich eine Entschädigungssumme abzuliefern, deren Höhe nach den Erfahrungen des ersten Zolljahres bestimmt werden sollte. Von einem Recht der DOAG auf Kontrolle der gesamten Zollerhebung des Sultanats in Zanzibar hatte der Generalkonsul geglaubt, Abstand nehmen zu müssen, weil die Furcht Sr. Hoheit, die Gesellschaft trachte auch die Zölle in Zanzibar an sich zu bringen, dadurch nur neue Nahrung bekommen hätte; dafür aber wurde im Artikel IX eine Kontrolle der Zollbeamten genannt, die die Unterhändler des Sultans kaum bemerkten. Artikel X und XI entsprachen den Wünschen der Gesellschaft. Artikel XV, der mehrsprachige Ausfertigung des Vertrages und Gültigkeit der englischen in Zweifelsfällen stabilierte, war deswegen angefügt worden, weil der arabische Text nach der Ansicht des Dragomans ungenau und undeutlich in den Ausdrücken war[1]).

Gerade dieser letztere Umstand zeigt deutlich, daß die ganzen Verhandlungen im Grunde nichts als eine Farce waren, eine Form nur, die vor den neidischen Blicken der konkurrierenden europäischen Mächte gewahrt werden mußte. Wenn Engländer wie Deutsche den Sultan überhaupt der Verhandlungen würdigten, so geschah das einzig, um europäischen Verwicklungen und tiefgreifenden Mißverständnissen zwischen den Großmächten aus dem Wege zu gehen. Es war eine Konsequenz der Rivalität unter den in Zanzibar interessierten Völkern, daß der Sultan nicht schon damals der Macht eines Stärkeren hat weichen müssen.

---

[1]) Siehe die deutsche Übersetzung des Vertrages im Anhang IV.

Seine Enterbung war dennoch eine beschlossene Sache. Die englischen Verträge mit dem Sultan über Sklavenhandel und Sklaverei in den siebziger Jahren hatten damit den Anfang gemacht. Das deutsch-englische Abkommen hatte ein zweites Mal Bresche in seine Rechte gelegt; der Abschluß des englischen Küstenvertrages und nun des deutschen waren neue und bedeutsame Schritte in der Richtung auf dasselbe Ziel.

Fast ein ganzes Jahr hatten die Zollverhandlungen gewährt und namentlich in den letzten Monaten oft gestockt, während die Engländer den ähnlichen Vertrag für die Mombasküste schon im Jahre 1887 nach wenigen Wochen telegraphisch ratifiziert hatten; über einige Details dieses Abkommens fanden dann nachträglich Erörterungen statt, ohne daß es aber die englische Regierung für nötig gehalten hätte, amtlich zu intervenieren. Also auch hier fanden die Engländer unter genau den gleichen Verhältnissen eine befriedigende Lösung desselben Problems auf eine Weise, welche zeigt, daß sie ihre in harten Kämpfen und unter bitteren Enttäuschungen in Jahrhunderten erworbene Kolonialerfahrung auch anzuwenden verstanden. Sie wiesen sich als Meister auf dem Gebiete der Kolonial-Psychologie aus, indem sie die Bereitwilligkeit und Zugänglichkeit des Sultans schnell handelnd auszunützen wußten und dadurch Komplikationen verhinderten, ohne doch ihr pekuniäres Interesse aus den Augen zu verlieren.

§ 2.
Wirtschaftstätigkeit der DOAG unter Dr. Peters.

I. Stationenpolitik und ihre Grundlagen.

1. Arbeitsgebiet und Arbeitsplan der DOAG. — 2. Urteil des Grafen Pfeil über die Stationenpolitik. — 3. Die einzelnen Stationen: A. Wirtschaftsstationen: a) Kingani-Stationen, b) die übrigen wirtschaftlichen Binnenstationen, c) die Depots Zanzibar und Bagamoyo. B. Die politischen Stationen. — 4. Ergebnisse der Stationenpolitik auf wirtschaftlichem Gebiete. — 5. Ergebnisse auf administrativem Gebiete. — 6. Abhängigkeit der Stationenpolitik von den Verhandlungen zum Küstenvertrage.

1. Arbeitsgebiet und Arbeitsplan der DOAG.

Die Stationenpolitik ist recht eigentlich der Prüfstein, an welchem der Charakter der Gesellschaft während der einzelnen Phasen ihrer Entwicklung sich ermitteln läßt.

Unter Dr. Peters als Generalvertreter erstreckte sich das Tätigkeitsgebiet der DOAG auf die Landschaften zwischen Kingani (Ruwu) im Süden und den Usambarabergen bzw. dem Kilimandscharo im Norden. Es umfaßte also mit Ausschluß des Küstenstreifens die ganze Tiefebene bis zum inneren Hochlande, reichte mit gewaltigem Griff an den Usambara- und Parebergen vorbei bis hin an den Kilimandscharo und streckte vorsichtig zwei Fühler bei Pangani und Daressalam an das Meer[1]). Der nördliche Teil dieses Gebietes überschritt bei weitem die Grenze, welche der Gesellschaft im Schutzbrief vom 27. Februar 1885 gezogen worden war. Er schloß bekanntlich nur die Landschaften Useguha, Nguru, Usagara und Ukami ein. Welche Kompetenzen besaß die DOAG in den nördlichen Landschaften Usambara usw.? Da ein Schutzbrief niemals auch für sie gegeben worden ist, Verfügungen und Erlasse des Reichskanzlers zu dieser Frage nicht ergangen, mindestens nicht bekannt geworden sind, so fehlen schriftliche Urkunden darüber ganz. Die Gesellschaft hat aber tatsächlich in jenen Gebieten Hoheitsrechte geübt, insbesondere Landabtretungen, z. B. an die Deutsch-Ostafrikanische Plantagengesellschaft, vorgenommen. So bleibt nur der Schluß, daß die Reichsregierung nach Begrenzung der deutschen Interessensphäre im Jahre 1886 stillschweigend anerkannte, daß die der Gesellschaft im Schutzbrief nur für eine Anzahl von Landschaften verliehenen öffentlich-rechtlichen Kompetenzen auch außerhalb dieser, in der ganzen Interessensphäre, zu Recht beständen.

Als Dr. Peters im Mai 1887 nach Zanzibar kam, ging er daran, der DOAG auch wirtschaftlich eine Existenz zu schaffen. Bisher hatten die kostspieligen Erwerbungsexpeditionen lediglich Kosten verursacht; Einnahmen fehlten ganz. Dieser Zustand hielt die großen deutschen Kapitalisten lange von der Beteiligung an der Gesellschaft ab. Es wurde bereits gezeigt, daß mit der Umbildung der DOAG in eine Korporation der erwerbswirtschaftliche Gedanke den politischen der Expansion in den Hintergrund zu drängen begann und nur insoweit gelten ließ, als er sich die

---

[1]) Eine offizielle Regulierung der Grenzen dieses Gebietes hat niemals stattgefunden. Man begnügte sich in amtlichen Urkunden damit, als Schutzbriefgebiet ganz allgemein die vier bekannten Landschaften zu nennen. Ihre Ausdehnung und Grenzen kannte man ja auch nicht. Mit dieser Fiktion ist in allen Verträgen zwischen der Regierung und Gesellschaft gearbeitet worden. In konkreten Fällen, wie z. B. der Trassierung der Zentralbahn, hat man an einzelnen Punkten sich über den Verlauf der Grenze geeinigt, doch gingen die Meinungen der beiden Parteien immer ziemlich stark auseinander. Eine unmaßgebliche Vermessung des Schutzbriefgebietes soll die DOAG nach Stuhlmann, Die wirtschaftliche Entwickelung Deutsch-Ostafrikas, 1898, in den Jahren 1897/98 vorgenommen haben.

Erwerbung des dem deutschen Schutzbriefgebiet vorgelagerten Küstenstreifens und weiterhin eine Invasion ins Sultanat Zanzibar zum Ziele setzte. Das neue Problem, das übrigens, wenn auch nur unklar, schon den Gründern der Gesellschaft vorgeschwebt hatte, war, den unter harten Kämpfen und bedeutendem Aufwand von Kapital erworbenen Besitz zu einer Quelle dauernder und wachsender Einnahmen zu machen. Wie das zu verwirklichen war, darüber gingen die Meinungen innerhalb der DOAG weit auseinander. Vorbilder hatte oder kannte man nicht. Die zeitweiligen Hinweise auf die alte Englisch-Ostindische Kompagnie lassen nur erkennen, daß man sich des grundverschiedenen Charakters dieser und der eigenen Gesellschaft nicht bewußt war; die Tätigkeit der North-Borneo blieb fürs erste in Dunkel gehüllt, und was von der Neu-Guinea-Kompagnie verlautete, rief eher den Widerspruch der Gesellschaft wach, als es zur Nachahmung reizte.

Nicht aber die Frage, ob Bodenkultur oder Handelsgeschäfte oder beides zusammen oder ob ein anderer privatwirtschaftlicher Erwerbszweig gepflegt werden solle, machte die Entscheidung so schwer. Klarer kaufmännischer Blick, vom bloßen Gedanken an die größtmögliche Rentabilität geleitet, hätte hier bald das Richtige gefunden. Was das Problem komplizierte und schließlich auch dem einfachen kaufmännischen Urteil entzog, war die neuartige Verknüpfung der bloßen Erwerbsabsicht mit der Verpflichtung zur Verwaltung und Regierung des Territoriums, oder kaufmännisch gesagt, eine Belastung des Unternehmens mit einer Reihe absolut unproduktiver Ausgaben, die unter keinen Umständen unterbleiben durften, mochte selbst die Gesellschaft darüber wirtschaftlich zugrunde gehen. Diese Forderung war zwar formell im Schutzbrief nicht gestellt, wie in den gleichzeitigen englischen Charters, dennoch nötigte die Haltung der öffentlichen Meinung Deutschlands, wie der tatsächlich von der Regierung eingenommene Standpunkt zu den weitgehendsten Konzessionen in dieser Richtung. Die DOAG wäre unmöglich gewesen, hätte sie die Verpflichtung zur Bildung einer Polizeitruppe, ordentlicher Gerichte, der Pazifizierung des Landes und andere öffentliche Aufgaben verleugnet.

Es ist das Verdienst Dr. Peters, erstmalig ein Programm entworfen zu haben, dessen Ziel die wirtschaftliche Erschließung der Kolonie im Renteninteresse der DOAG unter gleichzeitiger vollständiger Anerkennung aller gouvernementalen Verpflichtungen war. Er knüpfte dabei an die auf den Erwerbungsexpeditionen gegründeten Stationen an, empfahl, in ihrer Umgebung Plantagen auzulegen und den Anbau tropischer Gewächse im großen Stile zu betreiben. Dem Handelsbetrieb war er nicht sehr geneigt und tat nur wenig zu seiner Entwicklung.

Im Juni 1887 bestanden folgende Stationen: Madimula, Dunda, Usungula im Kinganital, Petershöhe am Wami in der Landschaft Useguha, Sima und Kiora in Usagara, Korogwe und Mafi im Panganital, Tanganiko an der englischen Grenze nahe der Küste, Bagamoyo und Zanzibar. Ihren Mittelpunkt hatten diese Stationen in Zanzibar, wo sich der Sitz der Generalvertretung befand und wegen der persönlichen Verhandlungen des Generalvertreters mit dem Sultan auch fürs erste bleiben mußte. Daressalam und Pangani, die Städte, welche im Wege der Verhandlungen mit Seyyid Bargasch zu erwerben waren, gehörten der Gesellschaft noch nicht. Aruscha und Mpapua aber sollten eben begründet werden.

Man kann diese Plätze, je nach dem Zweck, dem sie vorwiegend während der Ära Peters dienten, in administrativ-politische und Wirtschaftsstationen gruppieren. Zu den ersteren sind dann Pangani, Daressalam, Aruscha-Moschi und Mpapua zu stellen, während alle übrigen zur zweiten Gruppe gehören, in der, dem wirtschaftlichen Wert entsprechend, weiter folgendermaßen zu klassifizieren wäre:

a) Die Kingani-Stationen: Dunda, Madimula, Usungula.

b) Die übrigen wirtschaftlichen Binnenstationen: Petershöhe, Tanganiko, Kiora, Sima, Mafi und Korogwe.

c) Die Depots Bagamoyo und Zanzibar.

2. Urteil des Grafen Pfeil.

Graf Pfeil hat in den Monaten März und April 1887 alle diese Stationen einer Inspektion unterworfen und sowohl über die Durchführung des Agrarprogramms im allgemeinen, wie auch über einzelne Plätze ein herbes Urteil ausgesprochen[1]). Indem er davon ausgeht, daß eine Konzentration der Kräfte der Gesellschaft nach der Küste hin stattfinden müsse, bemängelt er die Lage der Usagarastationen Sima und Kiora, wie auch die von Petershöhe in Useguha. Die Kinganilinie sei schlecht gewählt, besser schon Korogwe und Mafi am Pangani. Im allgemeinen mangele

---

[1]) Dr. Joachim Graf von Pfeil, a. a. O.

den Stationen die Möglichkeit einer einheitlichen wirtschaftlichen Entwicklung, insbesondere darum, weil sie zu weit auseinander lägen. Der Gedanke aber, sie zu gesonderten und voneinander unabhängigen Plantagenunternehmungen zu machen, scheint ihm unausführbar, weil ihre Lage sowohl in klimatischer Beziehung, wie auch in Rücksicht auf die möglichste Dichtigkeit der Bevölkerung schlecht gewählt sei. Vor allem aber belasteten die erstmaligen Ausgaben die Stationen zu hoch.

Es kann heute gesagt werden, daß dieses Urteil durch die tatsächliche Entwicklung bestätigt worden ist. Auch Dr. Peters gab damals zu, daß einige Stellen planlos ausgewählt seien und die Stationen sich nicht in rationellem Betriebe befanden. Im Gegensatz zum Grafen Pfeil erhoffte er aber eine Gesundung der Verhältnisse, und wies mit Recht darauf hin, daß eine Kritik die administrativen und militärischen Zwecke der Binnenstationen nicht übersehen dürfe.

3. Die einzelnen Stationen.

Die Wirtschaftsstationen sollten nach Dr. Peters' Plänen vor allem die tropische Landwirtschaft pflegen, im Handel mit Elfenbein, Kautschuk und anderen Sammelprodukten sich jedoch nur ganz vorsichtig und nur insoweit engagieren, als dadurch Ansatzpunkte für eine spätere Ausdehnung und Ausbildung dieses Betriebszweiges geschaffen wurden. Dementsprechend drängte Peters auf allen Stationen zur Pflege tropischer Kulturen, als deren aussichtsreichste im Jahre 1887 allgemein die Tabakskultur galt. Noch im Oktober, nachdem die negativen Ergebnisse der Versuche bereits Tatsache geworden waren, glaubte er von einer beginnenden Tabaksära in Ostafrika sprechen zu dürfen, die nach den Ansichten eines Pflanzers der Deutsch-Ostafrikanischen Plantagengesellschaft der west- und ostindischen ebenbürtig zu werden versprach. Zu dieser Überzeugung war man auf der einen Seite wohl durch die Beobachtung der natürlichen Wachstumsbedingungen in Usambara und anderen Landschaften gekommen, die in mancher Beziehung denen des indischen Archipels ähnelten. Nicht weniger wahrscheinlich ist es aber, daß die offenbar gelungenen Versuche, die im Jahre 1887 der Hamburger Kaufmann und österreichische Konsul O'Swald auf seiner Musterschamba auf der Insel Zanzibar unternahm, die Aufmerksamkeit des Generalvertreters und seiner wirtschaftlichen Hilfskräfte gerade auf diese Kultur gelenkt haben. Stellte doch Konsul O'Swald bei der

Gesellschaftsleitung den Antrag, ihm im folgenden Jahre, 1888, auf dem Kontinent 20000 ha zur Anlage einer großartigen Tabaksplantage zu überlassen.

A. Wirtschaftsstationen:

a) Kingani-Stationen.

Auf allen drei Kingani-Stationen wurde noch 1887 Tabak angebaut. Der Erfolg des Jahres war eine sehr kleine Ernte von Usungula. An krampfhaften Versuchen, andere Kulturen wenigstens allmählich zu einer Einnahmequelle zu machen, hatte man es in den Niederungen des Kingani auch nicht fehlen lassen. Neben Tabak und Baumwolle wurden Kaffee, Tee, Vanille und andere tropische Gewächse gezogen, jedoch mit dem ausgesprochenen Zweck, nicht gleich Massenernten erzielen zu wollen, sondern zu erproben, wieweit sie das ostafrikanische Klima würden ertragen können. Selbst europäische Gemüse wurden angepflanzt, und es fehlte nicht an Ermunterungen seitens der Generalvertretung, mit den Erzeugnissen den immer kaufkräftigen und kauflustigen Markt in der Stadt Zanzibar zu beschicken. Über einige Körbe Kartoffeln aus Dunda, die für je 4 Rps. in Zanzibar verkauft wurden, und einige in Daressalam, die aber nur dem eigenen Bedarf der Station dienten, kam man jedoch auf diesem Gebiete nicht hinaus, so daß, alles in allem, selbst diese drei meist begünstigten Stationen das Jahr 1887/88 absolut unproduktiv abschlossen. Man hatte einige Morgen Land klargelegt und die Stationshäuser aufgebaut, aber keine der Investitionen hatte sich bezahlt gemacht.

Auch die Arbeiterverhältnisse gaben zu größeren Klagen Anlaß. Es gelang nicht, einen festen Stock von Arbeitern heranzuziehen, der eingearbeitet und in der Ausübung der zahlreichen Handgriffe geschickt gewesen wäre, obwohl sich namentlich auf Usungula genug Leute meldeten. Schon wenige Stunden von der Küste und im Innern überhaupt war der Arbeiter für 6 bis 7 Rps. per Monat zu haben, auf Zanzibar und an der Küste zahlte man 10 bis 11 Rps., und nur zeitweise war in Daressalam das Angebot so groß, daß der Monatslohn von 10 auf 8 und auch 6 Rps. fiel. Besonders stark machte sich der Arbeitermangel zu Anfang des Jahres 1888 fühlbar, als Seyyid Bargasch mit allerlei Ausflüchten die Zollverhandlungen in die Länge zu ziehen wußte und seine Mißstimmung sich allen seinen Organen an der Küste, selbst den Schaves und Jumben der ihm untergeordneten Negerdörfer mitteilte. Damals schaffte Freiherr v. Gravenreuth Plantagenarbeiter durch Vermittlung des englischen Generalkonsulats herbei, dem häufiger Neger, die von englischen Kriegsschiffen aus den Händen der Sklavenräuber befreit worden waren, zur Verfügung standen. Wenn dann die englische Mission ihrer nicht bedurfte, nahm sie die Gesellschaft als Lohnarbeiter in ihre Dienste.

b) Die übrigen wirtschaftlichen Binnenstationen.

Neben den Kingani-Stationen bestand eine Reihe anderer Wirtschaftsstationen, die durchweg Sorgenkinder der Generalvertretung in Zanzibar waren; gaben sie doch, von Petershöhe und Tanganiko vielleicht abgesehen, das ganze Jahr 1887 hindurch nicht einmal wenigstens Gelegenheit, an ihre Zukunft Hoffnungen zu knüpfen. Außer den beiden eben genannten gehörten zu ihnen Mafi, Korogwe, Kiora und Sima.

Tanganiko lag schon in der englischen Interessensphäre, nicht weit vom Meere. Der kümmerliche Zustand, in dem es sich befand — im Sommer 1887 waren dort ca. 10 ha oder $1/_{20}$ der ganzen Fläche urbar gemacht, jedoch nur in einzelnen Teilen bepflanzt —, fand in Petershöhe, der Wamistation in Useguha, ein Seitenstück. Auch hier war in ganz ähnlichen Ausmaßen gearbeitet und Kapital investiert worden. Einige Proben Baumwolle stellten die Ernte dar.

Weiter im Innern, in der Richtung auf Mpapua, lagen in Usagara zwei andere Siedlungen, Kiora und Sima. Die letztere hatte noch Graf Pfeil angelegt, der mit dem Kaufmann Otto nach Jühlkes und Peters Abreise zur Küste hier zurückgeblieben war. Die Berichte des Jahres 1887 tun der Station kaum Erwähnung, so daß es den Anschein hat, als wäre sie überhaupt nicht einmal besetzt gewesen. Dennoch repräsentierte sie mit allen Investitionen einen immerhin respektablen Wert. In ihrer Nähe lag Kiora, das zwar eine Besatzung hatte und nach der Etatsaufstellung jährlich ca. 7000 Rps. verschlang, dessen Bedeutung jedoch bis jetzt ausschließlich auf strategischem Gebiete in die Erscheinung getreten war. Es bildete eine Etappenstation für das weit ins Innere vorgeschobene Mpapua. Da der Handel sich ganz auf dieses konzentrierte, die um Kiora wohnende Bevölkerung zudem gar keine tauschfähigen Waren hatte, so wurde versucht, rch Gartenbau und Viehzucht zu einem bescheidenen Grade von Produktivität zu kommen. Im Jahre 1887 war der Erfolg jedoch gleich Null.

Korogwe und Mafi lagen im Panganital. Das letztere war wie Kiora als Etappenstation für die Karawanen der Gesellschaft gedacht, die den Weg zum Kilimandscharo nehmen würden, befand sich jedoch nicht einmal unmittelbar an der eigentlichen Straße. In den Berichten des Jahres 1887 wird Mafi selten erwähnt; es dürfte nicht falsch sein, daraus seine absolute Unproduktivität zu erschließen. Korogwe lag weiter unterhalb von Mafi am Pangani, günstig für den Handelsbetrieb und weit genug im Innern, um von den feigen indischen Händlern und Wucherern frei zu sein. Es hatte 1887 durch ein eigenartiges Geschick entweder unter kranken oder unfähigen Leitern gestanden, so daß es während des ganzen Jahres nicht recht vorankam, und blieb, wie die anderen wirtschaftlichen Binnenstationen, unproduktiv, zumal auch die in der Umgegend außerordentlich hohen Vieh- und Fleischpreise trotz der günstigen Zuchtmöglichkeiten nicht ausgenutzt wurden. An Ort und Stelle stand eine Kuh mit Kalb auf 45 Rps., ein fetter Ochse auf 35 Rps., während man z. B. in Mpapua ein Rind schon für 5—8 Rps. haben konnte. Pangani und Zanzibar, die beide leicht zu erreichen waren, hätten außerdem für Butter gute Absatzmärkte gegeben.

c) Depots: Zentralstation Zanzibar und Bagamoyo.

Die Niederlassung in Bagamoyo, die vierzehnte und in der Trockenzeit des Jahres 1887 als die letzte angelegte Festlandsstation, verdankt ihre Entstehung der veränderten zollpolitischen Situation, wie sie am 30. Juli 1887 mit dem Abschluß des Präliminarvertrages geschaffen wurde. Da er alle Häfen auf der Mrima zwischen Umba und Rovuma der Gesellschaft überließ, so verstand es sich von selbst, daß sie sich in dem bedeutendsten von ihnen, in Bagamoyo, schon vor der endgültigen Ratifikation eine Position zu schaffen strebte. Eine Handelsniederlassung gründen zu wollen, schien aber nach den Erfahrungen in Pangani und Daressalam nicht ratsam. So beschloß man denn die Einrichtung eines Depots. Es hat in den folgenden Monaten, namentlich auch im Jahre 1888, die Binnenstationen in bescheidenem Maße mit Lebensmitteln und Gebrauchsgegenständen, hier und da auch mit kleinen Mengen von Tauschartikeln versorgt. Diese Bestände haben aber nie einen nennenswerten Umfang erreicht, da der Bedarf der Stationen im Innern infolge ihrer noch ganz im Keime stehenden Entwicklung naturgemäß gering war.

Wäre nicht der Gedanke gewesen, sich im Hinblick auf die Übernahme der Zölle an diesem wichtigsten Platze der Küste schon immer einzuleben, so hätte Bagamoyo neben der Zentralstation in Zanzibar eine Existenzberechtigung überhaupt gefehlt. Dort bestand seit Anfang 1886 das Usagarahaus, der Sitz der Generalvertretung. Ihm war keine landwirtschaftliche oder Handelsunternehmung direkt angegliedert. Es trug gouvernementalen Charakter, beherbergte die Bureauräume und das Zentraldepot der Gesellschaft, das, wie bereits berichtet, im Sommer 1887 zum Teil nach Bagamoyo übergesiedelt war. Die Bestände des Zentraldepots waren, wie im letzteren Orte, ganz vorwiegend Gegenstände, die dem eigenen Bedarf der Stationen dienten; nur gelegentlich lagerte hier auch eigentliche Handelsware. Im Hafen lag ein Leichter, der sich aber bald als zu schwach gebaut erwies, um den Verkehr mit der Küste, die sich teilweise durch eine ziemlich heftige Brandung auszeichnete, mit Erfolg aufrecht zu erhalten.

B. Die politischen Stationen.

Dieser Gruppe von Stationen gehören nur solche Plätze an, bei denen man von vornherein auf landwirtschaftliche Ergebnisse und Erfolge verzichtete. Sie waren als Zoll- und Handelsstationen einerseits, und anderseits als die vier stärksten Bollwerke gedacht, die das unter Kultur genommene Gebiet militärisch und administrativ beherrschen sollten. Die tatsächliche Entwicklung der Verhältnisse, namentlich die Stagnation der Zollverhandlungen aber brachte es dahin, daß sie als Zoll- und Handelsstationen sich nicht entwickeln konnten und daß, um wenigstens etwas zu leisten, Versuche mit tropischen Kulturen unternommen wurden. Somit trat eine völlige Verschiebung der beabsichtigten Zwecke ein.

Im Laufe des Jahres 1887 wurden in der Nähe von Daressalam zwei Stationen angelegt, deren bedeutendere Pugu war, und auch hier, den Hoffnungen des Tages gemäß, von tropischen Pflanzen vor allem Tabak angebaut. Über die Ergebnisse schweigen sich die Berichte aus. Wichtiger war Pugu schon dadurch, daß sich in seiner Umgebung Kautschuk gewinnen ließ. Jedoch sind auch die Ernten in diesem Artikel nicht nennenswert gewesen.

Ähnlich wie Daressalam vegetierte Pangani dahin. Hier hatte der Stationsleiter im Sommer 1887 eine in der Nähe des Meeres und der Stadt gelegene Schamba, Kikogwe, erworben. Noch im Dezember aber waren, auch infolge von Mangel an

Ackergeräten, nur wenige Flächen geklärt und gereinigt, und zu Anfang der großen Regenzeit 1888 standen 35 preußische Morgen als »urbares Land« bereit. Vier davon benutze man als Versuchsbeete, als Baumwoll- und Bananenpflanzungen, der Rest war zur Hälfte gepflügt und zur Hälfte von Bäumen und Sträuchern befreit, die jedoch noch abzuräumen und zu verbrennen waren.

Handelspolitische Stützpunkte für Pangani, bzw. Daressalam, wie ursprünglich geplant, sind endlich auch Aruscha-Moschi und Mpapua nicht geworden. Die Verhältnisse waren mächtiger als der gute Wille der Stationsleiter, und als schließlich der Küstenvertrag auf sämtliche Festlandshäfen ausgedehnt wurde, war der ganzen Politik eigentlich auch die Lebensader und zwingende Notwendigkeit genommen. Aussichtsreicher erschien z. B. in Mpapua der Versuch, größere Mengen von Mhogo und Mtama anzubauen, die mit Gewinn an die Karawanen und die umwohnenden Stämme abzugeben gewesen wären. Mit größeren Getreidevorräten hätte man auch daran denken können, einen Teil des ziemlich hohen Arbeitslohnes, der 8 Rps. pro Mann und Monat betrug, mindestens aber das Poscho in Naturalien zu begleichen. Die Absicht ist jedoch nicht zur Ausführung gekommen.

4. Ergebnisse der Stationenpolitik auf wirtschaftlichem Gebiete.

Betrachten wir nun die Ergebnisse der Stationenpolitik. Auf wirtschaftlichem Gebiete läßt sich ein voller Mißerfolg konstatieren. Die vielseitigen und höchst anerkennenswerten Versuche mit dem Anbau tropischer Gewächse, in der Anbahnung von Handelsbeziehungen, auf die wir noch einmal zurrückkommen werden, waren allesamt ein Schlag ins Wasser. Die Ursache dieser Erscheinung sehe ich, namentlich soweit die landwirtschaftliche Produktion in Frage kommt, in der absoluten Unkenntnis der herrschenden Produktionsbedingungen. Es wäre völlig verfehlt, wollte man der Gesellschaftsleitung, wie das tatsächlich geschehen ist, daraus einen Vorwurf machen. Ein Land, das heute, nach einem Vierteljahrhundert stetiger Arbeit, noch immer in seinen Produktionsbedingungen Gegenstand der sorgfältigsten und geschicktest organisierten Untersuchung ist, in dem noch heute hinsichtlich der Produktionsbedingungen über ungeheure Strecken völliges Dunkel liegt, während nur für einzelne Distrikte erst eine gewisse Stabilisierung der Meinungen eingetreten ist, ein solches Land konnte einfach nicht bereits beim ersten Anhieb Erfolge auf dem Gebiete der agrarischen Produktion zeitigen. Und wer da meint, daß das von Peters beliebte extensive System zahlreicher kleiner Wirtschaftsstationen die eigentliche Ursache der Mißerfolge ist, daß er besser daran getan hätte, die landwirtschaftlichen Kulturen an einer Stelle zu konzentrieren, dem ist nur insofern Recht zu geben, als es allerdings unzweifelhaft ist, daß auf diese Weise die wahrscheinlich zu erwartenden Verluste hätten auf ein Minimum beschränkt werden können. Aber die andere Tatsache war damit nicht aus der Welt geschafft, daß es damals eigentlich niemanden gab, der die natürlichen Wachstumsbedingungen in Ostafrika wirklich kannte; das beweist das völlige Fiasko der schon erwähnten Tabakskulturen des Konsuls O'Swald, eines Mannes, der in jenen Jahren nicht nur wegen seiner persönlichen Erfahrung, sondern auch wegen der alten Traditionen seines Hauses als einer der hervorragendsten Kenner Ostafrikas gelten mußte; das beweist ferner der Mißerfolg der gewiß zentralistisch und unter bewährten Pfanzern in Lewa-Deutschenhof in Usambara arbeitenden Deutsch-Ostafrikanischen Plantagengesellschaft; das beweist schließlich der Glaube an eine ostafrikanische Tabaksära überhaupt, von der schon in den neunziger Jahren niemand mehr sprach, die aber in den achtziger Jahren die gewiegtesten Sachkenner in ihren Bann zog. Und endlich vergesse man bei Fragen der Bodenkultur ein anderes nicht: Wir halten schon in unserem Vaterlande einen häufigen Besitzwechsel auf landwirtschaftlich genutzten Gütern für eine Gefahr, weil wir, abgesehen von der Möglichkeit des Raubbaues, wissen, daß rationeller Anbau nur möglich ist, wo der Bauer auch ein wirklicher Kenner seiner Äcker ist. Wie aussichtslos muß da die Bodenkultur in einem völlig unerforschten Lande, wie es Ostafrika war, erscheinen. Auch die tüchtigen Pflanzer, welche man von fremden Inseln und fremden Erdteilen heranzog, konnten unter diesen Umständen keine positiven Resultate erzielen[1]). Alle diese Überlegungen berechtigen uns zu dem Schlusse, daß die tropische Landwirtschaft in neu erschlossenen, unbekannten Gebieten Kapitalien erfordert, die gewillt und in der Lage sind, eine rentenlose Zeit zu

---

[1]) Die Beamten der DOAG entstammten den verschiedensten Berufen. Die nachfolgende Übersicht darf als Beleg der Tatsache gelten, daß es in den achtziger Jahren in Deutschland nur recht wenig Leute gab, die eine eigentliche Kolonialerfahrung besaßen. Von den unten genannten Berufsarten waren es nur die Kaufleute bzw. Händler

überstehen. Dieser Erkenntnis haben sich denn auch die leitenden Berliner Kreise der DOAG nicht entzogen, als deren Bevollmächtigter Konsul Vohsen im Jahre 1888 die landwirtschaftlichen Engagements der Gesellschaft auf zwei Plantagen beschränkte und den Handel als das vornehmste Arbeitsfeld pflegte. Warum hat Peters diesen Schritt nicht schon getan? Eine Abneigung, die vielleicht Voreingenommenheit war, gegen den Handelsbetrieb mußten wir schon im Anfang unserer Darlegungen konstatieren. Dann aber lagen gewichtige Gründe gegen den Handel während der Ära Peters auch in den gegebenen Verhältnissen. Der Küstenstreifen fehlte der Gesellschaft und damit der Zugang zum Meere; die Zölle fehlten, und damit war die DOAG auf Gnade oder Ungnade den Schikanen des Sultans ausgeliefert. Und neben mancherlei anderen Ursachen, die wir unten beim Abschnitt über den Handelsbetrieb der DOAG erörtern werden, war die Verpflichtung der Gesellschaft schuld, für die Dr. Peters wohl mehr als irgendein anderer Direktor oder Bevollmächtigter Verständnis hatte, die Verpflichtung, das Schutzgebiet nicht nur wirtschaftlich zu erschließen, sondern auch politisch

---

und die Landwirte, unter denen sich eine größere Zahl von Persönlichkeiten befand, die zuvor in fremden Kolonien tätig gewesen waren.

Status vom 19. Mai 1888.

Stationen	Kaufleute u. Händler	Offiziere	Handwerker u. Techniker	Landwirte	Seeleute	Juristen	Studenten	Kanzleibeamte
1. Aruscha		2						
2. Moschi			1	1				
3. Bagamoyo	1	1						
4. Daressalam ,			1			1	1	
5. Dunda		2	1					
6. Kiora		1						
7. Kikogwe	1			1				
8. Korogwe	1	1						
9. Madimula		1					1	
10. Mpapua	1		1		1			
11. Pangani	1		1	1				
12. Usungula				2				
13. Eisenbahnexp.		1	2			1		
14. Zanzibar .	6	1 (der auch Zollbeamter war)	1	1		1		2
	11	10	8	6	4	3	2	2

und administrativ zu beherrschen. Der Handel bedurfte der Stationen nicht, er mußte durch sie vielmehr unnötig verteuert und konkurrenzunfähig werden. Aber blieben schon die Früchte aus, so ist doch gar nicht zu leugnen — was in den achtziger Jahren des öfteren geschehen ist —, daß auf 14 Stationen gearbeitet worden ist und Kapitalinvestitionen getätigt worden sind. In den Sommermonaten 1887 wurde ein Etat aufgestellt, nach welchem die vier größeren Stationen, die politischen Handels- und Zollstationen, je 2000 Mk. monatlich, die kleineren je 1000 Mk. verbrauchen durften, Summen, die nach Bedarf entweder in bar oder in Waren von Zanzibar bzw. Bagamoyo ausgegeben werden sollten. Das bedeutet einen jährlichen Aufwand von 216000 Mk., die größtenteils unmittelbar produktiv anzulegen waren. Diese Sätze zeigen ohne Zweifel den guten Willen der Generalvertretung in Zanzibar zur wirtschaftlichen Erschließung, die ja auch im wohlverstandenen, eigenen Interesse der Gesellschaft gelegen hätte; aber in seiner Uniformität ist der Etat zugleich ein Symptom für die völlige Unklarheit über die konkreten Produktionsbedingungen und Anforderungen der einzelnen Plätze. Als sich Licht über diese zu verbreiten begann, bekamen die Etatsanforderungen ein ganz anderes Gesicht, und Korogwe und Kiora, wie die meisten der landwirtschaftlichen Binnenstationen, waren in nüchterner Erkenntnis ihrer Unproduktivität mit einem Jahreszuschuß von 7176 bzw. 4000 Rps., also mit 600 bzw. 350 Rps. per Monat zufrieden. Ist dieser Individualisierungsprozeß der Etatsvoranschläge an sich schon symptomatisch, so ist es noch mehr die Richtung, das Ziel, dem er entgegensteuert. Er zeigt in dieser Beziehung, daß die aktuelle Stationenpolitik, wirtschaftlich wenigstens, ein Unding war. Und diesem Phantom hatte man vom 1. April 1887 bis zum 1. April 1888 tatsächlich ca. 420000 Mk. geopfert, eine Summe, die bei weitem den oben erwähnten Voranschlag von 216000 Mk. übersteigt. Zur Erklärung hat man zu berücksichtigen, daß dieser die Gehälter der weißen Beamten nicht enthält, daß er ferner die Anlagekosten der größeren Stationen Mpapua, Moschi, Aruscha, sowie außerordentliche einmalige Ausgaben der verschiedensten Art unberücksichtigt läßt. Alle diese Investitionen fanden einen fingierten Ausdruck in dem Preise, der seitens der Gesellschaft für urbar gemachtes Land aufgestellt wurde. Man rechnete 1 ha = 50 Rps. Er blieb weit hinter dem zurück, was man nach allen Aufwendungen zu fordern berechtigt, und überschritt doch das, was eventuelle Käufer zu zahlen geneigt gewesen wären.

5. Ergebnisse auf administrativem Gebiet.

Das Ergebnis der Stationenpolitik unter der Generalvertretung des Dr. Peters war ein wirtschaftliches Fiasko. Es wurde schon im Beginn des Etatsjahres von ihm vorausgesehen; er schloß auch durchaus kaufmännisch, das man ein anderes, ausgesprochen zentralistisches System mit einigen wenigen größeren Stationen an ihre Stelle setzen müßte. Dennoch versagte er sich eine Änderung des Kurses, weil sich nur im Zusammenhang mit der augenblicklichen Stationenpolitik in größerem Maßstabe eine administrative Durchdringung des Schutzgebietes möglich machen ließ.

In dem administrativen Moment liegt die Bedeutung der extensiven Stationenpolitik des Dr. Peters und läge eine Rechtfertigung der negativen wirtschaftlichen Ergebnisse, wenn sich der Nachweis erbringen ließe, daß die DOAG ihren diesbezüglichen Aufgaben nun auch wirklich gerecht geworden ist.

Der Zweck aller Verwaltungsmaßregeln war möglichste Pazifizierung des Schutzgebietes. Die Stationen sollten die natürlichen Herren des Landes werden; man wollte es dahin bringen, daß die Eingeborenen Schutz und Recht auf ihnen suchten. Nur auf dieser Basis war eine erfolgreiche wirtschaftliche Erschließung des Landes durchzuführen. Damit aber statuierte die DOAG die Priorität der Administration. Es läßt sich an vielen Stellen unserer Kolonialpolitik zeigen, daß bei aller Abneigung gegen das sogenannte französische System, das den Soldaten und Verwaltungsbeamten dem Kaufmann und Händler voranschickt, die Praxis doch zu seiner Anwendung zwang. So war es in Kamerun und Togo von vornherein, so war es in Südwestafrika und so ist es auch in Ostafrika gekommen. Die Pazifizierung des Schutzgebietes der DOAG war aber auch darum eine Notwendigkeit, weil alle Exterritorialen, vom Inder bis zu den französischen und englischen Missionaren und deutschen Pflanzern von der Gesellschaft Schutz ihres Lebens und Eigentums forderten. Auch in dieser Beziehung waren die ostafrikanischen Verhältnisse nicht mehr primitiv genug. Es gab dort genug Individuen, auch farbige, die weitgehende Ansprüche an die ordnende und regierende Gewalt stellten, und denen die Begriffe vom Rechtsstaat, wenn auch in einer unentwickelten Form, geläufig waren. Öfter wurde von dieser Seite der Schutz der DOAG angerufen, so von französischen Missionaren in der Nähe Taboras, die sich von Arabern bedroht sahen, von deutschen Pflanzern im Panganital und von Engländern in den Usambarabergen.

Diesen durchaus berechtigten Ansprüchen konnte die Gesellschaft jedoch in der gehörigen Form nicht genügen, da ihr eine organisierte Polizeimacht fehlte. Die eben genannte Angelegenheit der französischen Mission in Tabora erledigte man z. B. durch einen Druck auf den Sultan, indem man ihm sagen ließ, die Angehörigen jener Araber Taboras in Zanzibar würden als Geiseln dingfest gemacht werden, wenn den Priestern irgendein Unrecht geschehe. An Vorschlägen zur Bildung einer Polizeimacht hat es zwar nicht gefehlt; dennoch ist sie nie ins Leben getreten und wurde namentlich beim Ausbruch des Aufstandes 1888 entbehrt. Man versuchte die Situation durch eine fliegende Abteilung Askaris zu meistern, die auf längere Zeit in bedrohte Stationen gelegt wurden, um durch ihre bloße Anwesenheit der Bevölkerung den nötigen Respekt vor der Regierungsgewalt einzuflößen. Die Maßnahme bestand nur vorübergehend, so daß die Funktionen der Polizei in der Regel beim Stationschef lagen, der sich durch Freundschaftsverträge mit den umwohnenden Häuptlingen auf guten Fuß zu stellen versuchte und im Notfalle eine Anzahl Askaris von der Küste requirierte, die dann jedesmal erst anzuwerben waren. Die Mängel dieses gelegentlichen Werbesystems liegen auf der Hand. Der größte war aber wohl der, daß kaum ein Askari ohne den indischen oder arabischen Vermieter zu haben war, wodurch man diesen Elementen ganz in die Hände gegeben war.

So wenig nun, wie die Verwaltung polizeiliche Organe besaß, gab es besondere richterliche Beamte. Dazu lag allerdings auch eine in den Rechtsanschauungen der Eingeborenen begründete Veranlassung nicht vor. Jedoch hat es an Anregungen und formulierten Vorschlägen zur Organisation einer kolonialen Rechtspflege nicht gefehlt. Nach ihnen war eine Zweiteilung der richterlichen Behörde notwendig: Die Stationschefs sollten Richter der Eingeborenen sein und angewiesen werden, die Gerichtsbarkeit mit Ausnahme der Verhängung der Todesstrafe nach Normen auszuüben, wie sie in Ostafrika üblich waren. Ein deutscher Assessor sollte aber die Streitigkeiten zwischen Deutschen und solche zwischen Deutschen und den Angehörigen anderer völkerrechtlich anerkannter Staaten erledigen. Dr. Peters forderte in Berlin, daß in diesem Sinne an die Reichsregierung ein Antrag gestellt werde, in dem um eine formelle Erklärung und Genehmigung der Organisation gebeten wurde. Dr. Jühlke war 1885 bald nach Erlaß des Schutzbriefes zur Ausübung der Gerichtsbarkeit im Gebiet der DOAG seitens der Reichsregierung bevollmächtigt worden. Ein Nachfolger ist nach seinem Tode bei Kismayu nicht ernannt worden.

Neben der Schaffung einer polizeilichen und richterlichen Gewalt, die über unscheinbare Anfänge nicht hinauskam, war es Aufgabe der Generalvertretung, auch eine diplomatische Behörde für den Verkehr mit dem Sultanat Zanzibar ins Leben zu rufen, einen auswärtigen Dienst, um ihrer Schutzpflicht vollkommen gerecht zu werden. Die Beunruhigung der Kolonie, die nach Abbruch der direkten Verhandlungen zwischen Gesellschaft und Sultan im November 1887 eintrat, ist der beste Beweis dafür, daß die Aufgabe jener diplomatischen Behörde sich keineswegs in der Führung der Zollverhandlungen erschöpfte, sondern darüber hinaus auch innerpolitischer Natur war. Die besagten diplomatischen Funktionen hat der Generalbevollmächtigte ausgeübt. Sie stellen aber zweifelsohne eine Komplikation der politischen Verhältnisse dar und bereiteten der DOAG im Gegensatz zu anderen Schutzbriefgesellschaften ungeahnte Schwierigkeiten.

Man wird nach diesen positiven Leistungen sagen dürfen, daß die DOAG zwar nichts unversucht ließ, um den gouvernementalen Anforderungen, die die Situation stellte, nachzukommen, daß aber alle Maßnahmen dieser Art in den Anfängen stecken blieben und seltsam mit der phantasievollen Größe des Entwurfs kontrastieren. Es ist ein Bild, das gefangen nimmt, wenn Peters gelegentlich in markanten Strichen den strategischen Grundgedanken zeichnet, der für die Anlage der Stationen maßgebend gewesen sein soll, und von den vier mächtigen Bollwerken Pangani, Daressalam, Aruscha-Moschi und Mpapua spricht, die bestimmt seien, deutsches Kolonialland nach Nord, Süd, Ost und West gegen jeden Feind zu verteidigen: Eine schöne Phantasterei, wenn man bedenkt, daß es sich um den Schutz von 4—5000 Quadratmeilen Landes mit ganz unzulänglichen Mitteln handelt, über die auch der Name Bollwerk nicht hinwegzutäuschen vermag. Der grandiose Entwurf, die kraftvolle Vertretung einer Idee, der bis zur Selbsttäuschung gehende Glaube an das Unwahrscheinliche — das waren die starken Kräfte, mit denen Peters die großen Erfolge der Expansions- und Erwerbungspolitik ertrotzt hatte. Doch nun war die ostafrikanische Sache aus dem Stadium des Wagens heraus und mit der Statuierung des Rentabilitätsprinzips in die Zeit kühlen und ruhigen Wägens getreten. Zu rechnen war vor allem auch mit der durchaus bescheidenen Finanzkraft des Unternehmens, die Peters offenbar überschätzte. So gelang ihm denn die administrative Durchdringung und wirkungsvolle politische Beherrschung des Territoriums so wenig, wie es möglich gewesen war, durch Plantagenbau zu einem, wenn auch bescheidenen Grade von Rentabilität zu kommen.

6. Abhängigkeit der Stationenpolitik von den Verhandlungen zum Küstenvertrage.

Man empfand in den Berliner leitenden Kreisen der DOAG die bisher verfolgte administrative Stationenpolitik als eine Last. Das beweisen die häufigen Seufzer über die Schmerzenskinder, die unproduktiven Stationen im Innern; das beweisen die Pläne zur Auflassung oder zum Verkauf derselben, zur Ersetzung der extensiven durch eine an wenigen Punkten konzentrierte, intensive Bewirtschaftung und endlich die Betrachtungen und Hoffnungen, die an die Ratifikation des Küstenvertrages geknüpft wurden. Dennoch entschloß man sich zunächst nicht zu einer durchgreifenden Reform. Sowohl die Generalvertretung in Zanzibar, wie Direktion und Direktionsrat in Berlin zögerten mit dem erlösenden Wort.

Es ist nicht zu entscheiden, welche Faktoren dabei vor allem am Werke gewesen sind, ob der Eigensinn des Generalbevollmächtigten, ob der Glaube an sein Ideal der Chartergesellschaften, ob der Wille Bismarcks oder, was sehr wohl möglich ist, das unglückliche Schicksal des Küstenvertrages, über dessen Ratifikation erst ein Sultan sterben mußte. Die DOAG blieb jedenfalls bis zum Vertragsabschluß eine Schutzbriefgesellschaft, bei der der öffentlich-rechtliche Charakter noch den Grundton abgab. Sie spielte diese Rolle nicht ganz freiwillig und wußte sich nur damit zu trösten, daß ihre unglückliche Stationenpolitik durch die Notwendigkeit entstanden war, sich Anwartschaften auf ein Territorium zu sichern, für das es andere Rechtstitel noch nicht gab. So fehlte ihr wenigstens die historische Begründung nicht.

Endgültig wurde diese Politik erst aufgegeben, als der Küstenvertrag abgeschlossen war. Damals begann Konsul Vohsen eine Reform nach zwei Gesichtspunkten: Konzentration des Arbeitsgebietes nach der Küste und den Zollstationen dortselbst und Handel statt Bodenkultur.

II. Handelsgeschäfte der DOAG.

1. Der Konkurrenzvertrag mit den deutschen Zanzibarfirmen. — 2. Der Wettbewerb der indischen und arabischen Aufkäufer. — 3. Die Idee der Monopolisierung des Handelsgeschäftes im Interesse der DOAG. — 4. Die Organisation des Handelsbetriebes der DOAG und ihre Erfolge.

1. Der Konkurrenzvertrag mit den deutschen Zanzibarfirmen.

Auf wirtschaftlichem Gebiete war es der Handel allein, in welchem die DOAG deutschen Wettbewerb vorfand. Es handelte sich durchweg um Unternehmungen, die eine langjährige Erfahrung und genaue Kenntnis der individuellen Eigentümlichkeiten des Marktes besaßen. Dieser Umstand ist neben anderen auch Veranlassung gewesen, daß sich die DOAG nicht von vornherein dem Handelsbetrieb zuwandte, sondern, wenigstens programmatisch, zuerst die Bodenkultur zum Gegenstande des Erwerbes zu machen suchte.

Die Konkurrenten nun waren die deutsche Witu-Gesellschaft und die seit langem in Zanzibar ansässigen Hamburger Firmen W. O'Swald und Hansing & Co. Die Weltfirma in Elfenbein, Ad. Meyer & Co., fürchtete die DOAG anscheinend nicht und hielt sich von den folgenden Auseinandersetzungen fern. Um die deutschen Wirtschaftsinteressen in Deutsch-Ostafrika nicht durch einen schweren Konkurrenzkampf zu erschüttern, regte nämlich Fürst Bismarck bereits im Juli 1885[1]) Besprechungen zwischen den Rivalen an. Am ehesten war es schon möglich, mit der Witu-Gesellschaft zu einer Einigung zu kommen, weil deren Interessengebiet räumlich von dem der DOAG getrennt war. In einer Vereinbarung zwischen Dr. Peters und Dr. Kersten, als den Vertretern der beiden Gesellschaften, wurde denn auch am 5. September 1885 als die Grenzlinie der Handelsgebiete der »Tanafluß bzw. die Wasserscheide des Keniagebietes und Kilimandscharo angenommen«[1]). Um aber eine Einigung mit den Hamburger Zanzibarfirmen herbeizuführen, war das Auswärtige Amt als Unparteiischer nötig. Der Kampf zwischen den beiden Gegnern muß hart gewesen sein und wohl auch manches Unerfreuliche darüber an die Öffentlichkeit gedrungen sein; denn die DOAG sah sich mehrfach veranlaßt, auf bezügliche Gerüchte hin beruhigende Erklärungen in der Kolonial-Politischen Korrespondenz abzugeben. Am 12. September 1885 kam es endlich im Aus-

---
[1]) Koschitzky, Deutsche Kolonialgeschichte, Leipzig 1888, Teil III, S. 263.

wärtigen Amte zu einer Konferenz unter dem Vorsitz des Herrn von Kusserow[1]), in welcher die Firmen W. O'Swald und Hansing & Co. einerseits und die DOAG andererseits vertreten waren. Ob, wie Koschitzky sagt, die erzielte »Einigung eine für alle Teile befriedigende war«, bleibt mir nicht nur wegen der Einzelheiten des Abkommens selbst zweifelhaft, sondern auch wegen der zuweilen in den Berichten der Generalvertretung, namentlich unter Konsul Vohsen, wiederkehrenden Klagen über die Gebundenheit der Aktionsfähigkeit der Gesellschaft in Handelsangelegenheiten.

Nach diesem Vertrage[2]) war der DOAG der Zentralmarkt Zanzibar verschlossen, so daß sie von den großen Indern, die den ganzen Zwischenhandel von dort nach der Küste in der Hand hatten, keine Waren zu Exportzwecken kaufen und für eben diese Großabnehmer auch nicht importieren konnte. Ein regulärer Großhandel, wie ihn europäische Großfirmen seit Jahrzehnten in Ostafrika ausgebildet hatten, ließ sich also, und zwar auf 5 Jahre, nicht betreiben. Export und Import waren der DOAG nur möglich, wenn sie sich entschloß, den Ankaufshandel im Innern auf eigene Rechnung und ohne Vermittlung der zanzibaritischen Inder zu betreiben, oder auch, wenn es gelang, mit den selbständigen Negerkarawanen, die von Zeit zu Zeit an die Küste kamen, in Geschäftsverbindung zu treten. Auf diesen Gebieten aber hatte sie mit scharfer indischer Konkurrenz zu rechnen.

Zunächst scheint es ja, als läge in der Ausschaltung des Zwischenhandels ein Vorteil, besonders auch, wenn man daran denkt, daß die Gesellschaft aus administrativen Gründen und wegen der geplanten Kulturen ohnedies zur Einrichtung von Binnenstationen gezwungen war. Es stellte sich jedoch heraus, daß diese Plätze, von einigen, Korogwe vielleicht, abgesehen, gar

---

[1]) Koschitzky, a. a. O., S. 263.
[2]) Offenbar über diesen Vertrag berichtete die Kolonial-Politische Korrespondenz, 1885, Nr. 22: »Zwischen den beiden Hamburger Firmen Hansing & Co. und William O'Swald einerseits und der DOAG andererseits ist eine Abmachung getroffen, derzufolge die beiden Firmen gegen eine Kommissionsentschädigung den Handelsbetrieb der Gesellschaft in Zanzibar übernehmen, während dieselbe in ihren Gebieten eigene Faktoreien zum Ankauf und Transport der Waren anlegen wird.« Im Jahresbericht der DOAG von 1891 heißt es dann: »Die Situation des Jahres 1887 hatte uns bekanntlich eine Vereinbarung mit Hamburger Firmen gebracht, wonach es uns verboten war, auf Zanzibar mit ihnen in Konkurrenz zu treten.« Und weiter: »Nachdem dieses Vertragsverhältnis nunmehr ein Ende gefunden hat«, also wohl 1891 oder 1892, da der Bericht vom Juni 1892 datiert ist. Ob es sich dabei um zwei Abmachungen oder ein und dieselbe handelt, habe ich nicht ermitteln können. In der Wirkung sind sie beide gleich, und für die in Rede stehende Periode der Gesellschaftsgeschichte ist ihre Geltung unbezweifelt.

keine Aufkaufsgelegenheiten boten. Nur weit im Innern des Kontinents gab es solche, und gerade dort hatte die Gesellschaft keine Niederlassung. So nebenbei ließ sich also der Exportenaufkauf mit den vorhandenen Stationen nicht in die Wege leiten.

2. Der Wettbewerb der indischen und arabischen Aufkäufer.

Mpapua und Aruscha-Moschi verdanken diesem Umstande ihre Entstehung. Sie sollten den direkten Handelsverkehr mit den Eingeborenen des Innern anbahnen. Gleich aber entstanden neue und größere Schwierigkeiten: die Konkurrenz mit den Indern und ihren arabischen Handlangern, die hier seit langem ihr Tätigkeitsfeld hatten. Diesen Gegnern war die DOAG in Erfahrung und fast auch an Kapitalkraft unterlegen. Die großen Zanzibar-Inder, die vor allem Elfenbeinkarawanen ins Innere schickten, arbeiteten mit enormen Mitteln und einem leichten Gewissen. Sie gingen nicht selber in die Elfenbeingebiete, sondern beauftragten sklavenhaltende arabische Grundbesitzer und übten schon bei der Begebung solcher Aufträge ihre skrupellosen Praktiken[1]. Mancher ehedem reiche Araber verarmte unter ihren wucherischen Händen. Auf solche Manipulationen konnte sich die Gesellschaft natürlich nicht einlassen, so wenig, wie sie es den Indern in Zollhinterziehung und Beamtenbestechungen gleich tun durfte. Die Banjanen der Küste, die neben den Zanzibar-Indern mit der DOAG rivalisierten, arbeiteten infolge ihrer geringen Lebensansprüche weit billiger als weiße Beamte; sie standen geschlossen zusammen, wenn es galt, der Gesellschaft irgendwo ein Geschäft abzujagen, und hatten vor allem jene minutiöse Kenntnis des Marktes, die den Gesellschaftsorganen mangelte und doch die wichtigste Vorbedingung des Erfolges war.

3. Die Idee der Monopolisierung des Handelsgeschäfts im Interesse der DOAG.

So ist es begreiflich, daß sich die maßgebenden Kreise der DOAG lange nicht entschließen konnten, einen größeren Handelsbetrieb einzurichten. Es fehlten eben alle Voraussetzungen für eine in absehbarer Zeit zu erwartende Verzinsung der aufgewendeten Kapitalien. Auf der anderen Seite aber konnte man sich

---

[1] Siehe den Abschnitt über die »Politischen und wirtschaftlichen Verhältnisse in Ostafrika«.

der Einsicht nicht verschließen, daß alle in Zanzibar tätigen europäischen Firmen nur oder doch überwiegend vom Großhandel lebten. Wir zeigten an anderer Stelle, in welchen Ziffern sich insbesondere der deutsche Export und Import bewegte[1]). Auf die Dauer durfte man sich daher diese Erwerbsquelle nicht entgehen lassen. Es galt also, Mittel und Wege zu finden, um, solange der Vertrag mit den Zanzibarfirmen bestand, doch wenigstens gegen die Schmutzkonkurrenz der Inder aufzukommen. Dies war, neben anderen wirtschaftlichen Gründen von nicht geringer Bedeutung, auch eine Ursache, warum man mit allen Kräften nach den Zöllen und auch nach der Verwaltung der Küste strebte. Sie gab der Gesellschaft politische Rechte in die Hand, die eventuell gegen die Inder und Banjanen zu wirtschaftlichen Zwecken hätten in Anwendung gebracht werden können. Eine Ausdehnung des Regalienrechtes z. B. auf Kopal, Gummi, Orseille usw. — eine Idee, die eine zeitlang wirklich erwogen worden ist —, hätte der DOAG das Monopol in diesen Artikeln gegeben und jenen wahrscheinlich den wirtschaftlichen Ruin gebracht. Den Widerstand der Araber, so glaubte man, würde man mit solchen Maßregeln nicht heraufbeschworen haben; sie hätten im Gegenteil wohl die Befreiung aus den wucherischen Händen der Inder mit Freuden begrüßt und wären die natürlichen Verbündeten der Gesellschaft geworden. Welche Verwickelungen aber mußten sich mit der diplomatischen Vertretung Englands ergeben, unter deren Schutz die indischen Kaufleute standen! Sie waren im Sultanat exterritorial und genossen gleiche Rechte wie jeder Europäer. Das englische Generalkonsulat nahm sich ihrer Interessen mit aller Wärme an und hätte wohl niemals zugegeben, daß ein Handelsmonopol, welches nach Artikel V der Kongoakte nie würde zu Recht bestanden haben, dieselben schmälerte. Ja, es ist überhaupt fraglich, ob das Reich jemals die Hand zu einer solchen Verwertung des Küstenvertrages geboten hätte. Es ist vielmehr wahrscheinlich, daß von dieser Seite unter Hinweis auf eben jenen Artikel V alle auf Stabilierung eines Handelsmonopols bezüglichen Anträge der Gesellschaft rundweg abgelehnt worden wären. Was aber vielleicht weder einer englischen Intervention, noch einer solchen der Reichsregierung gelungen wäre, das hätte sicherlich das Interesse der deutschen Zanzibarfirmen zuwege gebracht; denn vor allem ihnen konnte an einem Handelsmonopol der Gesellschaft nichts liegen.

---

[1]) Siehe den Abschnitt über die »Politischen und wirtschaftlichen Verhältnisse in Ostafrika«.

Mit einem Worte, für eine Monopolisierung gewisser Ausfuhrartikel im bloßen Erwerbsinteresse der DOAG waren die ostafrikanischen Verhältnisse wirtschaftlich und auch rechtlich zu weit entwickelt. Wo man das Problem der Einrichtung des Handelsbetriebes also anpackte, überall stellten sich turmhoch Schwierigkeiten entgegen. Dort verpflichtete ein Vertrag mit den deutschen Zanzibarfirmen zum Verzicht auf gerade die lukrativsten Gebiete des ostafrikanischen Handels, hier stand die scharfe Konkurrenz der Inder, dort wieder ein völkerrechtlicher Vertrag einer Entwickelung des Gesellschaftshandels im monopolistischen Sinne entgegen.

4. Die Organisation des Handelsbetriebes der DOAG und ihre Erfolge.

So war man auf den Weg der friedlichen wirtschaftlichen Eroberung in Konkurrenz mit den geschäftsgewandten Indern und Arabern angewiesen, eine Aufgabe, die man seit Juli 1887 zögernd zu erfüllen suchte, und der, wie schon angedeutet, außer Mpapua und Aruscha-Moschi auch die Häfen Pangani und Daressalam dienten. Die übrigen Plätze des Innern hielten mit kommerziellen Aktionen ganz zurück; sie waren zu nahe der Küste gelegen, als daß vorbeiziehende Karawanen ihre Güter billiger verkauft hätten als an der Küste selbst.

Die vier genannten Stationen, die wir bisher nur als politisch bedeutsam kennen gelernt haben, was sie auch vorwiegend bleiben sollten, standen in der Organisation des Handelsbetriebs in einer bestimmten Abhängigkeit voneinander, und es ist nicht bloßer Zufall, wenn außer Pangani und Daressalam gerade Aruscha-Moschi und Mpapua als Stützpunkte des Aufkaufs ins Leben gerufen wurden. Als Dr. Peters plante, die genannten Häfen zu Zoll- und Handelsstationen zu machen, war er sich bewußt, daß ihr Verkehr erst künstlich geschaffen werden müsse; denn namentlich Daressalam war gegen das benachbarte Bagamoyo ganz unbedeutend. Man hatte den Kampf gegen die Konkurrenz der großen Plätze aufzunehmen, so unnatürlich er war, weil der deutschenglische Vertrag von 1886 diese dem Sultan vorbehielt. Um nun die Position der Vertragshäfen zu stärken, errichtete Peters noch 1887 die beiden großen Binnenstationen Aruscha-Moschi und Mpapua und gab ihnen die Aufgabe, nach Möglichkeit alle Karawanen, die von weiterher aus dem Innern kämen und andere Häfen als

Pangani und Daressalam aufsuchen wollten, auszukaufen. In diesem Zusammenhang glaubte Peters auch an die allmähliche Entwicklung des Handelsgeschäfts. Die eigentümliche Organisation des Elfenbeinhandels verhinderte es, daß sie ihrer Aufgabe gerecht wurden. In Pangani wurde im Sommer 1887 eine Karawane ausgerüstet, die für ca. 2000 Rps. Waren mit sich führte und nach Nordnguru ging, um dort selbst Handelsbeziehungen anzuknüpfen. Natürlich waren selbständige Gesellschaftskarawanen die einzige Form, von der Küste aus überhaupt Handel zu treiben. Dennoch erfüllte der Versuch die gehegten Erwartungen nicht, und die erhofften Beziehungen zu Nordnguru blieben aus. Für wenige hundert Rps. Elfenbein ist später dann von Pangani nach Zanzibar gegangen, als in den eigentlichen Marktmonaten, Januar, Februar, März, die Nachfrage dort sehr groß wurde.

In Daressalam wurde nicht einmal, wie in Pangani, der Versuch mit einer Karawane gemacht; man beschränkte sich auf die gelegentliche Ausnützung der in der Nähe vorhandenen Kopal- und Gummischätze und erwog den Plan, sich durch eine eigene Kopalwäscherei von den Zwischenhändlern in Zanzibar, an die allein ungewaschene Kopal zu verkaufen war, unabhängig zu machen. Im Laufe des Jahres 1887/88 wurden auch kleinere Quantitäten, dazu etwas Elfenbein, nach Zanzibar geschickt, doch blieb es hier, wie in Pangani, bei »bescheidenen Anfängen«.

Etwas fruchtbarer war Mpapua. Ganz unproduktiv aber blieb Aruscha-Moschi. Von den arabischen Karawanen, welche bei den Massai in der um Aruscha gelegenen Steppe kauften, war so wenig Elfenbein zu haben, wie von den anderen, die auf der großen Straße von Nairobi, aus den Elfenbeingebieten Kavirondo, am Naiwascha- und Barengosee, im heutigen englischen Ostafrika, kommend, reich bepackt an Aruscha vorbei zur Küste zogen. Sie arbeiteten für Rechnung eines indischen Kaufmannes und hatten daher kein Verfügungsrecht über das mitgeführte Elfenbein. Als dritte Aufkaufsgelegenheit kamen Massaimärkte bei Aruscha in Betracht, auf denen jedoch nur wenig Elfenbein angeboten wurde. Noch geringer waren die Mengen, welche schweifende Massai etwa zur Station brachten, so daß es erklärlich ist, wenn die Berichte des Stationsleiters von Aruscha-Moschi der Meinung Ausdruck geben, daß es besser sei, schon in Pangani Elfenbeinkarawanen auszurüsten und sich der Kilimandscharostation nur als Etappendepot zu bedienen.

Die aufgekauften Quantitäten von Ausfuhrartikeln, namentlich Elfenbein, dann auch etwas Kopal, repräsentierten, auf allen Stationen zusammengenommen, an Wert in einem ganzen Jahre nicht mehr als 20000 bis 30000 Rps. Die Handelsabteilung der Generalvertretung in Zanzibar hat versucht, diese Waren auf den Markt zu bringen, aber auch selbst dabei ging es nicht ohne Lehrgeld ab. Sogar bei Elfenbein wurde mit Verlust abgeschnitten. Die vollen Teile der Zähne fanden in Europa, die hohlen in Bombay ihre Abnehmer, wo ein ansässiger Kaufmann die Agentur der Gesellschaft übernommen hatte. Kopal ging nach Hongkong. Es ist vorgekommen, daß an der Küste aufgekaufte Posten Häute trotz lebhafter Bemühungen nicht zu exportieren waren. Als man nach der Ursache forschte, stellte sich heraus, daß dieselben Häute von Indern Zanzibars wegen ihrer untergeordneten Qualität, und weil sie auf dem Zanzibarmarkte keine Abnehmer gefunden hatten, auf die Küstenmärkte zurückgeworfen worden waren.

Bei solchem immerhin begreiflichen Mißgeschick in der Ausfuhr scheint uns das Fiasko des Aufkaufshandels um so verständlicher. Ja, nicht einmal die Einfuhr von Tauschartikeln wagte man nach solchen Erfahrungen selbst in die Hand zu nehmen, obwohl die Handelsabteilung in Zanzibar von routinierten Kaufleuten geleitet wurde. Der ostafrikanische Markt war schon damals zu fein geschnitten, als daß man mit jedem beliebigen Baumwollmuster im Innern Erfolg gehabt hätte, und die Zanzibarfirmen bewahrten ihre Geschäftskniffe eifersüchtig, um sich die gefährliche Konkurrenz so lange wie möglich fernzuhalten. Man schlug darum vor, diesen Firmen gegen eine Kommissionsgebühr den Tauschartikelimport zu übertragen und sah in der Folge auf diesem Gebiete von einer Tätigkeit zu eigenem Risiko ganz ab. Die tatsächlichen Leistungen im Handel stehen demnach noch hinter dem zurück, was in schon bescheidenen Ausmaßen im Arbeitsprogramm vorgesehen war.

III. Andere kolonisatorische Unternehmungen der DOAG.

1. Eigene Unternehmungen der DOAG: a) Küstenlinie, b) Eisenbahnexploration, c) Krankenpflege. — 2. Fremde, durch die DOAG geförderte und unterstützte Unternehmungen: a) Mission, b) Ansiedlung, c) Nutzbarmachung fremder Kapitalien.

Die bis jetzt besprochene Stationenpolitik war das vornehmste Mittel der Ära Peters, sich in Ostafrika kolonisatorisch zu betätigen. Daneben aber wurde eine Anzahl anderer Unternehmungen in die Wege geleitet oder doch geplant, die teils unabhängig von der Stationenpolitik, teils aber in Verbindung mit ihr an der Erschließung der Kolonie teilzunehmen bestimmt waren.

1. Eigene Unternehmungen der DOAG.

a) Küstenlinie.

Schon Anfang Juli war von der Generalvertretung der Wunsch ausgesprochen worden, zur Schaffung einer Verbindung zwischen Zanzibar und den Küstenplätzen Dampfer einstellen zu dürfen. Noch im Laufe des Etatsjahres traf ein Fahrzeug in Zanzibar ein; es erwies sich jedoch als viel zu leicht gebaut, um der an einzelnen Stellen der Küste herrschenden ziemlich heftigen Brandung zu widerstehen.

b) Eisenbahnexploration.

Die Eisenbahnexploration, die bereits zu Anfang des Sommers 1887 eingeleitet wurde, war ein hervorragendes Mittel zur Erschließung und administrativen Beherrschung der Kolonie. Anfang August begann die für diese Zwecke ausgerüstete Expedition ihre Trassierungsarbeiten von Daressalam aus in östlicher Richtung auf die Kinganistation Madimula zu und war Ende August schon über diesen Ort hinaus vorgedrungen. Sie setzte ihre Arbeit mit zeitweiligen Unterbrechungen während der kleinen Regenzeit weiter ins Innere fort und hat während des Etatsjahres 1887/88 eine Ausgabe von 33 000 Mk. verursacht. Unter Konsul Vohsen wurde sie im Zusammenhang mit der Neuorientierung der gesamten Wirtschafts- und Verwaltungstätigkeit aufgehoben.

Das erste ostafrikanische Eisenbahnprojekt war also nicht die Usambarabahn, sondern die Zentralbahn. Die Trassierung gerade dieser Strecke war durch den rein zufälligen Umstand veranlaßt worden, daß Artikel II des englisch-deutschen Abkommens vom Jahre 1886 die Zölle von Pangani und, was für den vorliegenden Fall von Bedeutung ist, von Daressalam der Gesellschaft in Aussicht stellte. Auf den Entschluß des Sultans, an die Stelle der Verpachtung der Zölle von nur zwei Küstenorten die Übergabe der gesamten Verwaltung an die Gesellschaft zu setzen, haben die Arbeiten der Eisenbahnexpedition erheblich eingewirkt.

Die Unternehmungen der DOAG, welche bisher im Kreise unserer Betrachtungen standen, hatten eminent wirtschaftlichen

Charakter. Das gilt von der Stationenpolitik, von der Einrichtung einer Verbindung zwischen Zanzibar und der Küste und auch von der Eisenbahnexploration. Bei einigen der nun zu besprechenden Unternehmungen verschwindet der unmittelbar wirtschaftliche Zweck ganz, wie namentlich bei der Krankenpflege.

c) Krankenpflege.

Zur Organisation der kolonialen Krankenpflege wurde im Verein mit dem Deutschnationalen Frauenbund von der Generalvertretung ein großzügiger Plan entworfen. Die Freiin v. Bülow war als Vertreterin des Bundes in Zanzibar anwesend, um praktische Arbeit zu leisten. Die Hauptstation sollte in Zanzibar selbst eingerichtet werden; jede Küstenstation sollte eine Krankenpflegerin erhalten. Über diese Anfänge kam die Angelegenheit aber trotz der lebhaften Anteilnahme Dr. Peters' nicht hinaus.

Doch auch er hat nicht daran gedacht, die Krankenpflege des Frauenbundes ausschließlich mit Mitteln der DOAG zu finanzieren, regte vielmehr die Bildung einer gemeinnützigen Korporation an, deren Kapital, etwa 100000 Mk., durch Sammlungen in Deutschland aufgebracht werden sollte.

2. Fremde, durch die DOAG geförderte und unterstützte Unternehmungen.

a) Mission.

Schon auf der Ausreise hatte sich Dr. Peters mit dem Problem beschäftigt, die Missionen zu einem werktätigen Faktor der Erschließung Ostafrikas zu machen[1]. In München hatte er die Benediktiner Mönche, nachmals die Reichenbacher Mission, als erste deutsch-katholische Mission für Ostafrika gewonnen. Sie ließen sich in Pugu bei Daressalam nieder. Ebenso gelang es, die französische Mission »Congrégation du St. Esprit et du Coeur de Marie« durch einen besonders günstigen Vertrag an die Kolonie zu fesseln. Die Genehmigung des Vertrages seitens der Kurie blieb jedoch aus, da der starke Einfluß der französischen Partei am Vatikan die Erteilung zu verhindern strebte, obwohl sich selbst Bismarck dafür einsetzte.

---

[1] Dr. Peters, a. a. O., S. 154 ff.

Außer diesen beiden katholischen Missionen arbeitete in der Kolonie auch eine evangelische Mission. Die Sympathien der Ära Peters lagen jedoch aus rein wirtschaftlichen Gründen bei den katholischen Gesellschaften. Dr. Peters glaubte, die Erfahrung gemacht zu haben, daß sie mehr als jene sich der praktischen Unterweisung ihrer Zöglinge widmeten, und gerade darauf mußte es der DOAG ankommen.

Vorübergehende Verhandlungen mit den algerischen Weißen Vätern, einer anderen französischen Mission, deren Tätigkeitsgebiet um Tabora und am Tanganjika lag, sind darum von Interesse, weil sie die Tatsache zeitigten, daß der Sultan noch im Sommer 1887 glaubte, jene Landschaften gehörten ihm.

b) Ansiedlung.

Die Gesellschaft war der Ansicht, durch Reklame oder Agitation eine Auswanderung nach Ostafrika weder direkt, noch indirekt empfehlen zu dürfen, weil man auch die moralische Verantwortung bei fehlgeschlagenen Unternehmungen nicht tragen zu können glaubte. Bei der exponierten, von allen Seiten angegriffenen Position der Gesellschaft ist der Standpunkt jedenfalls begreiflich. Die Folge war freilich, daß sich Ende 1887 nur zwei Kolonisten im Schutzgebiet befanden, die bei Pugu, nahe Daressalam, eine Plantage im großen Stil einrichten wollten. Zu ihnen sollte in den nächsten Monaten ein dritter stoßen.

In Berlin wurden Peters' Ansichten, der eine Förderung der Ansiedlung durch Konsignationsverträge empfahl, nicht geteilt, vielmehr behandelte man den Boden als eine Ware — pro Hektar unbebauten Bodens 1 Rp. —, deren Verkauf man auf Grund der Schutzbriefbestimmungen monopolisierte. Selbst heute verlangt die Regierung in Usambara bei reger Nachfrage nicht mehr als 2—4 Rps. pro Hektar. Man kann bei dem verhältnismäßig hohen Preise, den die DOAG forderte, auf den Gedanken kommen, daß sie jene Taxe nur geschaffen habe, um systematisch jede Ansiedlung von Einzelpersonen, namentlich Kleinsiedlern, zu verhindern. Gerade diese Elemente mußten die eigentlichen Regierungsausgaben für Polizei, Gerichtsbarkeit usw. enorm steigern, während Pflanzungsgesellschaften sich viel leichter selbst helfen konnten.

Diese Gründe mögen dazu beigetragen haben, daß die Sympathien der DOAG sich der Ansiedlung von Plantagengesellschaften zuwandten. Damit nahm die Entwicklung der Kolonie eine entscheidende Wendung. Die Siedlungsmöglichkeiten für Einzelpersonen wurden fortan kaum mehr beachtet, nachdem schon literarische Einflüsse[1]) am Werke gewesen waren, um den Glauben an eine Besiedlungsfähigkeit Ostafrikas zu zerstören.

Bei der Zulassung von Plantagengesellschaften verfolgte die DOAG ein Verfahren, das sich sehr gut an der Deutsch-Ostafrikanischen Plantagengesellschaft beobachten läßt. Sie ließ sich 100 Aktien à 1000 Mk. der Plantagengesellschaft übertragen und verlieh dieser dafür das Recht, »an 20 verschiedenen Stellen nach Auswahl Land bis zur Gesamtausdehnung von 100000 Morgen in Besitz zu nehmen«[2]). Das bedeutet also einen Preis von 1 Mk. pro Morgen oder 4 Mk. = 3 Rps. pro Hektar. Die Plantagengesellschaft zahlte also schon das dreifache des ursprünglich angenommenen Bodenpreises, wenn auch freilich nicht in bar.

Mit ihren Besitzungen wurde die Plantagengesellschaft der Untertan der DOAG und das Objekt ihrer landesväterlichen Fürsorge. Leben und Eigentum ihrer Beamten hatte die DOAG zu schützen. Es ist interessant zu beobachten, wie Dr. Peters das Problem zu lösen suchte: Er forderte in Berlin strikte Unterordnung des neuen Unternehmens unter die Generalvertretung der DOAG in Zanzibar und im besonderen, daß die Plantagenarbeiter seiner Direktion unterstellt würden. Dies Ansinnen, das eine ungewöhnlich weitgehende Beschränkung privater Rechte im öffentlichen Interesse enthielt und übrigens unbeachtet blieb, begreift sich nur, wenn man bedenkt, daß die DOAG der Großaktionär der Plantagengesellschaft war. In dieser Tatsache liegt denn überhaupt der Angelpunkt der Ansiedlungspolitik der DOAG, die alle kapitalistischen Großunternehmungen, die sich an der Erschließung des Landes zu beteiligen gedachten, auf diese Weise in sich zu zentralisieren strebte und nur als ihre Untergesellschaften gelten lassen wollte. Zu der öffentlich-rechtlichen Abhängigkeit, die sich mit dem Umstande ergab, daß die DOAG die Kolonie regierte, sollte eine wirtschaftliche und privatrechtliche treten. Was an diesem Gedanken für ostafrikanische Verhältnisse richtig war, läßt sich leider wegen der Kurzlebigkeit der in Frage stehenden Beziehungen nicht zeigen. In einer geographisch, wirt-

---

[1]) Dr. Fischer, Mehr Licht im dunklen Erdteil. 1885.
[2]) Wagner, a. a. O., S. 123 ff.

schaftlich und politisch anders gearteten Situation hat die noch heute blühende englische Chartergesellschaft in Nord-Borneo mit derselben Idee in allerdings etwas abweichender, eigenartiger Ausgestaltung große Erfolge erzielt.

c) Nutzbarmachung fremder Kapitalien.

Es war kurz nach Abschluß des Präliminarvertrages im Juli 1887; Dr. Peters war von einem Besuch der südlichen Küstenplätze nach Zanzibar zurückgekehrt; man erwartete dort stündlich die Bekanntgabe der Ratifizierung des Zollvertrages seitens des Direktionsrates in Berlin; der deutsche Einfluß war im Begriff, die Engländer aus der Gunst des Sultans zu verdrängen. Da glaubte der Generalbevollmächtigte die Zeit gekommen, auch die Unternehmungslust und Kapitalkraft Seyyid Bargaschs für die wirtschaftliche Erschließung Ostafrikas nutzbar zu machen und schlug Sr. Hoheit vor, zwei Plantagen, die die DOAG in Kilwa Kissiwani und Mtschinge anzulegen beabsichtigte, mit der Gesellschaft gemeinsam auszubeuten. Seyyid Bargasch schob fürs erste eine Stellungnahme mit dem Bemerken hinaus, daß er nicht glaube, genug Arbeiter zur Verfügung zu haben. Viel geneigter aber zeigte er sich einem anderen Projekt, daß die Generalvertretung um dieselbe Zeit bei ihm anregte; schlug es doch in eines seiner geschäftlichen Spezialgebiete. Seine beiden in Deutschland 1885 erbauten Dampfer »Kilwa« und »Barawa« sollte er zur ständigen und fahrplanmäßigen Verbindung der Küstenplätze hergeben. Diese Pläne verschwanden von der Bildfläche, als die schleppenden Zollvertragsverhandlungen den Sultan zu verstimmen begannen. Sie beweisen aber, wie geschickt die damalige Generalvertretung den Sultan auch für rein geschäftliche Angelegenheiten zu gewinnen verstand. Nur ist es ihr nicht gelungen, ihn auch mit seinem Barvermögen zu engagieren. Davor soll Se. Hoheit eine eigene Scheu gehabt haben.

2. Teil.
Die Ära Vohsen (1888—1891).

§ 1.
Die Entwicklung der politischen Verhältnisse nach Abschluß des Zollvertrages.

Am 28. April 1888 war nach fast einjährigen Verhandlungen der Zollvertrag ratifiziert worden. Es galt jetzt, die den Verhältnissen und dem Wortlaut des Vertrages gerecht werdende Interpretation zu finden und gleichzeitig die Vorbereitungen zur Übernahme der Verwaltung an der Küste in politischer und technischer Beziehung zu treffen.

Schon kurz nach Abschluß des Vertrages war der interimistische Leiter der Geschicke der Gesellschaft, Freiherr v. Gravenreuth, der später in Kamerun fiel, in Besprechungen mit dem Bruder des Sultans, Seyyid Ali, zu der Überzeugung gekommen, daß die Zollverwaltung zweckmäßig in Zanzibar zu konzentrieren sei. Er begründete seine Ansicht unter anderem damit, daß die großen Küstenplätze Tanga, Pangani, Daressalam und Bagamoyo, den alten Gepflogenheiten entsprechend, ihren Auslandsverkehr über Zanzibar leiteten und von dieser Tradition ohne umwälzende Änderungen in der Technik des ostafrikanischen Handels nicht lassen würden. Auch der Sultan gab dem Generalkonsul gegenüber dem Wunsche Ausdruck, die Zollverwaltung künftighin in Zanzibar konzentriert zu sehen, und erklärte sich gleichzeitig bereit, zu diesem Zwecke das alte Produktenzollhaus dortselbst zur Verfügung zu stellen. Jedoch war dies Zugeständnis, das zunächst recht sehr dem Versuche ähnelt, den Küstenvertrag zu umgehen und sich seinen politischen Konsequenzen nach Möglichkeit zu entziehen, außerdem an zwei harte Bedingungen geknüpft: Die Gesellschaft sollte auf dem Festlande keine Zollstationen einrichten und einer Reihe von »Modifikationen und Erklärungen« des Sultans zum Zollvertrage stattgeben, die ja zum Teil unwesentlich erschienen, zum andern aber recht starke Zumutungen enthielten. So lief einer darauf hinaus, die Importzölle möglichst dem Sultan vorzubehalten, und ein anderer, die Insel Mafia vom Vertrage auszunehmen.

Der Generalkonsul mochte sich einer Höflichkeitsformel bedient haben, als er versprach, hinsichtlich Mafias in günstigem Sinne beim Fürsten Bismarck vorstellig zu werden. Jedenfalls hat Konsul Vohsen, der bald darauf, am 14. Mai, in Zanzibar eintraf und fortan die Haltung der DOAG an Ort und Stelle verantwortlich bestimmte, der Insel Mafia im beregten Sinne nie Erwähnung getan, wie er vor allem den ganzen Konzentrationsplan aus guten Gründen überhaupt fallen ließ. Er ging von der Ansicht aus, die ja durch die spätere Entwicklung der ostafrikanischen Angelegenheit und die endgültige politische Trennung der großen Inseln von dem gegenüberliegenden Festlande vollauf gerechtfertigt worden ist, daß sich die deutsche Kolonie von Zanzibar nach Möglichkeit freimachen müsse. In zwei, 1890 und 1891 erschienenen Broschüren zählt Vohsen[1]) unter anderem die Gründe auf, die ihm seinen Plan, der jedenfalls ein Kampf gegen eingewurzelte Institutionen war, durchführbar erscheinen ließen.

Wäre die Gesellschaft finanziell in der Lage gewesen, neben der Zollverwaltung auf Zanzibar an der Küste eine besondere Administration einzurichten, so hätte die Konzentrationsidee vielleicht der geeignete Kompromißvorschlag sein können, der der Gesellschaft die Ausnützung aller Rechte aus dem Vertrage, der administrativen und pekuniären[2]), sicherte, ohne sie doch aus den allerdings noch ganz chimären, in den Kreisen der DOAG aber je nach Temperament laut oder leise gestellten Ansprüchen auf die beiden großen Inseln zu verdrängen. Unter den obwaltenden Umständen freilich war Vohsens Plan, die Zölle an der Küste zu erheben und den Zollverwaltern dort auch die Funktionen der Verwaltungsbehörde zu übertragen, der billigere und daher im Moment bessere, obgleich er den Nachteil bot, daß die oben gekennzeichneten Expansionshoffnungen eine natürliche Stütze verloren. Schließlich hatte Konsul Vohsen auch die Absicht, den Zollstationen Handelsunternehmungen anzugliedern, was wiederum voraussetzte, daß sie sich an der Küste etablierten. So wurde die Idee der Konzentration durch den Gedanken ersetzt, die Zollerhebung auf die Hauptküstenplätze zu verteilen. Da er auch den Beifall des Generalkonsuls fand, der alle Verhandlungen mit dem Sultan führte, wurde jener Zentralisierung keine Beachtung mehr geschenkt.

Von den bestehenden Zollstationen des Sultans wurden Tanga, Pangani, Bagamoyo, Daressalam, Kilwa Kiwindsche, Lindi, Mikin-

---

[1]) Vohsen, Zum deutsch-englischen Vertrag. Berlin, Fontane, 1890 und Vohsen, Ein Kolonialprogramm für Ost-Afrika. Berlin, Fontane, 1891.

[2]) 170000 Rps., welche als Verwaltungskostenbeitrag aus den Erträgen der Zölle der DOAG vertragsmäßig zustanden, bildeten die erste nennenswerte Einnahme aus der Kolonie. S. den Küstenvertrag, Anhang IV.

dani zu Hauptzollstationen, sieben andere: Sadani, Mbweni, Kikunga, Ssamanga, Kilwa Kissiwani, Sudi und Chobe auf Mafia zu Nebenzollstationen gemacht. Außerdem sollte eine größere Anzahl von Prohibitiv- oder Küstenwachen eingerichtet werden.

Die umfangreichen Vorarbeiten für die Einrichtung der Zollverwaltung ließen es anfänglich ratsam erscheinen, die Übernahme bis zum 1. Oktober aufzuschieben. Eine Anzahl von Gründen, insbesondere der pekuniäre Verlust, der entstanden wäre, wenn die Gesellschaft für die Zeit vom 15. August 1888 bis zum 1. Oktober weder die vereinbarten Verwaltungskosten, noch die Kommissionsgebühr von 5 % erhalten hätte, sprachen jedoch dafür, schon mit dem 15. August, dem frühesten Termin, in die Ausübung der vertragsmäßigen Rechte einzutreten. Mit der Mitteilung dieses Entschlusses an den Sultan wurden gleichzeitig einige Wünsche hinsichtlich seiner Unterstützung beim Übergang der Zölle auf die Gesellschaft formuliert, zu denen er gebeten wurde, sich zu äußern.

Sie waren bis auf die gleich zu erörternde Grenzfrage rein formeller Natur und fanden darum auch bald eine zufriedenstellende Beantwortung.

Im Artikel I des Küstenvertrages hieß es, daß der Gesellschaft alle Gewalt zustände, welche der Sultan auf dem Festlande, Mrima, und in seinen Territorien und Dependenzen südlich vom Umbafluß besitze. Die offene Südgrenze dieses Gebietes forderte, wenn anders Schwierigkeiten mit den im Süden angrenzenden Portugiesen vermieden werden sollten, geradezu auf, den Sultan um eine Präzisierung zu bitten. Die besonderen Umstände aber, auf die Generalkonsul Michahelles verwies, zwangen Vohsen, davon Abstand zu nehmen. Im Sommer 1888 nämlich wurden die Verhandlungen über die Absteckung der Südgrenze in Lissabon zwischen Portugal einerseits und Deutschland und England als Vertretern des Sultans andererseits geführt, so daß Seyyid Khalifa wahrscheinlich in Verlegenheit gekommen wäre, wenn man ihn nach der Südgrenze seines Gebietes gefragt hätte. Beide, Portugal wie der Sultan, beanspruchten die Tunghi-Bai. Der Streitfall ist endgültig erst im September 1894 durch einen Vertrag zwischen Deutschland und Portugal entschieden worden[1]). Damals wurde Portugal die Tunghi-Bai zugesprochen, die deutsche Südgrenze jedoch vom Rovuma an das Kap Delgado bei 10° 40′ südlicher

---
[1]) Lyne, a. a. O.

Breite verlegt. Bis dahin galt die Rovumamündung offiziell als der südlichste Küstenpunkt. Während die Südgrenze also unerörtert blieb, stellten sich wegen der Nordgrenze bald mit der englischen Gesellschaft Differenzen ein, die zu lebhaften Auseinandersetzungen führten. Wir übergehen den Gegenstand jedoch. Nach Ausscheidung jener Grenzfrage blieben noch einige andere Streitpunkte übrig. Der Sultan wünschte sie in einer Besprechung erledigt zu sehen, die auf den 31. Mai angesetzt wurde, und ordnete dazu als seine Vertreter Seyyid Mohamed ben Soliman, Scheich Bakaschmar und General Mathews, den englischen Befehlshaber seiner Truppen, ab. Sie sollte im deutschen Konsulat im Beisein von Dr. Michahelles stattfinden. Unter stillschweigender Umgehung zweier wirklich bedeutsamen Punkte, wie der eventuellen Teilnahme der Militärmacht des Sultans bei der Übernahme der Verwaltung und der Zölle im August und dem Wesen des »Borti« [1]) genannten Schlagholzes, einigte man sich bald über die anderen. Die Ergebnisse der Verhandlungen wurden schriftlich fixiert; der Sultan ließ sich jedoch erst nach 14 Tagen herab, die Abmachungen zu unterzeichnen; er entschuldigte sich mit der Fastenzeit, dem Ramadan. Immerhin erfüllte er noch die gegebenen Zusicherungen: Er stellte für eine Küstenreise zur Instruierung der Walis über die künftige Situation seinen Dampfer Barawa zur Verfügung der DOAG und delegierte einen seiner Würdenträger, Soliman ben Nassr, zu dieser Mission. Er forderte die Walis auf, nachdem er ihnen von der Absicht der Gesellschaft, die Zölle am 15. August in eigene Verwaltung zu nehmen, Mitteilung gemacht, dies der Bevölkerung in der landesüblichen Form bekannt zu geben. Zur Besprechung technischer Einzelheiten in der Handhabung der Zollerhebung entsandte er später einen anderen Würdenträger.

Vom 20. bis 30. Juni fand dann auf der Barawa die beabsichtigte Inspektionsreise zunächst an der Südküste statt. Vohsen suchte nacheinander Kilwa Kiwindsche, Lindi, Sudi, Mikindani, Kilwa Kissiwani und Daressalam auf. Die Walis zeigten sich bis auf den alten und einflußreichen, aber lumpig und zerrissen gekleideten Scheich Hamud ben Abdallah in Lindi, der dort mit 54 Askaris für 201 Dollar monatlich das Regiment führte, willfährig. Überall wurde ihnen mündlich ihre künftige Stellung zu

---

[1]) Siehe darüber Artikel VI des Vertrages vom 28. April 1888 (Küstenvertrag) im Anhang IV.

den Zollbeamten der Gesellschaft auseinandergesetzt und Mitteilung von den wichtigsten Rechten der Gesellschaft aus dem Vertrage gemacht. Sowohl Konsul Vohsen, wie der Bevollmächtigte des Sultans überreichten dann Schreiben des Sultans. Diese Proklamation an die Walis zeigt, wie wenig Seyyid Khalifa die Situation, die mit dem Küstenvertrage geschaffen war, verstand oder verstehen wollte. Er spricht, was formal vielleicht noch zulässig war, von bloß mietweiser Überlassung der Zollverwaltung an die Gesellschaft, ergeht sich aber in unklaren und nichtssagenden Redensarten in einem Hauptpunkte, nämlich da, wo es galt, das zukünftige Verhältnis seiner Regierungsorgane zur DOAG zu präzisieren.

Kaum war die Expedition in den letzten Tagen des Juni nach Zanzibar zurückgekehrt, als dem Generalkonsulat von Seyyid Khalifa eine Beschwerde über ihr Auftreten an der Küste zuging. Der Generalbevollmächtigte klärte Dr. Michahelles sofort darüber auf, daß alle diese Ausstellungen Sr. Hoheit sich nicht etwa auf die Formen des mit den Walis gepflogenen Verkehrs bezögen, sondern besagen sollten, daß sich die DOAG in den Belehrungen der Beamten Rechte angemaßt hätte, die ihr nicht zuständen. Die Proklamation schon hatte gezeigt, daß der Sultan sich seiner vertraglichen Verpflichtungen nicht bewußt war. Diese Beschwerde lieferte einen zweiten Beweis dafür.

In seinem Unmut ließ sich Seyyid Khalifa noch zu anderen launenhaften Unhöflichkeiten hinreißen. Er schickte seine Dampfer Barawa und Kilwa mit besonderen Aufträgen aus Zanzibar weg, obwohl ihm mitgeteilt worden war, daß der Generalbevollmächtigte der Gesellschaft schon in den ersten Tagen des Juli seine Orientierungsfahrt nach den Nordhäfen fortzusetzen beabsichtige. Sie verzögerte sich dadurch bis zum 13. Juli und mußte doch noch auf der »Acola«, einem anderen Sultansdampfer, angetreten werden. Nacheinander wurden Bagamoyo, Sadani, Pangani und Tanga besucht, Wanga aber, der unklaren Rechtslage wegen — es bestand ein Streit, ob es zur deutschen oder englischen Interessensphäre gehöre —, übergangen. Nur der Scheich Abdul Kaoni, Wali von Pangani, ein Vollblutaraber aus Maskat und fanatischer Christenfeind, querulierte anfangs, während die übrigen sich zufrieden gaben.

Um zu verhindern, daß Seyyid Khalifa diesmal eine ähnlich ungerechtfertigte Beschwerde, wie nach der Bereisung der Südküste, aufsetzte, hatte Vohsen das Generalkonsulat gebeten, den

Vertrag, insbesondere Artikel 1, offiziell zu interpretieren. Außerdem wurde dem Sultan durch den Generalkonsul ein Auszug aus dem Küstenvertrage vorgelegt, und es heißt, daß er von ihm genehmigt worden sei. Dieser Auszug sollte den Sultansbeamten an der Küste mitgeteilt werden. Wiederum hatte sich der Sultan also nicht herbeigelassen, seinerseits in einer Proklamation unumwunden auszusprechen, welches seine vertraglichen Verpflichtungen seien und so alle seine Organe höchstselbst über den neuen Tatbestand aufzuklären. Ängstlich schien er darüber zu wachen, daß der wahre Sachverhalt niemandem zu Ohren kam. Andererseits »genehmigte« er den von der Generalvertretung in Zanzibar angefertigten Auszug; durfte er sich doch der Einsicht nicht verschließen, daß eine Weigerung als direkter Vertragsbruch angesehen werden würde, und wußte er doch nur zu gut, daß keiner seiner Beamten an den Ernst solcher »erzwungenen« Erklärung glauben würde, die zwar von Sr. Hoheit »genehmigt«, aber nicht dekretiert worden war. Aus Gewohnheit fast witterten diese verschlagenen Araber überall Lug und Trug, und ihre von Mißtrauen und Unmoral angefressene Logik sagte ihnen, daß die tatsächlichen Verpflichtungen des Sultans nur ein von Sr. Hoheit eigenhändig verfaßtes Handschreiben enthalten könne. Den Beweis dafür, daß sich der Sultan sicher war, mit Genehmigung des Auszugs keinen seiner Beamten von der Verbindlichkeit des Inhalts überzeugt zu haben, lieferte er bald darauf in einem Schriftwechsel mit dem Generalkonsulat. Aufgefordert, in einer Proklamation seinen Beamten von sich aus bekanntzugeben, daß die DOAG die gesamte Verwaltung an der Küste übernehmen werde und alle Walis, Akidas und Askaris fortan nur ihren Befehlen zu gehorchen hätten, antwortete er: »Wir sind im Besitz Ihres Briefes vom 24. Juli, dessen Inhalt wir verstanden haben. Wir haben Unseren sämtlichen Beamten schon früher mitgeteilt, daß Wir die Plätze der Ostafrikanischen Gesellschaft mietweise übergeben haben, mit dem Befehl: Bleibt alle auf euren Posten und macht euch keines Ungehorsams schuldig. Von keinem derselben ist mir eine Benachrichtigung zugegangen, daß er darauf nicht eingehe. Jeder, dem es im Dienste nicht gefällt und der seinen Obliegenheiten nicht gerecht wird, wird entlassen und durch einen anderen ersetzt. So Gott will, wird er aber alles zum besten wenden.« Recht betrachtet, ist diese Antwort einfach der Versuch einer Verdunkelung des Tatbestandes.

Aus den eben erörterten Gründen fehlte allen Erklärungen

und Bekanntmachungen der Gesellschaft die überzeugende Kraft, obwohl sie inhaltlich durchaus auf dem Boden des Vertrages standen. So enthielt jene »genehmigte« Erklärung folgende Tatsachen:
1. Die Administration der Küste übernimmt die Gesellschaft im Namen des Sultans. 2. Niemand als die Gesellschaft hat das Recht, Land zu kaufen. 3. Die Gesellschaft hat das Recht, Steuern zu erheben. 4. Die Gesellschaft hat das Recht, Beauftragte im Namen des Sultans zu ernennen und Gerichtshöfe einzusetzen. 5. Alle Forts und unbesetzten öffentlichen Gebäude, ausgenommen die, welche der Sultan zum eigenen Gebrauch behalten will, gehören der Gesellschaft. 6. Alle Kadis ernennt der Sultan. 7. Jeder Beamte, der von der Gesellschaft beschäftigt und kontrolliert wird, wird von ihr bezahlt.

Den Bezirkschefs der Zollverwaltung, die sich im Laufe des Juli auf ihre Posten an der Küste begaben, wurde ebenfalls ein Schreiben an die Walis mitgegeben. Es wiederholte in sechs Punkten die Titel 1, 4 und 7 der oben erwähnten Erklärung und tut den Bestimmungen des Vertrages in keiner Weise Zwang an.

An der Küste standen die Dinge Ende Juli des Jahres 1888 also so: Der Sultan leistet passiven Widerstand. Die Gesellschaft bemüht sich andauernd, in mündlichen und schriftlichen Erklärungen die Bevölkerung und die Sultansbeamten über ihre vertragsmäßigen Pflichten aufzuklären. Zwei Gewalten also, die sich nach Übereinkunft gegenseitig unterstützen sollten, stehen in heftigem Kampf miteinander, der noch dazu mit recht ungleichen Kräften geführt wird. Hier papierne Bekanntmachungen, die niemand ernst nimmt, dort die Solidarität und verbissene Entschlossenheit aller arabischen Elemente, ihre Position nicht zu verlassen.

Die drei Monate von Mitte Mai bis Mitte August, die dazu hätten dienen können, die Bevölkerung an die neuen Herren zu gewöhnen, verstrichen mit dem für die zanzibaritische Diplomatie höchst schmeichelhaften Erfolg, daß jeder Araber in dem Bewußtsein lebte: Unser Sultan in Zanzibar will die Zölle gar nicht abtreten, sie sollen ihm vielmehr geraubt werden; Seyyid Khalifa ist das Opfer der gemeinen Ränke einer Handvoll Ungläubiger.

Diese Überzeugung hatte das Verhalten des Sultans bei seinen Untertanen geweckt, und daraus entwickelten sich späterhin Volksstimmungen, die schließlich zum blutigen Aufstand führten. Anfang August war der Tag schon bedenklich nahe, an dem der Sultan durch die Tat anerkennen sollte, daß er in einem ordnungsmäßig abgeschlossenen Vertrage sich seiner Rechte begeben hatte. Da mag er denn jäh aus seinem Traum von Macht und Größe erwacht sein und in einem Augenblick klaren Erkennens der harten Tatsache seiner Enterbung seinem Vertrauten Nassr Lilany die Weisung gegeben haben, den Küstenbeamten zu befehlen, daß sie sich der Gesellschaft unterzuordnen hätten. Aber es war zu spät. Keiner von ihnen glaubte mehr an den Ernst solcher Dekrete. Seyyid Khalifa hatte die Rolle des Märtyrers zu gut gespielt.

Ja, er selbst fiel nach jener kurzen Anwandlung von Resignation in seine alte Politik passiver Resistenz zurück. Konsul Vohsen ließ ihn am 11. August um eine Audienz bitten und erhielt die Antwort, daß Se. Hoheit jemand zu schicken bereit sei, der Tag und Stunde des Empfangs bekannt geben würde. Vohsen wartete den 12., und als am 13. August noch immer keine Nachricht eingetroffen war, sandte er seinen Dragoman Cudsy, erneuerte seine Bitte und ließ gleichzeitig den Entwurf zu einer Order an die Walis, dem Konsul Vohsen Gehorsam zu leisten, zur Unterschrift überreichen. Der Sultan verweigerte die Unterzeichnung, jedoch, wie der Dragoman erzählte, erst unter dem Eindruck der Einflüsterungen seines alten Ratgebers Bakaschmar, gewährte aber die Audienz. In ihrem Verlaufe verstand er sich schließlich dazu, folgenden Befehl an die Walis anzufertigen: »Der Abschluß des Küstenvertrages hat stattgefunden. Konsul Vohsen ist Mein Vertreter an der Küste. Alle Walis und Askaris haben ihm unbedingten Gehorsam zu leisten und den Bedingungen des Vertrages zwischen Mir und der Gesellschaft nachzukommen.«

Die Wirkung dieses Schriftstückes auf den Wali von Bagamoyo läßt einen tiefen Blick in die Vorstellungen der arabischen Beamten vom Verhältnis zwischen der DOAG und Seyyid Khalifa tun. Der Generalbevollmächtigte ging selbst nach Bagamoyo, um dort persönlich die Zollverwaltung zu übernehmen. Als er am 15. August eintraf und dem Wali sogleich jenen Befehl übergab, war der so konsterniert, daß er sich alsbald die Gnade erbat, beten gehen zu dürfen, doch nur, um mit dem gleichzeitig herübergekommenen Abgesandten des Sultans über den offenbaren Gesinnungswechsel Sr. Hoheit verhandeln zu können. Das Verhalten des Wali ist nur zu verstehen, wenn man bedenkt, daß er bis zum 15. August künstlich in dem Glauben erhalten war, das gute Recht sei auf seiten Sr. Hoheit. Dann aber auch ist es erklärlich, daß er nun trotz aller eigenhändigen Briefe des Sultans nicht mehr von seinen Befugnissen preisgeben wollte, als ausdrücklich befohlen wurde. Darin lag der Keim zum Konflikt, der seit dem 15. August an vielen Küstenorten hell aufloderte. Nicht, daß die DOAG auf ihrem wohlbegründeten Recht bestand, unter der Sultansflagge an demselben Mast die eigene hissen zu dürfen, war die Veranlassung zu den Unstimmigkeiten in Bagamoyo. Es ist vielmehr die Tatsache, daß der Wali sich noch immer als Beamter des Sultans fühlte und daher ein Recht zu haben glaubte, neben den beiden Flaggen auf dem Gebäude der Gesellschaft noch die rote Zanzibar-Fahne auf seinem eigenen Hause wehen lassen zu dürfen. Seiner Unabhängigkeit von der DOAG glaubte er sich auch nicht nach vollinhaltlicher Anerkennung der Sultansproklamation begeben zu haben. Der Generalbevollmächtigte verließ Bagamoyo noch am 16. August, um sich im Verein mit dem Generalkonsul sofort beim Sultan über die Unbotmäßigkeit des Wali betreffs der Flagge zu beschweren und die nötigen Maßnahmen dagegen zu fordern. Es kann gar keinem Zweifel unterliegen, daß die Gesellschaft formalrechtlich in der Lage gewesen wäre, den Wali, der doch bereits ihr Beamter war, abzusetzen. Statt dessen verlegte man sich darauf, durch Überredungskünste den Sultan zur Vertretung der Gesellschaftsrechte zu bewegen. Am Vormittag des 17. August hatte der Generalkonsul, am Nachmittag Vohsen eine Audienz bei ihm, in der sie einen Befehl forderten, daß kein Wali selbständig die Sultansflagge sollte führen dürfen, daß jeder Wali die öffentlichen Gebäude zu übergeben und kein Sultansbeamter in ihnen ohne Erlaubnis der Gesellschaft zu verbleiben habe.

Wieder versprach Seyyid Khalifa, dem Wunsche nachzukommen, wieder zögerte er die Ausfertigung des Dekrets über den 17., über den 18. August hinaus, wieder waren seine Beamten in Bagamoyo und die ganze Clique der Araber der Überzeugung, daß dem Sultan ein Unrecht geschehen solle. In dieser Gewißheit drohten sie, Bagamoyo in Brand zu stecken, wenn eine Entfernung der roten Fahne versucht werde. Abermals hatte die passive Resistenz Sr. Hoheit ihre Wirkung getan. Es war kein Wunder, daß sich der arabischen Bevölkerung eine ungeheuere Erregung bemächtigte.

Die Politik der Zanzibariten hatte es verstanden, die Gesellschaft ins Unrecht zu setzen; den Uneingeweihten erschien ihr Vorgehen als eine Vergewaltigung des Sultanats, während sie doch nur die Wahrung legitimer Ansprüche im Auge hatte. So war es in Bagamoyo, so in Pangani und an anderen Orten.

Als nun der Sultan die geforderte unzweideutige Erklärung an seinen Wali in Bagamoyo noch immer zurückhielt, war es der Generalkonsul Dr. Michahelles selbst, gewiß ein Mann, dem Draufgängertum im Interesse der DOAG nicht nachgesagt werden kann, der Konsul Vohsen den Vorschlag machte, unter Assistenz eines Kriegsschiffes die Sultansflagge vom Walihause in Bagamoyo herunterholen zu lassen. Das geschah denn auch unter größter Schonung der Flagge, ohne Blutvergießen und ohne Widerstand der Araber. Aber merkwürdigerweise nicht ohne eine Rüge der Reichsregierung. Der Sultan beschwerte sich bei ihr über die Beseitigung der Flagge, worauf aus Berlin prompt der Wunsch an die DOAG erging, die Sultansflagge überall zu respektieren. Der Generalkonsul selbst, der Urheber jener Idee, kam in die Verlegenheit, der Generalvertretung von der Stellungnahme des Auswärtigen Amtes Kenntnis geben zu müssen. Nicht genug damit, daß Seyyid Khalifa mit seinem zweifelhaften Benehmen seinen Untertanen den Widerstand gegen die neue Ordnung der Dinge suggerierte und eine unheilvolle Bewegung entfesselte, nun brachte er es auch zuwege, die Organe der Reichsregierung gegeneinander und gegen die Gesellschaft aufzuhetzen.

Am 20. August forderte man von Seyyid Khalifa, daß er den Wali von Bagamoyo in einem besonderen Erlaß nun auch zu seinen übrigen Verpflichtungen anhalte. Er wurde gebeten, jede einzelne ausdrücklich zu nennen, so Übergabe des Walihauses, Hissung der Gesellschaftsflagge dortselbst, und ferner einen Gesandten zu ernennen, der den Befehl in Gemeinschaft mit dem Generalvertreter der DOAG per »Leipzig« überbringen sollte. Auch diese Forderungen enthalten keine Nötigung des Sultans, sie überschreiten durchaus den Rahmen der der Gesellschaft vertragsmäßig zustehenden Rechte nicht; vielmehr sind sie, wie jenes erste von Sr. Hoheit verlangte Dekret vom 17. August, Beweis weitgehender Nachgiebigkeit der Generalvertretung — ob in der militärischen Ohnmacht derselben begründet, lassen wir dahingestellt —, die den Sultan bei der Übernahme der Verwaltung nicht ausschalten wollte oder konnte. Um so mehr aber muß es wunder nehmen, daß Seyyid Khalifa auch hier wieder, wie schon oftmals vorher, das bewährte Mittel der Verschleppung in Anwendung brachte. Er nahm »Kenntnis« von den Anträgen der Generalvertretung und — reiste nach seiner Schamba ab. Vohsen wartete den folgenden Tag, den 21. August, ab und verließ dann zur festgesetzten Stunde auf einem Kriegsschiff Zanzibar, um auch ohne Sultansdekrete nach Bagamoyo zu gehen. Da — die »Leipzig« hatte sich schon in Bewegung gesetzt — wurde der Befehl noch an Bord gebracht.

Es ist immer wieder dasselbe Bild: Der Sultan fortgesetzt vor absolut gerechtfertigten Forderungen der Gesellschaft; sie erscheinen ihm ungeheuerlich, weil er fühlt, daß sie seine Machtstellung zu untergraben geeignet sind; er kann sich nicht dazu aufraffen, sie anzuerkennen, und hofft, durch Verschleppung der Antwort den Gang der Ereignisse aufzuhalten; so geht es einen Tag und einen zweiten; dann entschließt sich der Generalvertreter zu selbständigem Handeln im Interesse der DOAG und des Ansehens der deutschen Nation; der Sultan erwacht aus seinem Traum vom islamitischen Kalifenideal und gibt seine Zustimmung, aber er gibt sie mit Hast, weil er gleichzeitig fühlt, daß er im Begriff ist, sich selbst zu vernichten.

Wir fragen uns, wie sich die passive Resistenz des Sultans erklärt, welche psychologischen Wurzeln sie hat. Es ist höchst wahrscheinlich, daß er für seine Unabhängigkeit und Machtstellung fürchtete, und daß der ganze Komplex der exklusivaristokratischen, islamitischen Vorstellungen, die ihn wie jeden Araber beherrschten, sich auflehnte gegen die Zumutung, einem Ungläubigen Konzessionen zu machen; aber wir haben auch vollgültige Beweise, daß der schwache, etwas beschränkte Khalifa unter dem Einfluß einer fanatisch erregten Partei, vom alten Bakaschmar geführt, stand. Dieser diktierte ihm jene Kunktatorpolitik, die unter Seyyid Bargasch scheinbar so glänzende Triumphe gefeiert hatte. Aber Bargasch war konsequent gewesen; einmal angefangen, hatte er mit der Zähigkeit, die ihn auszeichnete, die Zollverhandlungen von Monat zu Monat hingezogen, selbst weite Seereisen zu diesem Zwecke unternommen, und war schließlich gestorben, ohne seine diplomatischen Grundsätze aufgegeben zu haben. Vom Schwächling Khalifa erwartete man solche Zähigkeit umsonst. Mit jedem Zugeständnis an die DOAG mußte Bakaschmar einsehen, daß von diesem Manne keine Rettung der arabischen Sache zu erwarten sei. So ließ man ihn fallen und begann den Kampf auf eigene Faust gegen die Ungläubigen und gegen den Sultan selbst. Erschien Seyyid Khalifa im ersten Stadium des Aufstandes noch als der Vergewaltigte, so galt er jetzt als der Verräter an der Sache des Propheten.

Diese Wendung fand Ende August ihren ersten Ausdruck in dem Übergang der irregulären Sultanstruppen zu den aufständischen Eingeborenen in Pangani, welche gegen die DOAG rebellierten. Die in den zanzibaritischen Gewässern kreuzenden Schiffe des Reiches waren zum Empfange des Admirals Deinhard nach der Mandabucht in der Nähe von Witu gefahren; der Sultan war an seine Pflicht erinnert, die Durchführung des Küstenvertrages mit allen Mitteln zu sichern und hatte Truppen nach Pangani geschickt, jedoch nicht reguläre, wie verlangt, sondern irreguläre. Sie fraternisierten mit den Aufständischen und blockierten die dortigen Beamten in der Station. Das veranlaßte Konsul Vohsen Anfang September, den Sultan abermals zu bitten, 100 Reguläre nach Pangani zu schicken. Wieder sagt der Sultan seine Hilfe zu, wieder tut er nichts, sein Versprechen einzulösen. Als er sich gar weigert, es zu tun, dampft Konsul Vohsen zum Geschwader ab, um hier Hilfe für Pangani zu holen. Erst jetzt bequemt sich der Sultan zur Aussendung von 100 Regulären unter General Mathews. Doch auch sie machen mit den Aufständischen gemeinsame Sache.

Unter diesen Umständen wurden die Gesellschaftsbeamten von Pangani und Kikogwe zurückgezogen und damit am 8./9. September der erste Platz an der Küste geräumt.

Mit Mathews, der trotz der Autorität, die er in allen arabischen Kreisen genoß, dem Wirbel der Erregung in Pangani nur durch schleunige Abreise entgangen war, kam eine Rebellendeputation von ebendort zur friedlichen Beilegung der Differenzen nach Zanzibar. Am 16. September trug sie dem Sultan ihre Beschwerden und Wünsche vor. Alle Einwendungen des Vertreters der DOAG bezeichnete Se. Hoheit als unzutreffend und machte dazu so übellaunige Bemerkungen, daß General Mathews, der als Dolmetscher fungierte, sie sich zu übersetzen scheute. So verlief die Audienz resultatlos, zeigte aber, wie unter bengalischer Beleuchtung, wo jetzt der Feind stand: Die Küstenaraber waren im Begriff, eine pan-arabische Bewegung zu inszenieren. Verlangten sie doch nichts Geringeres als die Entfernung aller Europäer vom Festlande: Und dies mutete man dem Sultan zu, der eben erst einen Vertrag mit entgegengesetzter Tendenz unterzeichnet hatte. Seyyid Khalifa nahm das nicht nur ruhig hin, sondern entließ die Gesandtschaft, ohne sie, deren Mitglieder doch Rebellen waren, bestraft zu haben. Beides, Mathews eiliger Rückzug von Pangani, wie das anmaßende Auftreten der Rebellendeputation, erbringt den Beweis, daß Seyyid Khalifas Autorität an der Küste bereits Anfang September erschüttert war. Er hatte jeden Einfluß auf den Gang der Ereignisse verloren.

Doch, bevor das Heft seinen Händen für immer entglitt, machte er noch einmal den plumpen Versuch zur Rettung seiner Position. Er verließ den bisher ohne Erfolg betretenen Weg, sich mit passivem Widerstand über alle Schwierigkeiten hinwegzuhelfen und trat an den Generalkonsul mit zwei positiven Vorschlägen heran. Nach Pangani und Tanga wollte er zwei Gouverneure entsenden und drückte ferner den Wunsch aus, daß sich die Gesellschaft vorderhand an der Küste mit den Zöllen begnügen möchte. Seine Absicht war wohl, zunächst unter Ausschaltung des Rechts der Gesellschaft, Beamte zu ernennen, mit eigenen ergebenen Gouverneuren auf der Mrima wieder festen Fuß zu fassen und diesen Status durch Verschleppungen auch späterhin aufrecht zu erhalten. Man durchschaute ihn. Der Generalkonsul erwiderte, daß er die Vorschläge Sr. Hoheit zur Grundlage weiterer Verhandlungen unter der Voraussetzung machen wolle, daß die Maßregeln nur für eine beschränkte Zeit, etwa sechs Wochen bis zwei Monate, Gültigkeit hätten und den Küstenvertrag nicht hinfällig machten. Dr. Michahelles berichtete nun über die Propositionen nach Berlin. Bismarck erklärte sich mit der Ernennung zweier Walis für Pangani und Tanga seitens des Sultans einverstanden und traf über den Kopf der Gesellschaft hinweg durch den Generalkonsul mit Seyyid Khalifa eine diesbezügliche Verabredung. Die Bewegung der Küstenleute war jedoch nicht mehr zu dämpfen, am wenigsten durch derartige Beschwichtigungsversuche ihres angestammten Sultans. Mit Seyyid Khalifa waren Buschiri und die anderen Führer der Rebellen fertig. Die Flamme der Empörung sollte nach ihrer systematischen Hetze in wenigen Tagen an den bedeutendsten Küstenorten gleichzeitig emporlodern.

Es war am 22. September, als der Aufstand fast wie auf ein gegebenes Zeichen in allen Küstenplätzen gleichzeitig losbrach. Erst jetzt war das Schicksal der Gesellschaft besiegelt. Pangani und Tanga waren bereits preisgegeben; nun flohen die Beamten auch aus Lindi und Mikindani. Sie entkamen noch rechtzeitig, während die in Kilwa Kiwindsche stationierten ermordet wurden. Nur Bagamoyo und Daressalam hielten sich noch.

Seit den ersten Zwischenfällen am 16. August war die Kaiserliche Marine, wo immer sie für die Gesellschaft eintrat, nicht anders engagiert worden, wie das geschehen wäre, wenn irgendwo auf fremdem, völkerrechtlich anerkanntem Territorium ein beliebiger deutscher Staatsangehöriger Schutz von ihr gefordert hätte. Wo die Marine intervenierte, wie in Pangani, Tanga und Bagamoyo, lag nicht die Absicht vor, der DOAG ihre mit dem Küstenvertrage überkommenen Hoheitsrechte und -Pflichten, insbesondere die Pflicht polizeilichen Schutzes von Leben und Eigentum der Küstenbewohner, abzunehmen und auf Rechnung der Reichsregierung durchzuführen. Das hätte dem Bismarckschen Programm und dem Kaiserlichen Schutzbrief widersprochen. Die DOAG konnte, wenigstens nach Ansicht des Generalkonsuls und des Admirals, einen Anspruch auf die Unterstützung des Reichs nur in den Grenzen des üblichen konsularischen Schutzes erheben.

Nur in diesem Zusammenhang wird es verständlich, daß die Kriegsschiffe der ostafrikanischen Station, obwohl es im Küstengebiet bereits brodelte, am 1. September ihren Posten verließen, um dem Admiral Deinhard, der zum Höchstkommandierenden des ostafrikanischen Geschwaders ernannt worden war, nach Lamu entgegenzufahren.

Mit dem 22. September hatte das Vorspiel des Aufstandes sein Ende gefunden. In dieser Zeit hatten sich die Organe der Gesellschaft aus ihren Positionen an der Küste bis auf Bagamoyo und Daressalam und aus den meisten Stationen des Innern zurückziehen müssen; die Ausübung der Hoheitsrechte, die Einziehung der Zölle und jede wirtschaftliche Tätigkeit war lahmgelegt. Herren an der Küste waren die Rebellen. An eine Rückkehr wagte man vor Ablauf von ein bis zwei Jahren nicht zu denken, und in den Kreisen der Gesellschaft herrschte die Überzeugung, daß die Losung für die weitere Entwicklung nur heißen konnte: Entweder übernimmt das Reich die Kolonie, oder die DOAG verlangt eine Abänderung des Vertrages.

Langsam und zögernd entwickelten sich die Verhältnisse von nun an ab in der ersten Richtung. Der 22. September bedeutete einen Wendepunkt in der Geschichte der DOAG und der ostafrikanischen Kolonie.

Die Marine hatte bis Ende September hier und da in einem der Häfen ihre Flagge gezeigt, war bedrängten Deutschen auch durch Landungskorps zu Hilfe gekommen, hatte es aber ausdrücklich abgelehnt, »für Zwecke der Deutsch-Ostafrikanischen Gesellschaft verwendet zu werden.« Grundsätzlich blieb der Geschwaderchef nun zwar auch nach dem Fall der meisten Küstenplätze auf diesem Standpunkt, stationierte in Bagamoyo und Daressalam nur darum Schiffe, weil er dort die Ankunft der Deutschen aus den Kinganistationen erwartete und war entschlossen, die Anker zu lichten, wenn die Flüchtigen an Bord wären. Tatsächlich aber diente die dauernde Anwesenheit der Kriegsschiffe in den Häfen den Zwecken der DOAG. Als dann Anfang Oktober Admiral Deinhard Daressalam und Bagamoyo aufgeben wollte, erwirkte die Gesellschaft beim Auswärtigen Amt den Befehl, die Plätze nicht zu verlassen. Da gab denn auch der Admiral den bisher grundsätzlich festgehaltenen Standpunkt auf und setzte sogar zu militärischen Operationen gegen die Aufständischen Matrosen ans Land.

Allerdings verdankte die DOAG diese wirkungsvolle Unterstützung weniger einem kühnen Entschluß des Admirals als dem glücklichen Zufall. Der leitende Gesellschaftsbeamte in Bagamoyo, Herr v. Gravenreuth, hatte den Admiral eines Tages gebeten, an Land zu kommen, um in Gemeinschaft mit ihm auf die Nilpferdjagd zu gehen. Der Admiral folgte der freundlichen Einladung. Er war noch nicht an Bord des Kriegsschiffes zurückgekehrt, als plötzlich ein Angriff der Aufständischen auf Bagamoyo erfolgte. Der Kommandant des Schiffes war sich der Größe der Gefahr, in welcher der Admiral schwebte, bewußt und erkannte klar, was alles auch in politischer Beziehung auf dem Spiele stand, wenn der Oberbefehlshaber des deutschen Geschwaders gefangen genommen oder gar getötet wurde. Er ließ darum Truppen ans Land gehen, denen es im Verein mit den Streitkräften der Gesellschaft auch gelang, die Angreifer zurückzudrängen, ohne selbst Verluste zu erleiden. Der Admiral war aus der Gefahr befreit. Obwohl nun weder der Tod noch die Verwundung eines Angehörigen der Marine zu beklagen war, soll der Admiral noch Tage danach auf dem Deck des Schiffes erregt einhergegangen sein, weil er fürchtete, die mit der Truppenlandung vollzogene Überschreitung seiner Befugnisse fühlen zu müssen.

In der Heimat dachte man jedoch anders. Eine Maßregelung erfolgte nicht, vielmehr schien man von der Erkenntnis angenehm berührt, daß es offenbar leichter sei, mit den Rebellen fertig zu werden, als man es sich bisher gedacht hatte.

Wenn von nun an auch das Reich sich für Zwecke der Gesellschaft mit den Kriegsschiffen der ostafrikanischen Station zur Verfügung stellte, so glaubte man im Auswärtigen Amt Anfang Oktober doch noch immer, daß es der Marine gelingen werde, mit Unterstützung der Sultanstruppen den Aufstand niederzuschlagen. Man übersah, daß die Autorität des Sultans ein historischer Begriff geworden war und daß nicht nur die Küstenaraber, sondern auch seine Regulären selbst sich von ihm losgesagt hatten, ja, daß der Sultan noch immer gegen die DOAG intriguierte. Man hatte ihn wiederholt aufgefordert, den unzuverlässigen Wali von Daressalam abzuberufen. Seyyid Khalifa beließ ihn mit der Begründung in seiner Position, daß er beauftragt sei, die Revenuen Sr. Hoheit einzuziehen und seine Schambas zu verwalten.

Vom Widerstande des Sultans Seyyid Khalifa führte, wie wir in den eben beendeten Ausführungen zeigten, eine direkte Linie zum Ausbruch des Aufstandes. Wir sehen in diesem Widerstande die eigentliche Ursache der ganzen gegen die Gesellschaft gerichteten feindlichen Bewegungen. Dieselbe Überzeugung vertritt ein Bericht des Generalkonsuls Michahelles an das Auswärtige Amt. Hätte die Etablierung der deutschen Zollverwaltung noch zur Zeit Seyyid Bargaschs geschehen können, so meint der Generalkonsul, dann wäre ein Aufstand unmöglich gewesen. Die kräftige Hand des energischen, oft brutalen Mannes hätte jede Auflehnung im Keim erstickt. Gewiß mag diesen oder jenen der Rebellen die Befürchtung in den Kampf getrieben haben, sein seither mit reichem Gewinn betriebenes Sklavengeschäft aufgeben zu müssen, bei anderen mögen religiöse Motive wirksam gewesen sein; es steht aber auf Grund des zugänglichen Materials fest, daß niemals im ganzen Verlauf der Aufstandsbewegung der Fanatismus oder das materielle Interesse als das die Massen oder auch nur lokal begrenzte Teile derselben beherrschende Motiv in Erscheinung getreten ist. Ein weniger korruptes Staatswesen als das Sultanat mit einer energischen Verwaltungs- oder Militärbehörde oder wenigstens mit einem zielbewußten oder rücksichtslosen Sultan an der Spitze hätte allen Aufstandsgelüsten von vornherein den Boden entzogen.

Wieweit etwa die an der Küste ansässigen englischen Inder einen aufreizenden Einfluß ausgeübt haben, wird sich nie ermitteln lassen. Es ist kein derartiger Fall bekannt geworden, jedoch steht es fest, daß sich in den Wochen, welche dem Ausbruch des Aufstandes voraufgingen, unter den Indern Mißstimmung gegen die Gesellschaft gezeigt hat. Schon von Indien her wurden sie durch die Tageszeitungen gegen Deutschland mobil gemacht, insbesondere durch die Bombay-Gazette, die keine Gelegenheit vorübergehen ließ, um ihrem Unmut darüber Luft zu machen, daß nicht ganz Ostafrika eine Beute Englands geworden war. Dann auch fürchteten die Inder damals, daß ihnen durch die Neuordnung der Dinge diejenigen Handelsvorteile verloren gehen könnten, welche der englisch-zanzibaritische Vertrag einschloß. Natürlich hegte die DOAG niemals derartige Absichten, die eine offenkundige Verletzung ihrer vertraglichen Verpflichtungen gewesen wären und den schärfsten Widerspruch Englands hätten heraufbeschwören müssen. Was sie allein im Auge hatte, war, sich die ihr rechtmäßig zustehenden Zolleinnahmen in ihrem Verwaltungsgebiet in vollem Umfange zu sichern und dementsprechend auch die Inder zur Zahlung ihrer Zollverpflichtungen anzuhalten. Nun besaßen die Inder aber das Recht, den Zoll nach Belieben an der Küste oder in Zanzibar entrichten zu dürfen. An diesem Vorrecht stieß sich die DOAG. Sie befürchtete, daß es bei den Indern noch mehr als bisher Grundsatz werden könnte, überhaupt nur noch in Zanzibar zu zahlen. Damit aber hätte die korrupte Zollverwaltung des Sultanats, über die man nur ein noch völlig ungeklärtes Kontrollrecht besaß, den weitaus größten Teil der Einnahmen aus den Zöllen in die Hand bekommen. Es waren unangenehme Perspektiven, die sich mit solchem Zustande vor der Gesellschaft auftaten: ständige Reibereien mit dem Sultan, Verkürzung der Zollerträgnisse und anderes mehr. Dem suchte die DOAG durch die Einführung einer Garantie zu begegnen, die — so war es zuerst gedacht — in Gestalt einer Geldsumme von jedem exportierenden Inder bei der Küstenzollstation hinterlegt und nur zurückgezahlt werden sollte, wenn der Zoll in Zanzibar ordnungsmäßig gezahlt war. Von diesem Modus kam man jedoch bald zurück und erklärte sich mit einem Bürgschaftsschein zufrieden, den zwei solvente Persönlichkeiten unterzeichnet hatten.

Trotzdem verlautete Ende Juni gerüchtweise, daß sich die britischen Untertanen zu indirekter Widersetzlichkeit verschworen hätten. Noch aber stand man mit dem englischen Generalkonsul, Colonel Euan Smith, wenigstens in korrekten Beziehungen. Als ihm von dem Gerücht Mitteilung gemacht wurde, versprach er, vorbeugende Maßregeln ergreifen zu wollen. Die Unzufriedenheit der Inder war aber nun einmal da. Sie ist jedoch das einzig Positive, was sich über die Haltung dieser Leute in den kritischen Augenblicken ermitteln läßt.

Als sich dann Mitte August die Ereignisse in Bagamoyo überstürzten, waren es gerade die Inder, welche am lautesten um Hilfe riefen. Sie behaupteten, daß der eingeborene Pöbel die Absicht hätte, ganz Bagamoyo in Flammen aufgehen zu lassen, forderten von der Gesellschaft Schutz und wandten sich schließlich an den britischen Generalkonsul, der dem Generalvertreter seinerseits bekannt gab, daß er ein britisches Schiff zum Schutz der bedrohten Interessen der Inder entsenden werde, wenn kein deutsches vorhanden sei. Ein Recht dazu hatte er gewiß, handelte es sich doch um das Gebiet des Sultanats. Durfte die Gesellschaft aber, wenn anders sie das Prestige des deutschen Namens nicht untergraben wollte, einer solchen Intervention mit Ruhe zusehen? Es ist glücklicherweise zur Entsendung eines englischen Schiffes nicht gekommen, so daß die DOAG von einer Situation verschont blieb, die nur neuen Zündstoff in die deutsch-englischen Beziehungen getragen hätte.

Trotzdem wurde das Verhältnis der Gesellschaft zu dem englischen Generalkonsul von Tag zu Tag schlechter und endete schließlich mit einem Eklat. Es trat ein Ereignis ein, welches den ganzen Zorn des temperamentvollen Mannes über die DOAG heraufbeschwor. Dr. Michahelles war es bei den Verhandlungen zum Küstenvertrage fast unbemerkt gelungen, ein Kontrollrecht der Gesellschaft über die Zollbeamten des Sultans einzuflechten. Da der DOAG in Zanzibar eine direkte Erhebung der Zölle auch nicht für diejenigen Waren zustand, welche aus ihrem Vertragsgebiete kamen, so wollte sie wenigstens von jenem Kontrollrecht Gebrauch machen, als sie sich Anfang Oktober aus fast allen Küstenplätzen zurückgezogen hatte. Der Sultan selbst stellte die Räumlichkeiten gegen einen Mietzins zur Verfügung und brachte damit sein Einverständnis zum Ausdruck. Bei den ankommenden Exporten sollte die Kontrolle nun in der Weise ausgeübt werden, daß indische oder syrische Beamte, welche unter dem Befehl der Sultansverwaltung standen, von der Gesellschaft aber bezahlt wurden, bei der Ankunft der Schiffe zugegen waren. Sie hatten die Aufgabe, die Deklaration mit den Gütern zu vergleichen und die Erhebung des Zolles zu überwachen. Der Zöllner selbst war ein Beamter des Sultans und hatte, wenn die Güter an der deutschen Küste verladen worden waren, den Betrag sofort an den Kassenbeamten der DOAG weiterzugeben. Allmonatlich machten dann die Kassierer der beiden Parteien Abschlüsse und verglichen sie, worauf die vereinnahmte Summe mit den vertragsmäßigen Abzügen von der Gesellschaft dem Sultan übersandt wurde, der sich die Richtigkeit von seinen Behörden bestätigen ließ.

Man kann der Meinung sein, daß diese Organisation mehr als eine Kontrolle war. Aber man dürfte zu weit gehen, wenn man, wie das Colonel Euan Smith offenbar tat, die einzelnen, ziemlich weitgehenden Eingriffe in die Zollverwaltung des Sultanats allein dem politischen Ehrgeiz der DOAG zuschreibt. Die notorische Unzuverlässigkeit der zanzibaritischen Beamten erklärt die Maßnahmen zu einem guten Teil. Der englische Generalkonsul aber begann für Zanzibar und die Trümmer des englischen Einflusses zu fürchten und ließ nun die Maske fallen. In einer Unterredung mit dem Generalvertreter der Gesellschaft erklärte er die Zollverordnung I[1]) »als eine Verletzung der Rechte der englischen Untertanen«, schwur im Beisein seines Vizekonsuls, daß er die DOAG aus dem Zollhause wieder hinausdrängen werde und drohte beim Abschiede mit den geheimnisvollen Worten: »Little causes may have great results.«

So war denn auch die Opposition des offiziellen England zur Tatsache geworden. Welchen Einfluß sie etwa auf den Fortgang des Aufstandes gehabt hat, läßt sich auch hier nicht ermitteln, daß sie aber nicht geeignet war, die Schwierigkeiten, vor denen die Gesellschaft an der Küste sowohl, wie in Zanzibar, beim deutschen Generalkonsul und bei der Reichsregierung stand, einer befriedigenden Lösung entgegenzuführen, liegt auf der Hand.

Übrigens blieb die Bemerkung Colonel Euan Smith's, nicht eher ruhen zu wollen, als bis die Gesellschaft das Zanzibarzollhaus wieder verlassen habe, keine leere Drohung. Im Januar 1889 verbreitete sich in der Stadt das Gerücht, daß die Engländer beabsichtigten, die Zentralzollerhebung zu pachten. Es erhielt sich so hartnäckig, daß Dr. Michahelles dem Auswärtigen Amte darüber Mitteilung machen zu müssen glaubte. Auch dieses hielt die Angelegenheit für ernst genug, um an Lord Salisbury eine bezügliche Anfrage zu richten und gleichzeitig zu erklären, daß eine Übernahme der Zölle durch eine rivalisierende englische Gesellschaft nicht wünschenswert sein könne. Lord Salisbury gab, ohne das Gerücht selbst anzuzweifeln, derselben Meinung Ausdruck. Einige Tage später teilte die englische Botschaft in Berlin der Reichsregierung mit, daß Colonel Euan Smith — der sich offenbar grundlos über die Gesellschaftsbeamten beschwert hatte — wiederholt angewiesen sei, »mit Mäßigung und Vorsicht im Einvernehmen mit seinem deutschen Kollegen und der den deutschen Beamten schuldigen Rücksicht zu verfahren«.

Neben der englisch-indischen Opposition ist dann später noch, und zwar von amtlicher Stelle, als eine »Triebfeder« des Aufstandes die Verordnung der Gesellschaft über die Anlegung von Grund-

---

[1]) Anhang V.

büchern[1]) genannt worden. Dr. Michahelles konstatierte im Sommer des Jahres 1889, die Verordnung sei von den Küstenleuten dahin verstanden worden, daß die DOAG sie nach Ablauf von 6 Monaten ihres Besitzes berauben wolle. Die Verordnung sei auch insofern verfehlt gewesen, als die Grundbesitzer infolge der üblichen Wechselwirtschaft beim besten Willen nicht in der Lage gewesen wären, die genauen Grenzen ihrer Schamben anzugeben. Dem hielt die Gesellschaft entgegen, daß sie eigentliche Besitztitel niemals verlangt, sich vielmehr mit der bloßen Angabe der Grenzen begnügt habe. Es seien überdies nur wenige Eintragungen in Bagamoyo getätigt worden.

Die Widerlegung ist äußerst schwach. Kam es doch zur Durchführung der Verordnung, die erst am 16. August erlassen worden war, eben nur darum nicht, weil es der Aufstand verhinderte, und wenn ferner, wie der Generalkonsul will, die Verordnung tatsächlich eine Triebfeder des Aufstandes gewesen sein sollte, so versteht es sich, daß eben die in ihr enthaltene rigorose Forderung eines »genügenden« Nachweises der Erwerbs- und Eigentumsrechte die Bevölkerung erregt haben muß, und daß es ganz bedeutungslos ist, ob sich die Gesellschaft nachträglich entschlossen hat, von der Forderung abzusehen oder nicht.

Es bestehen noch andere Tatsachen, die es wahrscheinlich machen, daß die Verordnung zum mindesten deplaziert war. Als ein Motiv des Erlasses nannte die Generalvertretung in der kritischen Zeit des Jahres 1888 zwar das Bestreben, folgenschweren Mißverständnissen bezüglich der Eigentumsrechte von vornherein aus dem Wege zu gehen, sie erklärte jedoch gleichzeitig in einem Heimatsbericht, daß man auf niemals urbar gemachtes Land überhaupt keinen Rechtstitel anerkennen werde. Im August 1888 also war die DOAG noch nicht so bescheiden wie ein Jahr später in der Entgegnung auf die Anklagen des Generalkonsuls. Als diesem ferner Anfang August 1888 nahegelegt wurde, die drei Verordnungen über die Zölle, die Gerichtsbarkeit und das Grundbuch[1]) dem Sultan vorzulegen, hatte er sich nicht dazu verstehen wollen. Es läßt sich nicht feststellen, welche Überlegungen Dr. Michahelles zu seiner ablehnenden Haltung veranlaßt haben, noch läßt sich ermitteln, ob er seinen Standpunkt später aufgegeben hat. Tatsache ist, daß die Verordnungen am 16. August erlassen worden sind. Der Aufstand verhinderte an fast allen Plätzen ihre Durch-

---

[1]) Anhang V und VI.

führung, und wo sie dennoch statthatte, wie in Bagamoyo, befleißigte man sich großer Zurückhaltung. Die Frage aber, ob sie einen Einfluß auf den Ausbruch des Aufstandes gehabt hat, wird offen bleiben müssen, da nichts bekannt geworden ist, was als Beweis dafür angesehen werden könnte. Ende Oktober — bis auf Mpapua und Aruscha-Moschi waren damals auch alle Binnenstationen verlassen worden — schien der Fluß der Ereignisse ins Stocken zu kommen. Die DOAG befand sich in einer kläglichen Situation. Erneute energische Vorstellungen der Generalvertretung in Berlin aber konnten mit dem verheißungsvollen Hinweis darauf beantwortet werden, daß die Reichsregierung energische Maßregeln zur Unterdrückung der Revolution vorbereite. Wie leicht konnte Bismarck bei seiner Absicht, der schönsten unter den deutschen Kolonien mit Reichsmitteln beizustehen, der Vorwurf gemacht werden, daß er seine kolonialpolitischen Grundsätze zu verlassen im Begriff sei. Das hätte den zahlreichen prinzipiellen Gegnern einer deutschen Kolonialpolitik ein Recht zur Opposition in einer hochbedeutsamen nationalen Frage gegeben und die Freunde der Kolonialsache daran gehindert, sich rückhaltlos für seine Forderungen einzusetzen.

Es scheint nur unter dieser Voraussetzung verständlich, daß Bismarck in den Monaten November, Dezember, Januar 1888/89 alle Forderungen für Ostafrika im Namen der Zivilisation und Humanität zur Unterdrückung des Sklavenhandels und der Sklavenjagden an den Deutschen Reichstag stellte. In Ostafrika standen diese Dinge jedenfalls nicht im Vordergrunde der revolutionären Bewegung, die sich einfach gegen die DOAG richtete, weil sie sich nach den arabischen Anschauungen widerrechtlich in den Besitz der politischen Herrschaft über das Küstengebiet des Sultanats gesetzt hatte. Der Gegenstand der blutigen Auseinandersetzung, die sich in Ostafrika vorbereitete, war die politische Selbstbestimmung der Araber jener Küstenstriche; es gibt in der ganzen Vorgeschichte des Aufstandes kein Symptom, das auf eine andere Ursache deutet. Es ging um die Zukunft einer deutschen Kolonie, den Verlust oder Fortbestand deutschen Territoriums.

Wenn Bismarck die Millionen für Ostafrika gegen den Handel mit Menschen forderte, so rettete er mit einem diplomatischen Kunstgriff die zarte Pflanze der deutschen Kolonialpolitik vor einem frühen Tode. Die Kreuzzugspredigten des Kardinals Lavigerie in Frankreich, England und Belgien, die Gürzenich-Versammlung der deutschen Katholiken in Köln zeigten ihm das

Mittel, wie den ostafrikanischen Verhältnissen wieder anfzuhelfen war. Gegen Sklavenhandel und Sklavenjagd! war die Devise. Unter dieser Flagge forderte Bismarck nun England auf, sich aktiv an einer Blockade der ostafrikanischen Küste zu beteiligen. Wohl wissend, daß der Aufstand in Ostafrika auch die Mombasgesellschaft, die eben ihre Tätigkeit im britischen Interessengebiet begonnen hatte, hinwegfegen konnte, sagte das kluge Albion seine Unterstützung zu. Am 2. Dezember mittags wurde die Blockade eröffnet. Die Reichsregierung unternahm damit den zweiten Schritt zur direkten Unterstützung der DOAG und stellte sich neuerdings »für Zwecke der Gesellschaft« zur Verfügung.

Darüber hinaus bereitete der Kanzler aber auch eine Aktion des Deutschen Reichstages vor. Bereits Anfang November 1888 war der Gesellschaft die Verheißung geworden, daß energische Maßregeln gegen den Aufstand ergriffen werden würden. Die Thronrede zur Eröffnung des Parlaments vom 22. November 1888 stellte eine Regierungsvorlage in Aussicht, die sich mit Ostafrika beschäftigen sollte. Ein Antrag Windthorst, der am 14. Dezember im Plenum verhandelt wurde, kam der Reichsregierung gerade recht. Forderte er doch von ihr, daß sie die Versprechungen der Thronrede einlösen solle; sprach er doch aus, daß der Reichstag bereit sei, auch weitere Maßregeln der Regierung zur Unterdrückung des Negerhandels und der Negerjagden zu unterstützen; wurde er doch schließlich mit einer imposanten Mehrheit gegen Freisinn und Sozialdemokratie angenommen[1]). Graf Herbert Bismarck beeilte sich zu erklären, daß dem Reichstage eine diesbezügliche Vorlage zugehen werde, und am 30. Januar 1889 wurde der Entwurf eines Gesetzes betreffend Bekämpfung des Sklavenhandels und Schutz der deutschen Interessen in Ostafrika in dritter Lesung vom Reichstage angenommen. Richter und Bamberger, die scharfsichtigen Gegner des Fürsten, blieben mit dem Vorwurf allein, daß der Kanzler im Begriff sei, den kolonialpolitischen Kurs zu ändern.

Die Expedition Wissmann, die auf Grund dieses Gesetzes ausgerüstet wurde, ist somit die dritte Maßregel der Reichsregierung, mit der sie sich für Zwecke der Gesellschaft zur Verfügung stellte. Sie tat das in einem Umfange, daß der DOAG politische Rechte überhaupt nicht mehr verblieben Als Hoheitsgesellschaft hörte sie de facto zu bestehen auf, und die erste Reichskolonie, wenn

---

[1]) Herrfurth, Fürst Bismarck und die Kolonialpolitik. 8. Band der Geschichte des Fürsten Bismarck in Einzeldarstellungen. Herausgeg. von Joh. Penzler, Berlin 1909.

auch nicht offiziell, war geschaffen. Der Reichskommissar **Wissmann** gab die Verwaltung der Küste nicht wieder aus der Hand. Noch ehe der Reichstag seine Zustimmung zu dem Gesetz gegeben hatte, fragte das Auswärtige Amt bei der Berliner Direktion der DOAG an, ob gegen eine Übernahme von Gesellschaftsbeamten in die **Wissmanntruppe** Bedenken beständen. Da das nicht der Fall war, ließ das Auswärtige Amt durch das Generalkonsulat in Zanzibar, über den Kopf der dortigen Generalvertretung hinweg, direkt mit den Beamten der DOAG wegen des Übertritts zur Reichsexpedition verhandeln. So unerheblich der Vorgang an sich ist, so lebhaft zeigt er doch die Fülle von Problemen, die entstehen mußten, wenn es neben dem Reichskommissariat auch weiterhin eine Gesellschaft, die Hoheitsrechte ausüben wollte, gab. Eine Beseitigung dieser Schwierigkeiten mußte die nächste Aufgabe sein. Um an ihrer Lösung teilzunehmen, wurde der Generalvertreter Konsul **Vohsen** nach ca. achtmonatiger Anwesenheit in Zanzibar am 15. Januar nach Berlin gerufen. Seine Vertretung übernahm v. St. **Paul-Illaire**, der bisherige Leiter des Zolldepartements.

Am 12. Februar 1889 erhielt **Wissmann** seine Instruktionen[1]. Sie halten bezüglich der künftigen Stellung der DOAG grundsätzlich daran fest, daß die aus dem Küstenvertrage hergeleiteten Rechte der Gesellschaft auch weiterhin verbleiben und unverändert fortbestehen sollen. Die dem Reichskommissar zugestandene Beaufsichtigung der Verwaltung in den der Gesellschaft unterstellten Gebieten folgte aus Artikel 41 und 42 des Statuts der DOAG und gab ihm das Recht, Abänderungen etwaiger Verordnungen der Gesellschaft zu verlangen oder die Entfernung von Beamten aus irgendwelchen Plätzen herbeizuführen. Wie in allen bisher betrachteten Maßnahmen des Kanzlers, so bemerkt man auch hier wieder, daß er formell die kolonialpolitischen Grundsätze, die er 1884 entwickelt hatte, nicht aufzugeben bereit war, und dies selbst da nicht, wo, wie hier, eine in den Verhältnissen begründete Notwendigkeit vorgelegen hätte. Tatsächlich aber — und darin liegt das Wesentliche — verließ er auch in dieser Instruktion den Boden seiner Prinzipien, so, wenn der Reichskommissar über die Aufsichtsbefugnisse hinaus das Recht erhielt, die Verwaltung durch Organe der Gesellschaft zeitweilig von sich aus zu suspendieren, falls militärische Rücksichten dies geboten erscheinen lassen sollten,

---
[1] Anhang VII.

oder falls durch Proklamierung des Standrechts die Zivilbefugnisse auf das Militär übergingen. Mit dieser Instruktion war den Hoheitsrechten der Gesellschaft trotz aller formellen Beschönigungen das Todesurteil gesprochen. Sie blieb nur mehr noch als eine Erwerbsgesellschaft bestehen, woran auch der Umstand nichts änderte, daß Wissmann angewiesen wurde, Einmischungen in die Zollverwaltung zu vermeiden. Ohne die übrigen staatsrechtlichen Befugnisse des Küstenvertrages war auch die Zollverwaltung nur eine privatwirtschaftliche Transaktion, ein Pachtgeschäft mit freilich eigenartigen Pachtbedingungen.

Als der Reichskommissar am 31. März in Zanzibar eintraf, war die Physiognomie des Aufstandes noch immer dieselbe wie in den ersten Wochen der Bewegung, nur daß sich einzelne Züge noch kräftiger herausgebildet hatten. Insbesondere war der Sultan ostentativ von der Küstenbevölkerung abgelehnt worden, indem seine Abgesandten bei Landungsversuchen an der Küste ohne weiteres beschossen und mit der Erklärung fern gehalten wurden, daß man den Sultan nicht mehr anerkenne. Buschiri, der Führer der Aufständischen, hatte sich in den selbständigen Negerkarawanen der Waniamwezi und Wasukuma, die zeitweise in einer Stärke von fast 4000 Mann zur Küste kamen, erbitterte Feinde geschaffen, weil er sie überfallen und ausgeraubt hatte. Es war daher nicht selten, daß sich Waniamwezi den Stationen Daressalam oder Bagamoyo bei gelegentlichen Kämpfen gegen die Aufständischen zur Verfügung stellten. Selbst über die Zanzibararaber hatte Seyyid Khalifa die Herrschaft verloren und fürchtete, daß ihre Wut sich entfesseln könnte, wenn etwa europäische Truppen auf der Insel gelandet würden. Besorgt richtete er daher ein Schreiben an alle Konsuln, in dem er auf die Gefahr aufmerksam machte. Die DOAG war in ihrer politischen und militärischen Ohnmacht Anfang 1889 bereits das Objekt zahlreicher Übergriffe seitens der Araber und Neger auf Zanzibar. Jene holten sich eigenmächtig ihre schwarzen Sklaven zurück, die sie vorher gegen Entschädigung für den Dienst bei der Gesellschaft verpflichtet hatten; diese erlaubten sich im Usagarahause einen frechen Diebstahl.

Unter diesen Umständen war es hohe Zeit, daß der Reichskommissar erschien und durch eine machtvolle Aktion dem deutschen Namen wieder zu Ansehen verhalf.

Die erfolgreiche Tätigkeit Wissmanns gegen Buschiri und später gegen Bana Heri haben wir an dieser Stelle so wenig zu betrachten, wie wir bisher die Aufstandsbewegung in militärischer Hinsicht verfolgten. Dennoch dürfte es von Wert sein, einen Überblick über die Aktionen der Expedition bis zu dem Zeitpunkte zu geben, an dem sie sich zur Reichsverwaltung der Kolonie umbildete.

Nachdem Mitte Februar 1889 bereits die ersten Vorläufer der Expedition in Zanzibar eingetroffen waren, vor allem auch ein kaufmännischer Agent, der die Verpflegung der Truppe vorbereiten sollte, kam Wissmann selbst am 31. März gleichzeitig mit Dr. Peters an, welch letzterem bekanntlich die Führung der deutschen Emin-Pascha-Expedition übertragen worden war. Der englische Generalkonsul Colonel Euan Smith, der seit etwa einem Jahre im Amte war, wurde in jenen Tagen abberufen und nach kürzerer Vertretung durch einen gewissen Hawes endgültig durch Mr. Portal ersetzt. Wie weit dieser Vorgang etwa mit der feindseligen Haltung E. Smith's in den letzten Monaten zusammenhing, läßt sich nicht ermitteln.

Der Monat April war der Organisierung und Disziplinierung wie der kriegsmäßigen Ausbildung der Truppe gewidmet und wurde gleichzeitig benutzt, um die weiter unten in ihren Einzelheiten zu besprechenden Abmachungen mit der DOAG bezüglich der Übergabe der Stationen, Stellung der Gesellschaftsbeamten zu den Organen der Wissmanntruppe usw. zu treffen.

Anfang Mai wurden dann die ersten Aktionen in die Wege geleitet. Es kann keinem Zweifel unterliegen, daß sie vor allem die vertragsmäßigen Rechte der DOAG schützen bzw. wieder herstellen sollten, während man es in Deutschland immer so darstellte, als richteten die Operationen sich gegen Sklavenhandel und Sklavenjagden. An der Küste wurde das Kriegsrecht erklärt, doch nicht, ohne daß der deutsche Generalkonsul Bedenken gegen den Passus des Dekrets erhoben hätte, in welchem den Staatsangehörigen der verschiedensten Länder das Betreten des Küstenstreifens untersagt wurde. Er fürchtete Verwicklungen mit England.

Dann folgten überraschend schnell die Siege über Buschiri, die Kämpfe bei Bagamoyo und die Erstürmung seines dortigen Lagers. Nach der Säuberung der Umgebung von Daressalam und Bagamoyo wandte sich Wissmann nach Pangani und dem Norden des Schutzgebietes, wo ebenfalls entscheidende Schläge gegen die Rebellen geführt wurden. Allerdings darf man nicht schließen, daß nun gleichzeitig auch eine absolute Pazifizierung der Küstengebiete eingetreten wäre. Vielmehr hieß es noch im Oktober 1889, also ein volles Vierteljahr später, gelegentlich in einem Bericht, daß die Zustände westlich von Pangani noch derart unsicher seien, daß eine Benutzung der Plantage Lewa-Deutschenhof der Deutsch-Ostafrikanischen Plantagengesellschaft nur möglich wäre, wenn eine Besetzung des Platzes mit 50 Soldaten vorgenommen würde. Immerhin hatten schon die ersten Siege den Erfolg, daß die schwarzen Mitläufer Buschiris sich zu einem guten Teil von ihm lossagten und immer wieder beteuerten, daß sie mit den Deutschen Frieden wollten. Der Rebellenchef fühlte sich infolgedessen an der Küste nicht mehr sicher und unternahm jenen verhängnisvollen Zug ins Innere, der Ende Juli 1889 zu einem Angriff auf Mpapua, der noch immer gehaltenen Station der Gesellschaft, führte, wobei ein Beamter der Gesellschaft ums Leben kam. Ein anderer vermochte sich an die Küste zu retten.

Anfang Juli hatte der Generalkonsul des Reiches, Dr. Michahelles, zur Berichterstattung in Berlin auf Monate seinen Posten verlassen und kehrte erst am 1. Februar 1890 zurück. In die Zeit der Abwesenheit fällt ein diplomatischer Erfolg der Vertreter Englands und Deutschlands beim Sultan. Bakaschmar, der einflußreichste Ratgeber des Sultans und heftigste Feind der DOAG, wurde im August nach Bombay verbannt. Ein zweiter Erfolg, der das Resultat langwieriger Verhandlungen der Vertragsmächte mit dem Sultan darstellt, war Ende September in der Sklavereifrage zu verzeichnen. Damals gab der Sultan am Schlusse eines Dekrets bekannt: »His Highness has also decreed, that all persons, who shall enter his dominions after the 1st of November next are free.« Dies bedeutete die Aufhebung der Sklaverei. Im Dezember darauf erhielt Seyyid Khalifa den Roten Adlerorden erster Klasse.

Im August 1889 schon plante Wissmann zur Eröffnung der beiden großen Karawanenstraßen von Bagamoyo und Pangani ins Innere zwei Expeditionen. Am 9. September begann er die Operationen auf der Straße Bagamoyo-Mpapua, die mit der Wiedereroberung Mpapuas und der Anlage einer befestigten Station dortselbst ihren Abschluß Ende Oktober fanden.

Gerade diese Aktion war für die Entwicklung der Kolonie und ihrer Wirtschaft von großer Bedeutung, weil die Engländer, insbesondere die Mombas-Gesellschaft, die Wirren bereits benutzten, um im Trüben zu fischen. Es war ihnen schon gelungen, Karawanen des Jumbe Kimemeta, die bisher stets die Straße Kilimandscharo-Pangani benutzt hatten, durch Geld und Versprechungen nach Mombas zu ziehen. Es ging das Gerücht, daß auch auf der Mpapua-Linie Agenten in dieser Richtung tätig seien. Zudem hatte die Gesellschaft in Taweta am Kilimandscharo einen europäischen Beamten stationiert, der die Karawanen von Aruscha und Moschi nach dort zog, sie hier auf Kosten der Gesellschaft unterbrachte und verpflegte und sie dann nach Mombas dirigierte, wo sie auf die gleiche freigebige Weise unterhalten wurden. In der Tat eine weitsichtige Wirtschaftspolitik.

Im Dezember gelang es, Buschiri gefangen zu nehmen. Er wurde gehängt. Damals trat Bana Heri, der ehemalige Wali von Sadani, an die Spitze der Rebellen, beraten von Jehazie, der auch schon Buschiris rechte Hand gewesen war. Die Bewegung war mit Bana Heri jedoch in ein neuartiges Stadium getreten. Die Rebellen waren jetzt nicht mehr Kriegführende, sondern einfach Straßenräuber, die Karawanen überfielen und ohne Unterschied der Gesinnung oder Rasse der Chefs plünderten. Selbst lichte Araber fielen ihnen zum Opfer.

Nachdem sich Bana Heri unterworfen hatte, ging Wissmann im April 1890 nach dem Süden der Kolonie. Ende Mai kehrte er nach Europa zurück und traf Ende November 1890 wieder in der Kolonie ein. Der Nachfolger Seyyid Khalifas, der am 13. Februar 1890 nach kaum zweijähriger Regierung gestorben war, handelte übrigens in der Sklavenfrage nach denselben Grundsätzen wie sein Vorgänger. Er erließ am 1. August 1890 ein Dekret, in welchem von der zukünftigen Behandlung der Sklaven die Rede ist und die allmähliche Abschaffung der Sklaverei auf Zanzibar und in den übrigen Gebieten des Sultanats in Aussicht gestellt wird. Es entstand daraufhin unter den Arabern eine große Aufregung, die wiederum beweist, daß man sich in arabischen Kreisen nicht bewußt war, daß die Niederlage der Buschiri-Leute, wie man doch in Europa, insbesondere aber in Deutschland meinte, den Todesstoß gegen Sklavenhandel und Sklavenjagden bedeuten könnte. In Mombas, wo das scharfe Regiment des deutschen Expeditionskorps fehlte, kam es sogar zu Unruhen, die zu einer Requisition regulärer Sultanstruppen führte. Um allen Mißverständnissen vorzubeugen, erließ Seine Hoheit am 24. August einen erläuternden Nachtrag zu seinem ersten Dekret. Darin wurde erklärt, daß das Dekret ein für allemal gültig und daß der Kauf und Verkauf von Sklaven verboten sei, doch hätten sie weiterhin ihren Herren treu zu sein, wie diese ferner die Gerichtsbarkeit, ausgenommen in Mordsachen, wo der Sultan zuständig sei, besäßen. Die Araber der Küste aber wollten mit dem Sultan nichts mehr zu tun haben und wiesen seine Dekrete als für sie unverbindlich zurück.

Für uns hat an der Wissmannexpedition vor allem ihr Verhältnis zur DOAG ein Interesse. Der Übergang der Regierungsbefugnisse und Hoheitsrechte an das Reichskommissariat vollzog sich schon bei Beginn der Aktion im Mai 1889 auf Grund der Erklärung des Kriegsrechts. Die DOAG hörte damit faktisch auf, eine Hoheitsgesellschaft zu sein und ist es auch nicht wieder geworden.

Man sollte nun annehmen, daß mit dem Übergang aller Regierungsbefugnisse im Küstenstreifen an das Reichskommissariat die Kompetenzfrage entgültig entschieden war, um so mehr, als sich jene Übernahme doch nicht als ein willkürlicher Okkupationsakt darstellte, sondern eine durchaus unanfechtbare moralische Begründung in dem Umstande hatte, daß das Reich sich mit zwei Millionen Mk. fürs erste und weiterhin mit beträchtlichen Summen[1]) die Pazifizierung der Kolonie angelegen sein ließ. Trotzdem machte die DOAG hier und da Schwierigkeiten und gab schließlich nur zögernd zu, daß alle aus dem Küstenvertrage fließenden öffentlich-rechtlichen Kompetenzen beim Reiche zu liegen hätten. Ihr, wenn auch schwacher, Widerstand erklärt sich daraus, daß sie die Vorteile ihrer staatsrechtlichen Stellung — z. B. Verfügungsrecht über Privatländereien, deren Eigentümer während des Aufstandes vertrieben oder erschlagen worden waren —, nicht gern aus der Hand geben mochte. Durch Ausnutzung dieser Vorteile gedachte sie sich schadlos zu halten für die in der Kolonie investierten Hunderttausende, für die der Sultan keine Ersatzpflicht anzuerkennen brauchte, weil sie nicht direkt durch den Aufstand vernichtet worden waren.

Im Schoße der DOAG warf man im einzelnen folgende Fragen auf: Wer hat das ausschließliche Okkupationsrecht von Land zur Zeit des Kriegszustandes, die Gesellschaft oder der Reichskommissar? Wer hat die Verfügung über solche im Verlauf des Aufstandes eroberte Privatländereien, deren rebellierende Eigentümer vertrieben oder erschlagen worden sind? Wer hat den Kauf und Verkauf von Ländereien unter Privaten zu überwachen und zu genehmigen? Wem gehören die Gefälle, welche an der Mtoni-Fähre bei Bagamoyo von den übersetzenden Karawanen erhoben werden?

---

[1]) Herrfurth, a. a. O.

Zu einem Konflikte, wenn auch ohne schroffe Stellungnahme der beiden Parteien, führte eigentlich nur die letzte Frage. Die Fähre war mit der Zollerhebung während der Abwesenheit Wissmanns durch seinen Vertreter in Bagamoyo, einen früheren Gesellschaftsbeamten, der DOAG überlassen worden. Der Kommissar bestätigte diesen Akt nicht. Er nahm Fähre und Gefälle für sich in Anspruch, indem er erklärte, daß dies zurzeit noch aus politischen Gründen notwendig sei und daß er ein Recht auf Platz und Zoll auch daher ableiten könne, daß dortselbst sein Posten und sein Boot stationiert seien. Die DOAG gab nach und wies ihren Beamten an der Mtonifähre an, sie zurückzugeben. Dennoch konnte sich die DOAG nicht enthalten, eine möglichst unauffällige Kontrolle der Höhe der Einnahmen an der Fähre anzuordnen, ja man erwog im ersten Moment des Unmuts, eine Konkurrenzfähre bauen zu lassen.

In den übrigen Kompetenzfragen kam es erst zu gar keiner Auseinandersetzung. Die Gesellschaft hatte sich nämlich entschlossen, auf die Ausübung ihrer Regierungsbefugnisse auch dann noch zu verzichten, wenn der Reichskommissar das Standrecht an einigen Küstenplätzen aufheben sollte. Wissmann übte infolgedessen ungehindert das Okkupationsrecht, das Landzuweisungsrecht, wie das Genehmigungsrecht bei Immobilien-Transaktionen. So wurde durch ihn anerkannt, daß die Gesellschaft ein Grundstück in Daressalam »als wirkliches und unantastbares Eigentum besitzt«; für eine Karawanserei wurde ihr in Bagamoyo »auf Befehl des Kaiserlichen Kommissars« »ein Platz kostenfrei überwiesen und zwar als ständiges Besitztum«; Dr. Emin Pascha[1]) erwarb vom Reichskommissar eine Schamba und erhielt von ihm das Vorkaufsrecht auf andere Anwesen. Im Juni 1890 wurde dem Reichskommissar vom Auswärtigen Amt noch einmal ausdrücklich die Verfügung über die sogenannten »öffentlichen Ländereien« zugestanden. Im Februar 1890 arbeiteten, ohne daß allerdings ein entsprechender Erlaß veröffentlicht worden war, die Reichsorgane auf verschiedenen Stationen bereits an der Festlegung der Besitzverhältnisse. Zur Regelung dieser Materie wurde später auch die DOAG ersucht, alle Urkunden zu übersenden, welche über Landerwerb der Gesellschaft im deutschen Interessengebiet bestanden,

---

[1]) Dr. Emin Pascha war Ende 1889 mit Stanley aus dem Innern in Bagamoyo eingetroffen. Die Engländer, welche große Hoffnungen in ihn gesetzt hatten, sahen sich getäuscht. Er trat ostentativ als Deutscher auf, worauf die Engländer gegen ihn zu intriguieren begannen.

ferner diejenigen Gebiete zu bezeichnen, für welche keine Urkunde ausgestellt war, auf die aber die Gesellschaft Anspruch erhob. Eine Gebührenverordnung, die für Abstempelung von Kaufverträgen eine Gebühr von 1% des Verkaufswertes stabilierte, eine Stempelung, die man nicht als Registrierungsbestätigung, sondern als Genehmigungsurkunde von privaten Immobilien-Transaktionen auffaßte, mußte jedoch schon nach kurzem Bestehen vom Reichskommissariat Anfang November 1890 wieder zurückgenommen werden, vermutlich, weil nach der ganzen Rechtslage der Anspruch auf Genehmigung solcher Kaufverträge nur dem Sultan zustand.

Das Reichskommissariat ging außer in diesen Fragen auch auf anderen Gebieten staatlicher Betätigung über seine nächstliegenden Aufgaben zur Pazifizierung der Kolonie weit hinaus. Unbeeinflußt von dem Gespenst der Rentabilität traf es seine Maßnahmen — Organisation einer Polizeitruppe, Sorge für Reinlichkeit und Ordnung usw. — mit einer erhebenden Frische.

In den eben beendeten Ausführungen beleuchteten wir das Verhältnis zwischen Reichskommissariat und Gesellschaft auf dem Gebiet der Hoheitsrechte. Welche Rechte hatte nun der Reichskommissar an dem Privateigentum der Gesellschaft und welche Ansprüche hatte er auf Dienstleistungen der Gesellschaftsbeamten?

Wir skizzieren im folgenden die tatsächlichen Verhältnisse auf diesem Gebiete, ohne auf die Rechtslage einzugehen. In einem Abkommen vom 28. April 1889, von dem Vertreter der DOAG, Herrn von St. Paul-Illaire, und dem Reichskommissar geschlossen, fanden sie schriftlichen Ausdruck. Dies Abkommen erhielt stillschweigend die Sanktion der Berliner Organe der DOAG. Es wurde nach drei leitenden Gesichtspunkten für die beiden Plätze Bagamoyo und Daressalam getroffen: Das Reichskommissariat sollte das Oberkommando über die militärischen Machtmittel der Station erhalten, die Leitung und Anordnung der Bauarbeiten zur Verteidigung der Stationsgebäude haben und drittens die Zentralleitung der Verwaltungsorgane — die Zollverwaltung ausgenommen — übernehmen. In Verfolg dieser Grundsätze wurde im einzelnen bestimmt, das Stationshaus und die dazugehörigen Baulichkeiten dem Reichskommissar für seine Zwecke zur Verfügung zu stellen — einige Räume nur reservierte sich die Gesellschaft für ihre privatwirtschaftlichen Angelegenheiten —, und bauliche Veränderungen nach Anordnung des Kommissars auf Kosten der Gesellschaft auszuführen. Zu dieser letzten Abmachung steht in bemerkenswertem Gegensatz die andere, daß Neuanschaffungen von Inventarien dem Reiche zur Last fallen sollten. Das vorhandene Inventarium wurde jedoch dem Expeditionskorps zur unentgeltlichen Benutzung überlassen. Hinsichtlich der Dienstleistungen der Gesellschaftsbeamten wurde folgendes bestimmt: Ein Teil von ihnen sollte ohne weiteres aus den Diensten der DOAG entlassen werden und in die des Reichskommissars übertreten, empfing also die Besoldung fortan aus Reichsmitteln. Die übrigen europäischen und farbigen Angestellten der Gesellschaft in den Stationen Daressalam und Bagamoyo unterstanden in militärischer und polizeilicher Beziehung dem Reichskommissar, waren jedoch nach Möglichkeit zu schonen und nur in Notfällen zu Dienstleistungen heranzuziehen.

Das Abkommen zeigt, daß die DOAG, obwohl der Reichskommissar eine Hilfsaktion für sie leitete, dennoch nicht gehalten war, ihn mit ihrem ganzen Eigentum zu unterstützen. Darum wurden seitens des Reiches die Gesellschaftsbeamten nicht ohne weiteres zum Dienst im Expeditionskorps herangezogen, darum auch war die DOAG nicht verpflichtet, für Neuanschaffungen von Inventarien selbst zu sorgen. Daß alledem Abmachungen mit anderer Tendenz entgegenstehen, ist nur scheinbar der Fall. Es waren Zweckmäßigkeitsgründe, nicht aber die grundsätzliche Anerkennung der Pflicht, auch mit ihrem Privateigentum die Reichshilfsaktion zu unterstützen, die den Generalvertreter der Gesellschaft zu dem Zugeständnis bewegten, die Kosten für bauliche Veränderungen an den Stationen usw. zu übernehmen. Opportunitätsgründe waren es auch, die ihn veranlaßten, nicht auch noch Hausmiete für die Stationsgebäude und Abnutzungsgelder für die Inventarien vom Reiche zu fordern.

Den Berliner maßgebenden Stellen der DOAG gingen aber auch die so begründeten Zugeständnisse schon zu weit. Sie sahen darin unmotivierte Opfer, zogen allerdings aus dieser Stellungnahme die praktische Konsequenz nicht und ließen den Vertrag stillschweigend bestehen.

Auch in anderer Beziehung als der bisher erörterten trat die DOAG dem Reichskommissar gegenüber als reine private Erwerbsgesellschaft auf. Sie tätigte für ihn Getreidekäufe, die zu den üblichen Marktpreisen sofort honoriert wurden.

Man kann diese Entwickelung der Situation in Osfafrika bedauern, wenn man bedenkt, wieviel mehr der Reichskommissar mit seinen Mitteln hätte leisten können, wenn ihm die DOAG mit ihrem gesamten Privateigentum beigesprungen wäre, insbesondere wenn die DOAG alle Lieferungen ohne Kommission und Handelsgewinn wenigstens zum Selbstkostenpreise übernommen hätte[1]). Man kann das bedauern, aber man wird nicht übersehen dürfen, daß die Konstituierung der DOAG als private Erwerbsgesellschaft neben dem Reickskommissariat in manchem Betracht eine Notwendigkeit war. Der Fortbestand der Gesellschaft gab dem Reiche willkommene Gelegenheit, allen politischen Konsequenzen aus dem Wege zu gehen, welche sich etwa daraus ergeben konnten, daß es mit Übernahme der Verwaltung in gewagte staatsrechtliche Beziehungen zum Sultanat trat. Im deutschen Reichstage war von der bewilligenden Mehrheit, vor allem vom Zentrum, der unmittelbar zivilisatorische Charakter der Wissmannexpedition, der Kampf gegen Sklavenhandel und Sklavenjagden, immer wieder in den Vordergrund der Erörterung gerückt worden. Wir haben oben eingehend gezeigt, wie wenig diese Zweckbestimmung den tatsächlichen Verhältnissen gerecht wurde. Faktisch sind die Reichsmittel allein der DOAG zugute gekommen. Um so mehr aber galt es, nichts zu unternehmen, was den scharfsichtigen Zweiflern zu einem Verdacht Veranlassung geben konnte. Das mußte aber geschehen, wenn die DOAG plötzlich selbstlos dem Reichskommissar mit ihrem gesamten Vermögen beigesprungen wäre. Hatte man doch auf der linken Seite des Hauses eine Unterstützung der Vorlage mit der Begründung abgelehnt, daß die ganze Aktion nur der vorbereitende Schritt für die Konstituierung einer Reichskolonie Ostafrika sei. Neben den politischen Gründen gab es aber auch solche wirtschaftlicher Natur, welche die Selbständigkeit der DOAG wünschenswert erscheinen lassen mußten. Die Kontinuität der rein wirtschaftlichen Entwicklung der Gesellschaft hätte gestört werden müssen, wenn sie in das Wissmannunternehmen aufgegangen wäre, obwohl zuzugeben ist, daß mindestens bis zur Beseitigung Buschiris eine Gelegenheit zu kaufmännischer Tätigkeit fehlte.

Die Reichsregierung hat, ob von den eben erörterten Gesichtspunkten geleitet, steht nicht fest, schon in den allerersten Maßnahmen erkennen lassen, daß sie keinen Anspruch auf ein

---

[1]) Es scheint das wegen des tatsächlichen Charakters des Reichsunternehmens als einer Hilfsexpedition für die DOAG nur billig. Offiziell richtete sie sich aber gegen Sklavenraub und Sklavenhandel und hatte nur mittelbar auch die deutschen Interessen zu verteidigen. Die Reichsregierung hat es aus diesen formalen Gründen, auf ein Gutachten des Reichsjustizamtes hin, später abgelehnt, die DOAG regreßpflichtig zu machen.

Verfügungsrecht über das Privateigentum der DOAG zu erheben beabsichtige. Auch dies ist ein Grund, der Gesellschaft aus ihrem zweifellos privatwirtschaftlich orientierten Geschäftsgebahren gegen die Reichsexpedition keinen Vorwurf zu machen, wenn es auch einigermaßen unbegreiflich ist, daß die Berliner Direktion schon im Dezember 1889 beim Auswärtigen Amt die Kosten für den Ausbau der Stationen Bagamoyo und Daressalam, entgegen den Bestimmungen des Abkommens vom 28. April 1889, anforderte. Man wird verstehen, daß Wissmann, der veranlaßt worden war, sich über die Forderung gutachtlich zu äußern, unter Berufung auf jenes Abkommen erklärte, sie nicht anerkennen zu können.

Während der Anwesenheit Wissmanns war die DOAG auch weiterhin bestrebt, mit dem Sultan Fühlung zu nehmen und ihn nach Möglichkeit für die deutsche Sache und die Neugestaltung der Verhältnisse zu gewinnen. Anfängliche Meinungsverschiedenheiten und Verstimmungen machten seit Ende 1889 einer besseren Einsicht beim Sultan Platz. Er begann die Engländer in auffälliger Weise zu vernachlässigen und die DOAG zu bevorzugen, so daß man sich in Berlin großen Hoffnungen hingab, die freilich der Abschluß des Zanzibarvertrages mit einem Schlage vernichten sollte.

Schon im Dezember 1888 entstanden über die Verteilung der Einkünfte aus den Zöllen Streitigkeiten zwischen dem Sultan und der DOAG. Jener bezweifelte, daß die Gesellschaft ein Recht habe, die Kommission von 5 %[1]) auch von solchen Importen zu berechnen, die ihren Zoll im Sultanszollhause in Zanzibar entrichtet hatten, und, mit einem drawback ausgestattet, lastenfrei zur Küste kamen. Während das Generalkonsulat in Zanzibar sich die Auffassung des Sultans mit der Begründung zu eigen machte, daß doch die Kommission nur als Vergütung für eine Mühewaltung der Gesellschaft angesehen werden könne, eine solche aber hier nicht vorliege, erklärte die Gesellschaft, auf die bezüglichen Einnahmen nicht verzichten zu können, weil sie einen ganz bedeutenden Bruchteil der Einkünfte überhaupt ausmachten und die Kommission von 5 % nicht eine Vergütung, sondern den einzigen Nutzen aus der Zollpacht darstellte.

Der Sultan blieb jedoch bei seiner Auffassung, und da er auch in einem anderen Punkte von geringerer Bedeutung große Hartnäckigkeit an den Tag legte, so antwortete die DOAG auf seine herausfordernde Haltung mit einem Angriff ihrerseits,

---

[1]) Art. IX des Vertrages vom 28. April 1888.

indem sie in einer dem Reichstage Januar 1889 überreichten Eingabe die Geltendmachung gerechtfertigter Entschädigungsansprüche beim Sultan für den Schaden forderte, der ihr durch den Aufstand direkt erwachsen war. Sie berechnete ihre »direkten« Verluste damals auf 650000 Mk., eine Summe, die sie später aber erheblich einschränkte. Ein ganzes Jahr standen sich die beiden Parteien kampfgerüstet gegenüber. Schließlich erklärte sich die Gesellschaft einverstanden, daß bei Berechnung der Provision wenigstens die vom Sultan aufgewendeten Erhebungskosten in Anrechnung zu bringen seien und ermäßigte und präzisierte ihre Schadenersatzansprüche. Trotzdem kam es zu keiner Einigung. Erst ein neuer Streitfall, der mit dem Ablauf des ersten Zolljahres, des sogenannten Probejahres[1]), eintrat, ergab die willkommene Gelegenheit, alle schwebenden Fragen aus der Welt zu schaffen. Die auf Grund des Probejahres 1888/89 festgestellte jährliche Entschädigung des Sultans für die Überlassung der Zollpacht war infolge des Aufstandes so schmal ausgefallen — 10844 Rps. pro Monat bei einer Ausgabe des Hofhaltes Sr. Hoheit von ca. 80000 Rps. in dem gleichen Zeitraum —, daß der Sultan rundheraus erklärte, sich damit nicht zufriedengeben zu können. Es wurde darauf eine Neuregelung des Küstenvertrages verabredet und mit ihr die Ersatzansprüche der DOAG wie die Provisionsfrage erledigt.

Die Gesellschaft leistete Verzicht auf sämtliche Ansprüche, welche sie aus den ihr durch den Aufstand entstandenen indirekten Verlusten, 2034549,30 Mk., und direkten Verlusten, 208286,02 Mk., herleitete, und auf die 5-proz. Kommission von solchen Zöllen, welche durch Sultansorgane in Zanzibar von Importen vereinnahmt würden, die nach der deutschen Küste gingen. Dagegen gab der Sultan seine Zustimmung zur Abänderung des Artikels IX des Küstenvertrages[2]). Konsul Vohsen, der zu Beginn des Jahres 1889 in Berlin eingetroffen war, reiste zu Ende desselben noch einmal nach Zanzibar zurück, um die Verhandlungen mit dem Sultan persönlich zum Abschluß zu bringen, was am 13. Januar 1890 gelang. Man versprach sich von dieser Reise im Auswärtigen Amt nicht nur einen günstigen Eindruck auf den Sultan, sondern auch einen Einfluß auf die Abstimmung über die Dampfersubventionsvorlage für Ostafrika im Reichstage und auf die öffentliche Meinung in Deutschland, welche schon lange von der DOAG Taten erwartete

---

[1]) Art. IX des Vertrages vom 28. April 1888.
[2]) Anhang IV.

Wirklich war Seyyid Khalifa seit diesen Tagen für die DOAG gewonnen. Schon bei der Erörterung der Ursachen des Aufstandes wiesen wir darauf hin, daß er im Zanzibarzollhause eine Kontrolle seiner Beamten durch die DOAG gestattete und für diese Zwecke das Gebäude mietweise zur Verfügung stellte. Das hatte die Eifersucht der Engländer herausgefordert, die zudem fürchteten, daß Deutschland weiter zu gehen beabsichtige und ein Protektorat etwa oder eine Annexion des Sultanats erstrebe. Soweit die DOAG in Betracht kam, traf diese Vermutung auch das Richtige, und daß sich Bismarck gesträubt hätte, die reife Frucht zu ernten, ist nicht sehr wahrscheinlich. Sir Euan Smith glaubte darum im Interesse seines Vaterlandes zu handeln, wenn er nun nicht nur gegen die DOAG, wie wir oben zeigten, sondern auch gegen den Sultan zu intriguieren begann. Im April des Jahres 1889 wurde in Zanzibar bekannt, daß ein Inder, Pera Dawjee, unter einem nichtssagenden Vorwande auf zwei Jahre vom englischen Generalkonsul ausgewiesen worden sei. Man erzählte sich, daß die wahre Ursache der Verbannung in anderen Dingen gesucht werden müsse. Pera Dawjee nämlich hatte die Engländer beim Sultan der Begünstigung des Prinzen Ali verdächtigt und berichtet, daß sie diesem einen Thronsessel mit der Aufschrift: dem Prinzen Ali, geschenkt hätten. Auch gingen die vornehmen Araber nach der täglichen Audienz beim Sultan zu Seyyid Ali, um ihn zu begrüßen. Die Folge war, daß Ali nicht mehr beim Sultan vorgelassen wurde und die Mißstimmung zwischen Seyyid Khalifa und den Engländern größer wurde.

Obwohl die Differenzen wegen der Abänderung des Küstenvertrages noch immer bestanden, glaubte die DOAG im September 1889 doch, die Gunst des Sultans soweit zu besitzen, daß sie ernstlich erwog, ihn um die Gewährung der Zollpacht für Zanzibar, Pemba und Mafia anzugehen. Das wäre ein bedeutsamer Schritt zur friedlichen Eroberung der Inseln gewesen, und der Augenblick schien günstig, weil es den Engländern eben gelungen war, dem Sultan die Zollpacht in den Häfen der Benadirküste abzuringen. Über Erwägungen kam man jedoch nicht hinaus. Seyyid Khalifa aber begünstigte die DOAG namentlich nach der Ratifikation des Abänderungsvertrages im Jahre 1890 mehr als bisher. Sogar zu größeren Landabtretungen soll er bereit gewesen sein.

Am 13. Februar 1890, mittags 1 Uhr, starb er dann plötzlich auf seinem Landsitz Chukuani, wie man annahm, durch das Gift seines Bruders Ali. Ali selbst wurde Sultan und war schon am

15. Februar von den Konsuln aller Mächte anerkannt. Mit ihm wurde der Einfluß Englands in Zanzibar wieder stärker. Trotzdem aber behauptete sich die DOAG in der am Hofe eroberten Position, wie im Zollhause und glaubte darum nach wie vor, daß bei einer Regelung der ostafrikanischen Angelegenheiten mindestens die großen Inseln vor der Küste deutsch werden würden. Der Zanzibarvertrag, das Abkommen mit England vom 1. Juli 1890, erst vernichtete diese Hoffnungen.

§ 2.
Die Wirtschaftstätigkeit der DOAG unter Konsul Vohsen.

A. Stationenpolitik Vohsens.

1. Das Vohsensche Programm. — 2. Auflassung der Binnenstationen. — 3. Zollverwaltung und Handelsfaktoreien der DOAG.

Das Fiasko der Petersschen Stationenpolitik war schon lange vor Beginn der Amtstätigkeit Vohsens Gegenstand der eifrigsten Diskussion in den interessierten Kreisen und verantwortlichen Stellen der DOAG. Dr. Peters selbst verteidigte seine Politik mit dem Hinweis auf die administrativen Aufgaben der Gesellschaft. Er gab auch nicht zu, daß sich sein System kleiner Wirtschaftsstationen niemals rentieren werde, erkannte aber an, daß mit der Erwerbung des Küstenstreifens ein neuer, bisher naturgemäß vernachlässigter Faktor richtunggebend in die Wirtschaftspolitik der Gesellschaft eingegriffen habe. Prinzipiell hielt er trotz dieses Zugeständnisses daran fest, daß kaufmännisch-landwirtschaftliche Gesichtspunkte, nicht aber rein kommerzielle im Vordergrunde der privatwirtschaftlichen Tätigkeit zu stehen hätten. Bodenkultur, kein Handel! das war die Peterssche Parole.

1. Das Vohsensche Programm.

Handel und in zweiter Linie Bodenkultur! war das neue Feldgeschrei, mit dem die Tätigkeit Vohsens Mitte Mai 1888 begann. Den Umschwung veranlaßte sowohl der finanzielle Mißerfolg des Petersschen Systems, als vor allem die Ratifikation des Küstenvertrages. Sie forderte zu einer Verlegung des Tätigkeitsgebietes an die Küste direkt heraus. Nicht nur, daß bei den primitiven Verkehrsverhältnissen jede Meile der Küste näher sich merkbar in klingende Münze umsetzen mußte. Im Vertrage selbst übernahm die DOAG die Zollstationen des Sultanats an der See und erhielt für ihren Ausbau und ihre Verwaltung eine Summe von 170000 Rps. pro Jahr. Es lag nahe, diesen Stationen gleichzeitig neue privatwirtschaftliche Unternehmungen anzugliedern, und die finanzielle Notlage der DOAG schien das geradezu zu fordern. Sie gestattete nicht, neue Beamte für die Zollstationen anzustellen und daneben die alten auf ihren fürs erste rentenlosen Plätzen im Innern zu belassen. So drängte alles, die Verkehrsverhältnisse, der Küstenvertrag, die Finanzlage, zur Konzentration nach der Küste. Nichts aber zwang, so wird man einwenden, die Bodenkultur durch den Handel zu ersetzen.

Und doch ließ sich keine wirtschaftliche Tätigkeit besser im Zusammenhang mit den Zollstellen an der Küste betreiben als der Handel. Dazu steigerten die bisherigen schlechten Erfahrungen mit dem Plantagenbau die allgemeine Aversion der intimeren Gesellschaftskreise gegen ihn. Freilich ging man nicht so weit, die Pflege der Bodenkultur überhaupt abzulehnen, verwarf aber die bisher geübte Praxis, in zahlreichen kleinen Wirtschaftsstationen Anbauversuche zu machen, und beabsichtigte, sie auf einem durch Fruchtbarkeit des Bodens und günstige klimatische Verhältnisse besonders geeigneten Platze zu konzentrieren, daneben Eingeborenenkulturen ins Leben zu rufen und durch sogenannte Stipendienverträge anzuregen. Daß diese landwirtschaftliche Tätigkeit, die sich auf Versuche und Anregungen beschränkte, keinen direkten Gewinn abwerfen konnte, war gewiß. Eine Rente erwartete man allein vom Handel.

Diesem neuen Wirtschaftsprogramm gemäß wurde einerseits die gelegentliche Auflassung der Binnenstationen, wenn möglich ihr Verkauf, und andererseits die Einrichtung von Handelsfaktoreien im Anschluß an die Zollstationen ins Auge gefaßt.

2. Auflassung der Binnenstationen.

Von den fünfzehn bei der Ankunft Vohsens vorhandenen Stationen (mit Einschluß Zanzibars) sollten zehn endgültig aufgelassen bzw. verkauft werden, eine Zahl, in welcher der radikale Bruch mit der bisherigen Stationenpolitik schon deutlich zum Ausdruck kommt, und vier zu Zollstationen ausgebaut werden. Von den ersteren zehn war Sima bereits seit langen Monaten verlassen, während Mafi nur noch von einem Araber bewacht wurde.

Zwei der drei Kinganistationen gedachte man ebenfalls abzustoßen; auf der dritten aber sollte die geplante landwirtschaftliche Versuchsstation errichtet werden. Anfänglich kam dafür

Madimula in Betracht, doch gab man den Plan auf, als Semler, einer der besten deutschen Kenner des tropischen Ackerbaues und Leiter der Abteilung für Bodenkultur seit Frühjahr 1888, den dortigen Boden für zu schlecht erklärte. Aus ähnlichen Gründen wurde von Dunda Abstand genommen, während Usungula von vornherein wegen seiner großen Entfernung von der Küste ungeeignet schien. So standen denn alle drei Kinganistationen zur Auflassung bereit. Dunda und Madimula wollte man nur noch bis zur Tabaksernte halten, die übrigens recht schlecht stand, und Usungula sollte den Vätern vom Heiligen Geist zum Kauf angeboten werden.

Kiora an der Straße Morogoro—Mpapua wurde noch vor Ausbruch des Aufstandes verlassen und der dortige Beamte nach Mpapua geschickt.

Tanganiko, dessen Lage in der englischen Interessensphäre sich übrigens erst nach längeren Verhandlungen hatte feststellen lassen, wurde gleichfalls bald nach der Ankunft des neuen Generalvertreters aufgegeben, und jede weitere Ausgabe für Überwachung vermieden.

Unterbrechen wir den begonnenen Gedankengang hier einmal, um darzulegen, in welchem Zustande sich eine größere Anzahl dieser Binnenstationen im Moment der Auflassung befand. Auf Tanganiko waren 3 ha urbar gemacht und mit Baumwolle, Mais, Zuckerrohr und Tabak bepflanzt, weitere 30 Morgen teils mit Mais, Mhogo, Ananas bestanden, teils zur Aufnahme von Saat bereit. Nach Analogie der anderen Stationen besaß das urbar gemachte Land, Hektar zu 50 Rps., einen Wert von etwa 500 Rps., der Rest, ca. 800—1000 Morgen, wenn man den ehemaligen Kaufpreis einsetzte — eine Wertsteigerung war ja auch nicht eingetreten —, einen Wert von 400 Rps. Danach belief sich der Gesamtwert des Grund und Bodens im Augenblick der Auflassung auf ca. 900 Rps. Das tote Inventar und die Magazinbestände wurden mit 1200 Rps., die Gebäude mit 300 Rps., die Rindvieh-, Ziegen- und Schafherden mit 600 Rps. in Rechnung gestellt. Die letztgenannte Summe galt jedoch nur loco, da eine Ortsveränderung, weil mit vielen Gefahren verknüpft, die Herde dezimiert und ihren Wert sicherlich herabgemindert hätte, auch wenn es schließlich gelungen wäre, einen Teil auf einen Markt mit höheren Preisen, etwa Zanzibar oder Pangani, zu bringen.

Als Handelsstation war Tanganiko ganz bedeutungslos. Nur selten brachten die umwohnenden Eingeborenen etwas zur Station und dann noch zu ungewöhnlich hohen Preisen. Kopal, Gummi und Elfenbein waren in jener Gegend außerordentlich rar, die Verbindung mit Zanzibar äußerst schwierig. Der momentane Wert der Station belief sich danach auf ca. 3000 Rps., stand aber mit 6881 Rps. 7 A. 3 P.[1]) zu Buch. Da sich gar keine Gelegenheit zum Verkauf bot, wurde beschlossen, einen zuverlässigen Aufseher gegen Nutznießung des Landes mit der Verwaltung zu betrauen und ihm aufzutragen, mit etwaigen Interessenten über Pacht oder Kauf nach gewissen Normen zu verhandeln[2]).

Die Auflassung der bis jetzt genannten sieben Stationen fand ohne weiteres die Zustimmung der maßgebenden Stellen in Berlin. Schwerer aber wurde es der Generalvertretung, sie zu überzeugen, daß auch Mpapua und Aruscha-Moschi, die großen und kostspieligen Binnenhandelsstationen, im Interesse der Rentabilität des ganzen Unternehmens am besten aufgegeben würden. In den neun Monaten ihres Bestehens hatten sie bereits 150000 Mk. verschlungen, von denen ein unverhältnismäßiger Teil auf Transportkosten und andere Ausgaben ohne werbende Kraft entfiel. Ihre Entstehung verdanken beide der Idee, für Pangani und Daressalam handelspolitische Stützpunkte im Hinterlande zu schaffen. Mit der Ratifikation des Küstenvertrages war diese ganze Argumentation gegenstandslos geworden. Dennoch entschloß man sich nur unter den besonderen Umständen, wie sie der Aufstand schuf, zur Auflassung dieser Plätze.

Im Gegensatz zu diesen Stationen konnte Korogwe, wie Petershöhe schon früher, an die Deutsch-Ostafrikanische Plantagen-Gesellschaft für 3000 Rps. verkauft werden, unter gleichzeitiger Anerkennung der Verpflichtung der DOAG, jener die ihr aus einem Vertrage zustehenden 25 000 ha Land um Lewa anzuweisen[3]).

Zanzibar blieb als die Verwaltungszentrale bestehen; Pangani, Bagamoyo und Daressalam wurden Hauptzollstationen, an welche Handelsfaktoreien angegliedert werden sollten. Damit kommen wir schon zum positiven Teil des neuen Programms, in welchem der Handelsbetrieb neben der Zollerhebung das Feld beherrscht.

Bevor wir jedoch in einem besonderen Abschnitt auf diese

---

[1]) 1 Rp. (Rupie) = 16 A. (Anna) = 64 P. (Pesa).

[2]) Andere Stationen, namentlich die Kingani-Stationen, befanden sich in weniger trostlosem Zustande. Die Darstellung bei Bley, Deutsche Pionierarbeit in Ostafrika, Berlin 1891, über Usungula erweckt jedoch Vorstellungen, hinter denen die tatsächlichen Verhältnisse zurückbleiben.

[3]) Siehe S. 103.

Programmpunkte näher eingehen, wollen wir einiges über die agrarischen Unternehmungen der DOAG in der Ära Vohsen mitteilen. Sie standen ziemlich tief in der Wertschätzung der maßgebenden Stellen der Gesellschaft, seit unter Peters in sie ohne Erfolg große Summen hineingesteckt worden waren. Man darf das aus dem Umfange schließen, in welchem sie ins Leben gerufen wurden. Dennoch aber verdient es anerkannt zu werden, daß man sich für die Bodenkulturarbeiten einen der ersten Sachkenner des tropischen Ackerbaues, Semler, verschrieb, der leider schon nach einer Anwesenheit von nur wenigen Wochen den Angriffen des Klimas erlag. Die einzigen landwirtschaftlichen Betriebe wurden in Kikogwe bei Pangani und in der Nähe von Daressalam geschaffen: Jenes sollte eine Baumwollplantage größeren Stiles werden, dieses eine allgemeine Versuchsstation für Bodenkultur. Der Aufstand machte jedoch auch diese Pläne zu nichte, und die geringe Neigung der einflußreichsten Stellen der DOAG zu solchen Betrieben hat es zuwege gebracht, daß bis zum 1. Januar 1891 neue Anlagen dieser Art nicht geschaffen wurden, obwohl das Auswärtige Amt zur Beruhigung der öffentlichen Meinung in Deutschland stets auch auf Einrichtung von Plantagen drängte.

3. Zollverwaltung und Handelsfaktoreien der DOAG.

Der Angelpunkt der Stationenpolitik Vohsens ist nun die Einrichtung von Zollstellen an der Küste unter Angliederung von Handelsfaktoreien. Wir gehen im folgenden auf diese Institution darum ausführlicher ein, weil sie in doppelter Beziehung einen Markstein und Wendepunkt in der Entwicklung der DOAG als Schutzbriefgesellschaft darstellt: es ist das erste und einzige Mal, daß die DOAG mit der Erhebung von Zöllen ein nutzbares Hoheitsrecht finanziell in großem Maßstabe auszubeuten versuchte. Dann aber offenbart sich in ihrer nun beginnenden und durch die Einrichtung der Zollverwaltung eingeleiteten Tätigkeit an der Küste die Tatsache, daß die Gesellschaft mit dem Sultansvertrage aus einer deutschen gewissermaßen eine zanzibaritische Schutzbriefgesellschaft geworden war, nicht zwar im strengen Rechtssinne, wohl aber in wirtschaftlicher Beziehung. Die Erschließungsarbeit der DOAG kam nicht mehr dem deutschen Schutzbriefgebiet unmittelbar, sondern dem Küstengebiet des Sultanats zugute. Eine Unzahl von Problemen und Mißverständnissen erwuchs aus dieser neuen Situation, und in den neuen Verhältnissen fand die DOAG schließlich nicht die erhoffte Rentabilität, sondern den Damm, der ihrem Wirken ein frühes Ziel setzen sollte. Dennoch wird man sagen müssen, daß der mit dem Abschluß und der Durchführung des Küstenvertrages seitens der Gesellschaft unternommene Vorstoß ins Sultanat, wenn auch nicht nach seinen Motiven und ersten Wirkungen, so doch aber im Endeffekt, der uneingeschränkten Abtretung der Küste an das Deutsche Reich, von dauernder Bedeutung für die Entwicklung der ostafrikanischen Kolonie geworden ist.

An dem Abkommen interessiert uns hier vor allem Art. IX, welcher sich auf die Pacht der Zölle bezieht. Die mit der Übernahme der Verwaltung entstandenen Schwierigkeiten haben wir, soweit sie rein politischer Natur waren, an anderer Stelle erörtert; es kommt uns jetzt darauf an, zunächst einmal die zolltechnischen Auseinandersetzungen mit den Sultansorganen und dann die Einrichtung der Zollverwaltung selbst zu besprechen.

Die Zollerhebung an der Küste schien anfänglich dadurch völlig in Frage gestellt, daß die Inder nach dem englisch-zanzibaritischen Handelsvertrage die Freiheit hatten, ihren Zoll entweder an der Küste oder in Zanzibar zu entrichten. Da die Inder gerade den für die Zollerhebung in den Küstenplätzen fast ausschließlich in Betracht kommenden Zwischenhandel betrieben — der zentrale Export- und Importplatz war Zanzibar —, und man nicht erwarten durfte, daß der für Waren von und nach dem deutschen Pachtgebiet in Zanzibar gezahlte Zoll bei der bekannten Unzuverlässigkeit der Sultansbeamten ohne weiteres an die Gesellschaft zurückgezahlt oder doch zu ihren Gunsten in Rechnung gesetzt wurde, sann man auf Sicherheiten. Den bezüglichen Passus des englischen Handelsvertrages einfach zu ignorieren, ging nicht an, so daß man sich zu folgendem Vorgehen entschloß. Man wollte an der Küste von ausgeführten Waren eine Garantiesumme in Höhe des Zolles verlangen, die erst zurückgezahlt werden sollte, wenn der Nachweis über die Entrichtung der Abgabe in Zanzibar erbracht war[1]. Leicht konnte die Maßregel als Schikane gegen die Inder angesehen werden, wenn man auch wird zugeben müssen, daß die Gesellschaft bei der herrschenden Korruption nach europäischen Begriffen durchaus berechtigt war, sich ihre Einnahmen mit jedem Mittel zu sichern. Aber das ist eben die Frage, ob die ostafrikanischen Verhältnisse für formalistisch angewandte europäische Begriffe reif waren, und insbesondere, ob es angängig

---

[1] Später ist die Garantie abgeändert worden; s. den vorigen Paragraphen.

war, sie um jeden Preis zu oktroyieren, wo man sich doch sagen mußte, daß man zwar die Verwaltung in der Hand hatte, aber ein Exekutivorgan, eine zuverlässige Polizeitruppe oder Militärmacht nicht besaß, um seine Auffassung von Recht und Ordnung zur Geltung zu bringen. Auch die übrigen, an sich durchaus lobenswerten Versuche der Gesellschaft, sich in die zanzibaritischen Zollgepflogenheiten einzuleben, litten an dem Kardinalfehler, daß sie in einem Punkte keine Gnade kannten, und das war eben der Rechts- und Ordnungsbegriff. Wir zeigten an anderer Stelle, daß die Beamten des Staates Zanzibar von der Korruption lebten und zeigten auch, daß diese Korruption öffentlich sanktioniert war. Psychologisch handeln — und die gute Absicht hatte die DOAG — hieß hier eben darum nicht, diese oder jene zweifelhafte Gepflogenheit in der Zollerhebung zunächst anerkennen und hernach einen Aufpasser hinsetzen, sondern unbekümmert um eventuelle Mindererträge und das Geschrei der Ordnungsfanatiker der Korruption selbst Konzessionen zu machen. Das klingt ja gewiß nicht nach Zivilisation, so wie wir sie begreifen, aber es entbehrt der psychologischen Rechtfertigung nicht, vermeidet das Brüchige und stets Unökonomische in der Entwicklung und verleugnet letzten Endes die prinzipielle Berechtigung höherer Formen menschlichen Gemeinschaftslebens nicht. Es ist nicht Unkultur, sondern temperierte Kultur, konsequent im Ziel und maßvoll im Tempo, die solches Vorgehen empfiehlt.

Als die Vertreter der DOAG mit dem technischen Delegierten des Sultans die ersten Verhandlungen pflogen, mußten sie eine ganze Anzahl verwunderter Fragen beantworten, die deutlich genug zeigen, was die Situation nach der ganzen psychischen Disposition der Zanzibariten heischte. Die bisherigen Beamten sollen nicht bleiben? fragte Nassr Lilany erstaunt und konnte sich lange nicht in die Bücherkontrolle, die die Gesellschaft im Zanzibarzollhause beabsichtigte, und die neuartige Institution der drawbacks finden. Schließlich regte er an, daß die Gesellschaft Gewichts- statt der Wertzölle einführen möchte und erklärte sich erst, nachdem er ernstlichen Widerstand gefunden hatte, bereit, die Wertzölle unter der Bedingung anzunehmen, daß die Gesellschaft Durchschnittswerte festzusetzen bereit sei. Auch hinsichtlich des Auktionsverfahrens bei der Zollerhebung ergaben sich große Meinungsverschiedenheiten. Im Zentralzollhause in Zanzibar wurden nämlich die Artikel mit stark schwankenden Preisen an die Exporteure verauktioniert und der hier öffentlich festgestellte Wert der Verzollung zugrunde gelegt. Die Befürchtung von Spekulationen und Preistreibereien war gewiß berechtigt, wenn auch die Praxis nach Berichten des Generalkonsuls solche Machenschaften nicht kannte. Elfenbein war zwar einmal bedeutend über den Liverpooler Marktpreis hinaufgetrieben worden; wie versichert wurde, stand aber der Sultan, den man im Verdacht hatte, weil er an den höheren Zolleinnahmen interessiert war, der Sache völlig fern. Ihre anfängliche Abneigung gegen die Verauktionierung gab die DOAG wenigstens für Elfenbein schließlich auf und vereinbarte mit Nassr Lilany bei Gummi einen Tarif für zwei und bei Kopal für drei Qualitäten.

Neben diesen für zanzibaritische Verhältnisse recht verwickelten Angelegenheiten wurden im Juni 1888 schon die Entwürfe für die Organisation der Zollerhebung und die Einrichtung der Stationen der Gesellschaft ausgearbeitet. Man plante 7 Hauptzollstationen (Tanga, Pangani, Bagamoyo, Daressalam, Kilwa Kiwindsche, Lindi und Mikindani) und wollte in den übrigen Plätzen, an welchen der Sultan eine Zollerhebung unterhielt (Sadani, Mbweni, Kikunga, Ssamanga, Chole auf Mafia, Kilwa Kissiwani und Sudi), Nebenstationen errichten. Die alten Küstenwachen sollten bestehen bleiben und besondere Maßnahmen gegen den Schmuggel fürs erste nicht ergriffen werden. Man berechnete im Etatsvoranschlage für das erste Zolljahr einen mäßigen Überschuß von 7840 Mk. So hatte sich die Stationenpolitik mit der Übernahme der Zollverwaltung also endgültig nach der Küste konzentriert. Alle etwa verfügbaren kolonisatorischen Kräfte kamen damit im Sultanat und nicht mehr im eigentlichen Schutzbriefgebiet zur Verwendung.

Doch setzte der Aufstand dem neuen Kurs ein frühes Ziel, und schon anfangs Oktober hielt man an der Küste nach kaum 1½ monatiger Tätigkeit nur noch Bagamoyo und Daressalam. Der gesamte Zollverwaltungsapparat wurde damals in Zanzibar zusammengezogen und teilweise zur Überwachung der dortigen Sultanszollhebestelle verwandt, um auf diese Weise trotz der Erregung auf dem Festlande von den Zöllen das mögliche zu retten. Wir haben im Zusammenhang mit der Entwicklung der politischen Verhältnisse eine Darstellung der Zollkontrolle in Zanzibar gegeben.

Im vollen Umfange ist die Stationenpolitik Vohsens nun trotz der Niederwerfung des Aufstandes und der Abänderung des Küstenvertrages nicht wieder aufgelebt, wenn die allmählich fortschreitende Pazifizierung auf dem Kontinent auch mit einer Wiederbesetzung der Küstenstationen nach den Grundsätzen Vohsens Hand in Hand ging. Bis zum 1. Dezember 1889 waren neben Bagamoyo und Daressalam auch Pangani und Tanga wieder eröffnet worden, denen nach längerer Unterbrechung, bis zum 1. Juli 1890, die drei Stationen im Süden folgten. Ihre Tätigkeit erschöpfte sich in der Erhebung der Zölle. Eine eigentliche Stationenpolitik mit Erwerbszielen und Handelsbetrieb kam über schwache Anfänge nicht hinaus und war demgemäß weder auf der Aktiv- noch auf der Passivseite von Einfluß auf das finanzielle Endergebnis der Gesellschaftstätigkeit. Man unternahm in allen Küstenstationen Schritte zur Einrichtung von Faktoreien, schickte einen Kaufmann, der mit den ostafrikanischen Verhältnissen vertraut war, hinaus, um den Betrieb durch Anlage einer systematischen Musterkollektion der Exporten und Importen vorzubereiten, tätigte Getreideverkäufe an den Reichskommissar und beteiligte sich an den Geschäften des Händlers Stokes mit 30000 Mk. Auch Direktor Vohsen prüfte während seines zweiten Aufenthaltes in Ostafrika, Anfang 1890, die Handelsverhältnisse und erstattete ausführlichen Bericht nach Berlin. Auf Vorschlag des deutschen Generalkonsuls wurde in Bagamoyo eine Karawanserei eingerichtet, deren Bedeutung nicht nur in der Unterbringung der Karawanen, sondern vor allem auch in der Kontrolle des Verkehrs, der wirkungsvollen Ausübung des Sicherheitsdienstes und der Verhinderung der Ausbeutung der Karawanen durch gewissenlose Inder und Araber lag. Direkte Gewinne versprach das Unternehmen zwar nicht; es war aber neben den Zollstationen ein weiteres Mittel, den Faktoreibetrieb auszudehnen. In einem Bericht von Ende August 1890 hieß es nach all diesen Vorbereitungen: Die Faktoreigeschäfte haben begonnen.

B. Andere kolonisatorische Unternehmungen der DOAG.

1. Eigene Unternehmungen der DOAG: a) Bergwerkskonzession, b) Verkehrspolitik, c) Stipendienverträge. — 2. Beziehungen der DOAG zu anderen wirtschaftlichen Unternehmungen im Schutzgebiet: a) Ansiedelungen, b) Plantagengesellschaften.

1. Eigene Unternehmungen der DOAG.

a) Bergwerkskonzession.

Anfang 1889 hatte sich die DOAG ein Vorzugsrecht auf die Ausbeute von Salzen und Mineralien außerhalb ihres Vertragsgebietes erteilen lassen. Es lief vom 1. April 1889 auf fünf

Jahre und bezog sich auf die Gegend zwischen dem 35. und 32. Grad östlicher Länge und dem 5. Grad südlicher Breite und der Nordgrenze der deutschen Interessensphäre. Man glaubte dort die sagenhaften Salpeterlager zu finden und machte mehrmals Ansätze zur Erkundung; es kam jedoch nicht dazu, geschweige zur Ausbeutung, und schließlich geriet die Konzession in Vergessenheit.

b) Verkehrspolitik.

Schon unter Baron v. Gravenreuth, dem Vertreter des Dr. Peters in der Führung der ostafrikanischen Geschäfte, war die Eisenbahnexplorationsexpedition aus dem Innern zurückgenommen und beauftragt worden, die Ergebnisse ihrer Arbeiten in Bagamoyo zusammenzustellen. Unter Konsul Vohsen wurde sie gänzlich mit der Begründung aufgehoben, daß sie den »Zwecken der Gesellschaft nicht mehr entspreche«, was doch wohl bedeutet, daß die beabsichtigte Pflege von Handelsfaktoreien an der Küste, sowie die Übernahme der Zollverwaltung und die landwirtschaftlichen Unternehmungen in dem geplanten bescheidenen Umfange eine Erschließung des Landes durch moderne Verkehrswege überflüssig mache. Aus den Mitgliedern der Expedition bildete man ein technisches Bureau, dem die Vermessungsarbeit und die Abschätzung und Herstellung von Gebäuden übertragen wurde.

Einzig für die Verbindung Zanzibars mit der Küste besaß die DOAG den Dampfer »Jühlke«. Die steigenden Ansprüche des Verkehrs in den Tagen der Vorbereitung der Zollübernahme führten zur Anforderung eines besonderen Zolldampfers, der wohl auch eingetroffen wäre, wenn die Ereignisse nicht jede Bemühung in der angegebenen Richtung überflüssig gemacht hätten.

Est nach Niederwerfung des Aufstandes trat eine neue Verkehrspolitik zögernd in die Erscheinung. Dr. Baumann, der mit einer Exploration des Küstengebietes zwischen Daressalam und der Nordgrenze beauftragt war, erhielt unter anderem die Order, Erkundungen für die Anlage einer fahrbaren Straße von Tanga durch Bondeï nach Usambara anzustellen (spätere Usambarabahn) und eine geeignete Trace für eine Straße von Daressalam in die Puguberge festzulegen. Soweit sich diese Aufträge auf Bahnen beziehen, lassen sie erkennen, daß man nach dem Aufstand dem System der Stichbahnen huldigte. Daneben glaubte man freilich noch immer, den Verkehr auf den Wasserstraßen ausbauen zu können. Die Untersuchungen Dr. Baumanns über Schiffbarkeit und Flößbarkeit der nördlichen Küstenflüsse zeitigten aber ein negatives Resultat, so daß die Flußläufe alsbald wieder aus dem verkehrspolitischen Räsonnement verschwanden.

An diesen Grundsätzen der Verkehrspolitik auf dem Festlande änderte auch die Subventionierung der deutschen Ostafrikalinie Anfang 1890 nichts. Die neue Verbindung mit dem Mutterlande wurde nicht durch eine großzügige Verkehrspolitik in der Kolonie ergänzt. Man beschränkte sich darauf, getragen von dem Gedanken, die Küstenproduktion zu entwickeln und die Monopolstellung Zanzibars zugunsten der Festlandshäfen zu brechen, die Schaffung einer Küstenzweiglinie anzuregen und für die Hauptlinie, außer Zanzibar, noch mindestens drei weitere Häfen auf dem Festlande als Anlaufsplätze zu empfehlen.

c) Stipendienverträge.

Ein neuer Gesichtspunkt für die Erschließungsarbeiten wurde unter der Generalvertretung Vohsen mit den sogenannten Stipendienverträgen gewonnen. Es war die Absicht dieser Verträge, »die Eingeborenen zu den Kulturen von Ölfrüchten, namentlich von Erdnüssen und Sesam, behufs Verkaufs an die DOAG anzuspornen«. Über die hier genannten Produkte hinaus sollten die Verträge für jeden Handelsartikel abgeschlossen werden, den Neger, Suaheli oder Araber überhaupt zu Markte zu bringen vermochten. Dies geht auch aus folgender Einteilung des Schutzgebietes für die Zwecke der Stipendienverträge hervor. Man dachte sich die Kolonie in drei Rayons geteilt: den Küstenrayon der Jahreskulturen, die Landstrecken, welche man als Durchreisegebiete bezeichnen könnte, weil dort keine wichtigeren oder wertvolleren Produkte vorhanden waren, und die Elfenbein- und Kautschukländer. In diesen Rayons sollten mit den eingeborenen Chefs auf die Eigentümlichkeit der Lieferbarkeit usw. der einzelnen Handelsartikel abgestimmte Stipendienverträge abgeschlossen und die einflußreichen Grundbesitzer der Küste, also Araber und Suaheli, wie die Häuptlinge des Innern für eine intensivere Kulturarbeit gewonnen werden.

Eigentümlich ist diesem System der Eingeborenenkulturen, wie es uns hier zum ersten Male in der deutschen Kolonialpolitik entgegentritt, der enge Zusammenhang mit dem Faktorei- und Handelsbetrieb der DOAG. In jenem oben zitierten Passus des Geschäftsberichtes für das Jahr 1889 heißt es ausdrücklich: »Kulturen von Ölfrüchten behufs Verkaufs an uns« sind anzuregen. Einer Monopolisierung des Handels ist dieses System der Stipendienverträge doch nicht gleichzusetzen, weil es nicht ausschließt, daß sich andere Unternehmer die Produktion des Schutzgebietes in gleicher Weise dienstbar machten. Allerdings ist die Probe auf das Exempel niemals versucht worden, weil während der Herrschaft der DOAG sich eine zweite Handelsgesellschaft in Ostafrika nicht niederließ. Schon die großen Friedensschauris, welche zu Anfang des Jahres 1890 in einzelnen Küstenorten abgehalten wurden, brachten den Abschluß von Stipendienverträgen mit Jumben und Arabern. Dr. Baumann vermehrte sie auf seinen Reisen in Usambara und verabredete in ihnen namentlich den Sesamanbau und Kautschuklieferungen nach Tanga.

2. **Beziehungen der DOAG zu anderen wirtschaftlichen Unternehmungen im Schutzgebiet.**

a) Ansiedelungen.

Nach der ersten Begeisterung der für die Kolonien lebhaft eintretenden Kreise war durch mannigfache Ursachen hinsichtlich der Besiedelung ein Umschwung der Meinungen eingetreten. Er findet zu einem Teile in den »Hauptbedingungen über Abtretung von Gesellschaftsland an Kolonisten« einen Niederschlag. Da heißt es: 1. Der Landkomplex soll nicht größer und kleiner sein als 1000 ha. 2. Der Preis ist 4 Mk. pro Hektar; das Land ist aber sofort in Kultur zu nehmen. 3. Die Übergabe findet erst statt, wenn die Kaufsumme gezahlt ist. Vorher aber wird die Vermessung vollzogen, deren Kosten vom Kolonisten zu tragen sind. 4. In den beiden ersten Jahren sind 5 %, in den folgenden Jahren aber 10 % des Landes urbar zu machen und zu kultivieren. Geschieht dies nicht, dann besteht ein Anrecht nur auf einen Landkomplex, der so groß ist, wie das zwanzig- bzw. zehnfache der urbar gemachten Strecken. Eine Rückvergütung des Kaufschillings findet jedoch nicht statt. 5. Es können auch größere Terrains als 1000 ha abgegeben werden und zwar ohne Anwendung der unter 4. gesetzten Bedingungen. Weil solche Käufe jedoch nur zu Spekulationszwecken getätigt würden, werden besondere Abmachungen und höhere Preise vereinbart werden. Für die Sicherheit der Person und des Eigentums übernimmt die Gesellschaft keine Garantie. 7. Die DOAG hat das Recht, alljährlich vor der kleinen Regenzeit eine Inspektion des Anwesens vorzunehmen. 8. Zu bestimmten Zwecken, wie Anlage von Versuchsplantagen, Jahresplantagen, Depotplätzen usw. kann Land auf die Dauer von 5 Jahren für 1 Mk. pro Hektar abgegeben werden. Diese allgemeinen Grundsätze sollten Interessenten als eventuelle Vertragsbasis mitgeteilt werden. Eine Reklame für Ansiedelungen vermied man aber und zwar vornehmlich aus zwei Gründen: Zunächst war die Rentabilität solcher kolonisatorischen Unternehmungen bisher für die Kolonie nicht erwiesen, und dann gaben die klimatischen Verhältnisse zu Bedenken Veranlassung. Da die DOAG aus Landabtretungsverträgen dieser Art Streitigkeiten voraussah, erstrebte sie gegebenenfalls die Kompetenz des Generalkonsuls. Ihre Furcht vor Verwicklungen ist bezeichnend, und wohl ein Beweis, daß sie die Härte dieser »Bedingungen« nur zu deutlich fühlte. Auch der ausdrückliche Hinweis darauf, daß man keinem Kolonisten Leben und Eigentum garantieren könne, ist einer Schutzbriefgesellschaft wenig würdig.

Während der Generalvertretung des Dr. Peters waren zwei Kolonisten, welche gemeinsam zu arbeiten gedachten, nach Ostafrika gekommen. Sie sind unter der Herrschaft der DOAG die einzigen geblieben. Der Aufstand hat ihre Unternehmungen hinweggefegt und brachte einem von ihnen den Tod. Ihre Kapitalkraft war außerordentlich gering, was übrigens auch von den wenigen Ansiedlern galt, welche im Gebiete der Witugesellschaft saßen. Kurz vor Beginn des Aufstandes gingen jenen beiden Ostafrikanern die Betriebsmittel aus, und erst nach mancherlei Bemühungen gelang es ihnen, neue Kapitalien flüssig zu machen. Bis August 1888 hatten sie ihre Verpflichtungen gegen die DOAG, welche sich auf 12000 Mk. beliefen, noch nicht eingelöst. Man verbot ihnen auch die Ernte von Pira, da sie an dem Artikel Raubbau trieben.

b) Plantagengesellschaften.

Schon im Jahre 1887 war die Deutsch-Ostafrikanische Plantagengesellschaft nach Ostafrika gekommen. Es wurde schon berichtet, daß sie von der DOAG die Station Petershöhe kaufte. Unter der Generalvertretung Vohsen wurden ihr abermals einige Stationen zum Kauf angeboten. Sie erwarb schließlich Korogwe für 3000 Rps., einschließlich 1500 Rps. für ein Holzhaus, das noch in Pangani lag. In dem darüber geschlossenen Vertrage wurde der Plantagengesellschaft gleichzeitig das Recht zugestanden, sich 25000 ha Land, auf die sie laut Vertrag vom 24. September 1886 Anspruch hatte, in einer Interessensphäre um Lewa auszusuchen.

Sollte sich herausstellen, daß das Gebiet, in dem sie ihre Betriebe zu konzentrieren gedachte, weder für Tabak, noch für Kaffeekulturen geeignet war, so konnte sie es noch nach 5 Jahren zurückgeben. Der DOAG verblieb die Berechtigung, im Interessengebiet Wege und Verbindungsstraßen anzulegen. Die Pflanzungstätigkeit der Deutsch-Ostafrikanischen Plantagengesellschaft erstreckte sich anfänglich auf den Bau von Tabak. Kurz vor dem Ausbruch der Unruhen beschäftigte sie in Lewa 300 Arbeiter. Nachdem der Aufstand auch ihrer Arbeit ein Ende gemacht hatte, begann sie ihre Wirksamkeit erst wieder gegen Ende des Jahres 1890.

Zu Beginn desselben, als der nördliche Küstenstreifen schon wieder ganz in den Händen Wissmanns war und auch Usambara sich zu beruhigen begann, nahm die schon 1888 gegründete Deutsche Pflanzergesellschaft, welche auch Tabaksplantagen plante, mit zwei Beamten im Hinterlande von Tanga, bei Amboni am Sigi, ihre Arbeiten auf.

§ 3.
Kompetenzkonflikte zwischen der Reichsvertretung in Zanzibar und dem Generalbevollmächtigten der DOAG im Geltungsbereich des Küstenvertrages.

So unentwickelt die Rechtsverhältnisse im eigentlichen Schutzbriefgebiet auch waren[1], es wäre falsch, wollte man von einer Verworrenheit und Unklarheit der Rechtslage sprechen. Diese Merkmale treffen aber auf die Situation im Küstengebiet zu, wie sie der Vertrag mit dem Sultan vom 28. April 1888 schuf. Nicht nur, daß für den Sultan sowohl subjektiv wie objektiv die im Küstenvertrage geschaffene Rechtslage ein Rätsel war, woraus sich psychologisch der Aufstand entwickelte, auch die Vertretung des Reiches konnte den Kontakt mit der neuen Sachlage nicht finden.

Die DOAG hatte ihre Expansionspolitik mit dem Abschluß des deutsch-englischen Abkommens Ende 1886 aufgegeben. Ihr Tätigkeitsgebiet wurde damals jenes nördlich des Rufiji gelegene Gebiet, in welchem die 4 Landschaften des Schutzbriefes und das Hinterland von Tanga und Pangani sich ausdehnten, Territorien, die vom Sultan von Zanzibar unabhängig waren und der Ober-

---
[1] Siehe den Abschnitt über den Schutzbrief der DOAG.

hoheit des Reiches bzw. der DOAG unterstanden. Der Schutzbrief hatte hier größtenteils seine Gültigkeit und gab trotz seiner embryonalen, unentwickelten Gestalt zu Kompetenzkonflikten keine Veranlassung. Einzelne Anregungen des Dr. Peters, namentlich auf dem Gebiet der Rechtspflege, die Zuständigkeit des Reiches und der Gesellschaft zu ordnen, verfielen der Vergessenheit, noch ehe man sie einer ernsthaften Erwägung unterzogen hatte. So wenig aktuell war eben selbst dieser Gegenstand, daß man ihn ohne Gefahr für die guten Beziehungen zwischen der DOAG und dem Auswärtigen Amt ungeregelt lassen konnte. Was die Gerichtsbarkeit über Nichtfarbige im Schutzgebiet anbetraf, so waren allerdings durch das Schutzgebietsgesetz vom 16. April 1886 Ansätze zu einer Neuordnung gemacht worden. Darüber hinaus aber blieb alles beim alten. Und das war möglich, weil das Schutzbriefgebiet nicht eigentlich der Markt für die großen Inlandskarawanen und selbständiges Wirtschaftsgebiet, sondern lediglich Durchgangsland war, und daß ferner außer einigen Missionaren kaum ein Europäer das Territorium aufsuchte, mit einem Wort, weil die Primitivität der ethnographischen und wirtschaftlichen Verhältnisse nach keiner höheren Rechtsform verlangte.

Dies wurde mit einem Schlage anders, als das Tätigkeitsgebiet der Gesellschaft mit dem Amtsantritt Vohsens und dem Abschluß des Küstenvertrages aus dem eigentlichen Schutzbriefgebiet weg an die Küste verlegt wurde, wo ein international anerkannter arabischer Herrscher regierte und das Reich keine Souveränität besaß, wo arabische Rechtsanschauungen nicht nur herrschten, sondern sich jedem fremden Einfluß bewußt zu widersetzen suchten, wo zwar wenig Europäer lebten, das indische Element aber, unter der Jurisdiktion Englands stehend, desto stärker nicht nur numerisch, sondern namentlich wirtschaftlich hervortrat, wo sich endlich große Märkte befanden und bereits Zölle und Steuern bezahlt wurden. Wir sehen an dieser Stelle ganz von der Tatsache ab, daß sich die DOAG der Kolonisationsarbeit in dem Gebiete eines fremden arabischen Sultans zuwandte, obwohl sie eine deutsche Schutzbriefgesellschaft war. Was uns hier interessiert, sind nicht ihre Metamorphose aus einer deutschen Schutzbriefgesellschaft in eine zanzibaritische — da sie im Küstengebiet ihre Hoheitsrechte vom Sultan ableitete —, auch nicht die eigenartigen Begleitumstände dieses Prozesses, seine Erklärung und seine wirtschaftliche und politische Bedeutung, es ist vielmehr nur seine Rückwirkung auf die Beziehungen zwischem dem Reich, seiner Vertretung in

Zanzibar und der DOAG. Mit anderen Worten, es ist die Tatsache, daß der Küstenvertrag eine Reihe von Kompetenzstreitigkeiten zwischen der Gesellschaft und dem Generalkonsulat geschaffen hat. Schon die Darstellung der Entwicklung der politischen Verhältnisse nach Abschluß des Küstenvertrages gab uns Gelegenheit, diese Kompetenzstreitigkeiten im Vorübergehen zu erwähnen. Wir konnten zeigen, wie sich aus ihnen die Aktion des Reiches unter der Führung Wissmanns entwickelte, aus der sich schließlich die Übernahme der Kolonie in die Reichsverwaltung ergab. Jene Streitigkeiten erscheinen somit als die ersten Anzeichen der radikalen Wendung, welche die Entwicklung der staatsrechtlichen Verhältnisse in Ostafrika mit dem 20. November 1890, dem Tage, an welchem das Abkommen wegen Übergangs der Kolonie in die Verwaltung des Reiches zwischen Caprivi und der DOAG unterzeichnet wurde, nahm.

Noch ehe der Küstenvertrag abgeschlossen oder gar zur Ausführung gekommen war, hatte er zu Auseinandersetzungen zwischen Reich und Gesellschaft Veranlassung gegeben. Als Dr. Peters gleich nach seiner Ankunft in Zanzibar die Angelegenheit der Sultanszölle in persönlichen Verhandlungen mit dem Herrscher zu pressieren begann, konnte mit Recht die Frage auftauchen, ob denn nach der Absicht des Schutzbriefes, welcher die völkerrechtliche Vertretung des Schutzgebietes der Reichsregierung vorbehielt, diese Verhandlungen nicht eigentlich durch den Generalkonsul hätten geführt werden müssen. Offenbar hing eine rein sachliche Stellungnahme für oder wider davon ab, ob man die Angelegenheit als eine privatwirtschaftliche oder völkerrechtliche zu betrachten geneigt war.

Die Opportunität forderte jedenfalls, das Reich als solches möglichst von den Verhandlungen fern zu halten, um nirgends die Meinung aufkommen zu lassen, daß Seyyid Bargasch durch Hervorkehrung des Machtstandpunktes entrechtet werden sollte. Es schien politisch zweckmäßig, die DOAG mit der Aufgabe zu betrauen, und hinter dieser Zweckmäßigkeit mußten andere Gründe zurücktreten, so daß beim Entschluß des Fürsten Bismarck, die Führung der Zollverhandlungen mit dem Sultan Dr. Peters zu übertragen, die Alternative: Privatwirtschaftlich oder völkerrechtlich? wohl überhaupt nicht diskutiert worden ist.

Noch einmal also war der DOAG, nachdem sie ihre Expeditionspolitik aufgegeben hatte, Gelegenheit geboten, sich auf dem Felde politischer Expansion, dem ureigensten Arbeitsgebiete moderner Schutzbriefgesellschaften, zu betätigen. Doch sollten diesmal nicht tollkühne Züge ins Innere eines fast unbekannten Erdteils unternommen, sondern der Erfolg mit den Künsten der Diplomatie am Hofe eines verschlagenen arabischen Herrschers errungen werden.

In seiner Instruktion war Dr. Peters nach Bismarcks Willen ausdrücklich beauftragt worden, die Erledigung der Küstenangelegenheit persönlich in direkten Verhandlungen mit dem Sultan herbeizuführen. Der Generalkonsul sollte erst eingreifen, wenn Peters' Bemühungen erfolglos blieben. Diese klare Scheidung erwies sich aber in der Praxis als undurchführbar, so daß man bald eine neue Autorisation des Generalbevollmächtigten vom Auswärtigen Amt forderte. In dieser Note, welche vom 13. August 1887 datiert ist, wurde Dr. Peters die Erledigung aller »geschäftlichen Angelegenheiten« mit dem Sultan in direkten Verhandlungen übertragen. Die Generalvertretung legte den Ausdruck »geschäftliche Angelegenheiten« dahin aus, daß er eine Erweiterung der Vollmacht bedeute, welche das Auswärtige Amt für die speziellen Verhandlungen zum Küstenvertrage vor der Ausreise erteilt habe. Die Auffassung des Konsulats wich von dieser Interpretation aber nicht unerheblich ab, indem es sich auf den Standpunkt stellte, daß Angelegenheiten, welche rein privatwirtschaftlich-geschäftlichen Charakter trügen, allerdings von der Gesellschaft direkt beim Sultan angebracht, solche aber, die behördlicher Natur seien, allein durch die Reichsvertretung erledigt werden könnten. Die schließliche Übertragung der Küstenvertragsverhandlungen an den Generalkonsul trug dieser Auslegung Rechnung. Er führte die Verhandlungen allerdings im Auftrage der Gesellschaft und nicht im Namen, sondern nur mit Genehmigung des Reiches.

Einen ähnlichen Ausweg aus der gleichen Situation hatten die Engländer schon früher gefunden. Die British East-Africa Association ließ die Abmachungen mit dem Sultan wegen der Mombaszölle auch durch den englischen Generalkonsul treffen, der aber gleichzeitig ihr erster Beamter und Generalbevollmächtigter in Ostafrika war.

Mit dem Abschluß des Sultansvertrages im April 1888 war der Kompetenzstreit jedoch erst recht entfesselt. Die DOAG war im Küstengebiet eine zanzibaritische Schutzbriefgesellschaft geworden und stand insoweit unter der allerdings nur noch nominellen Oberhoheit des Sultans. Indem sie nun gleichzeitig ihre Tätigkeit im eigentlichen Schutzbriefgebiet aufgab und sich auf den zanzibaritischen Küstenstreifen beschränkte, wurde einerseits der ganze Schutzbrief, den sie von der Reichsregierung erhalten hatte, zunächst praktisch bedeutungslos, und teilte sie andererseits ihre an der Küste faktisch ausgeübten Hoheitsrechte nun nicht mehr mit dem Reich, sondern mit dem Sultan von Zanzibar. Für das Reich war die DOAG von diesem Augenblick an nicht mehr durch den Schutzbrief erreichbar, dessen Gültigkeit sich natürlich auf deutsche Territorien beschränkte, sondern nur durch die Konsulargerichtsbarkeit in ihrer Eigenschaft als Reichsangehöriger. Jeder staatsrechtliche Einfluß auf die im Sultanat arbeitende DOAG war der Reichsregierung versagt, wenn ihr auch die privatrechtliche Jurisdiktion über sie erhalten blieb.

Ohne also Einfluß auf das gouvernementale Gebahren der DOAG im Küstengebiet zu haben, blieb dem Reiche doch die volle Verantwortung dafür aus mancherlei Gründen. Die Gesellschaft einfach fallen zu lassen, wenn sie zu irgendwelchen Konflikten im Küstenstreifen Veranlassung geben sollte, ging schon darum nicht, weil man sich dann der Anwartschaft auf die Küste begeben und somit den bereits begonnenen Vorstoß gegen das Sultanat wieder problematisch gemacht hätte. Für das Deutsche Reich war die DOAG also nunmehr ein Reichsangehöriger ohne irgendwelche besondere Eigenart. Sie besaß, nach dem Generalkonsul, die Rechte einer physischen Person und hatte insbesondere auch Anspruch auf konsularischen Schutz. Die Ausübung gewisser Hoheitsrechte an der Küste sollte nichts an der Gleichstellung mit anderen Reichsangehörigen ändern. Das hatte zur Folge, daß ihre Flagge nicht als Hoheitszeichen angesehen wurde, sondern als Handelsflagge, wie sie viele Privathäuser führten, daß ihre Gesuche an die Kaiserliche Marine nicht als behördliche Requisitionen gelten konnten, daß sie politische Angelegenheiten mit dem Sultan nicht direkt erörtern durfte, obwohl sie der einzige wirklich den Staatswillen repräsentierende Faktor im Küstengebiet war.

Von diesen Beschränkungen war in dem Augenblick, als die Auffassung des Generalkonsuls bekannt wurde, für die DOAG besonders verhängnisvoll, daß sie sich nicht mit Requisitionen an die Marine wenden durfte; denn damals brach an der Küste der Aufstand aus. Weniger einschneidend wirkte der andere Grundsatz, in politischen Dingen nicht direkt mit dem Sultan verhandeln zu dürfen. Seit langem war der Generalvertreter gewöhnt, sich des Konsuls als Mittler zu bedienen, es war keine Überraschung, wenn die Tatsache im vorliegenden Zusammenhang noch einmal konstatiert wurde. Dennoch schuf sie staatsrechtlich völlig unhaltbare Verhältnisse. Die DOAG war Mandatar des Sultans in Staatsgeschäften in einem Gebiet, das ihm allein untertan war; sie war unmittelbar von ihm beauftragt und direkt von ihm abhängig. Daß zwischen ihr und dem Sultan in politischen Angelegenheiten der Generalkonsul stand, war rechtlich eine unmögliche Konstruktion. Auch vor diesem Problem haben die Engländer in Afrika gestanden. Sie ernannten den Bevollmächtigten der British East-Africa Association zum Political-Agent im Gebiet der Gesellschaft und schalteten damit ihren Generalkonsul aus den Beziehungen zwischen der pachtenden Gesellschaft und dem Sultan aus. Diese Dehnbarkeit und Modulationsfähigkeit der britischen konsularischen Rechtsordnung ist überhaupt einer der Faktoren, deren England seine bewundernswerten weltpolitischen Erfolge in den letzten anderthalb Jahrhunderten verdankt. Was nützt der deutschen Expansionspolitik alle sachliche Tüchtigkeit und Anpassungsfähigkeit unserer Industrie und Kaufmannschaft, wenn jeder von diesen wirtschaftlichen Mächten errungene politische Erfolg durch starre und formalistisch angewandte Rechtsbegriffe wieder in Frage gestellt werden kann.

An dieser Stelle möchten wir auch eines Vorschlages der Generalvertretung hinsichtlich der Rechtspflege im Küstengebiet gedenken. Sie interessiert uns hier, weil sie ein neuer Beweis der außerordentlich verwickelten staats- und völkerrechtlichen Beziehungen ist, in welche die DOAG mit Übernahme der Verwaltung an der Küste versetzt wurde. In einer Verordnung übertrug der Generalvertreter die Rechtspflege in Straf- und Zivilsachen den Leitern der Zollstationen. Wegen einer Anzahl unerledigter Formfragen trug die Verfügung jedoch nur provisorischen Charakter. Es fehlte die Genehmigung des Auswärtigen Amtes, welches möglicherweise eine Ergänzung der Verfügung fordern konnte, dahingehend, daß die Stationschefs als Richter vom Konsul zu deligieren seien. Nach der Verordnung blieb es sodann eine offene Frage, ob auch die Inder sich der Rechtsprechung der Gesellschaft zu unterwerfen hätten, ein Zustand, der die Quelle tiefgehender Mißverständnisse werden konnte. Endlich aber fehlte in der Verfügung die Abgrenzung des Kompetenzgebietes der Stationschefs gegen die Kadis Sr. Hoheit.

Mißgriffe mußten sich aber gerade hier, bei dem empfindlichen, durch das Sektenwesen[1]) besonders reizbar verschärften Rechtsbewußtsein der Araber schwer rächen.

Trotz aller Instruktionen seitens des Reiches und der Gesellschaft an ihre Organe trat eine unzweideutige Regelung der Kompetenzen erst mit Beginn der Tätigkeit Wissmanns ein[2]). Die erörterten Konflikte aber haben auch ihr Teil dazu beigetragen, daß die Verdrossenheit und der Mißmut über die Verhältnisse in der Kolonie auf beiden Seiten, bei dem Reich und der DOAG, wuchsen und sind somit auch eine Ursache der schließlichen Ablösung der Gesellschaft geworden.

---

[1]) Prof. Dr. Hartmann in »Koloniale Rundschau«, 1910.

[2]) Siehe den Abschnitt über die Entwicklung der politischen Verhältnisse nach Abschluß des Küstenvertrages.

III. Abschnitt.
Ablösung der Hoheitsrechte der DOAG.

1. Kapitel.
Der Vertrag vom 20. November 1890.

Die dargelegten Verhältnisse drängten zur Auseinandersetzung der Gesellschaft mit dem Reich. Sie erfolgte am 20. November 1890. Für eine richtige Einschätzung des Vertrages ist es nötig, einen Blick auf die Entwickelung des Gesellschaftsvermögens und die alljährlich seitens der DOAG für die Kolonie gemachten Aufwendungen zu werfen. Wir stellen darum eine summarische Betrachtung dieser Dinge an die Spitze dieses Abschnittes.

Die Gesamtbeteiligung bei der DOAG belief sich bei ihrer Konstituierung am 26. Februar 1887 auf 3 484 000 Mk., wovon 150 000 Mk. Freianteile und 1 254 000 Mk. buchmäßiges Vermögen der ehemaligen Kommanditgesellschaft, welches »mit allen Rechten und Pflichten auf die DOAG überging«, waren. Bis zum 31. Dezember 1887 wurden noch 24 Anteile à 10 000 Mk. gezeichnet, so daß die Gesellschaft zu diesem Zeitpunkte auf dem Papier insgesamt ein Vermögen von 3 724 000 Mk. besaß[1]). Diesem stand am Ende 1887 ein Landbesitzkonto — d. h. der Saldo der seit 1885 gemachten Aufwendungen, einschließlich der Abschreibungen usw. — von 1 612 079,99 Mk. und nicht eingezahlte 50 % auf 232 Anteile à 10 000 Mk. = 1 160 000 Mk. gegenüber, so daß die übrigen Aktiva sich auf ca. 1 000 000 Mk. beliefen, wovon ungefähr 700 000 Mk. liquide Mittel waren (Bestand an zinstragenden Effekten und Guthaben bei den Bankiers der Gesellschaft). Im Jahre 1888 wurden auf die Anteilscheine à 10 000 Mk. weitere

---

[1]) Nach einer Anmerkung zum Satzungsentwurf vom 28. September 1888, während die Berlin-Bilanz für 31. Dezember 1887 3 727 600 Mk. angibt.

25 % (580 000 Mk.) eingefordert; 1889 blieb der Status unverändert, und 1890 erfuhr die finanzielle Organisation der Gesellschaft eine radikale Umgestaltung, auf die wir nicht näher eingehen, weil sie wegen der bald darauf eintretenden Ablösung der Hoheitsrechte für die kolonisatorische Tätigkeit der Schutzbriefgesellschaft DOAG ohne Bedeutung blieb.

Im Jahre 1887 beliefen sich die Aufwendungen der Gesellschaft »zur Befestigung des Besitzes in Ostafrika«, einschließlich der Abschreibungen, Kursverluste etc., nach dem Jahresbericht auf 378 518,99 Mk., 1888 auf 422 919,31 Mk. Wie wenig man aber aus diesen Zahlen für die wirtschaftliche oder gouvernementale Tätigkeit der Gesellschaft eigentlich entnehmen kann, geht beispielsweise daraus hervor, daß die Entschädigungsansprüche an den Sultan von Zanzibar in Höhe von 208 286,20 Mk., die nie realisiert worden sind, als Gewinn in 1888 verbucht wurden und demgemäß auch auf den buchmäßigen Verlustsaldo von Einfluß waren. Allerdings wurden sie in 1889 wieder in Abzug gebracht, wodurch sich die Aufwendungen für dieses Jahr erheblich verminderten. Als nicht direkte Ausgaben für Ostafrika sind dann ferner noch 60 000 Mk. außerordentliche Ausgaben, davon 30 000 Mk. Beitrag zur Emin-Pascha-Expedition, und 8767,43 Mk. dem Sultan zurückgezahlte Kommission[1]) abzuziehen, so daß der Verlustsaldo pro 1889 nur 92 686,28 Mk. betrug. Im Jahre 1890 erreichte er eine Höhe von 123 193,14 Mk. Ohne die Zahlen im einzelnen nachzuprüfen läßt sich doch allgemein ein erheblicher Rückgang der Aufwendungen seit 1889 konstatieren, der in engem Zusammenhang mit der beginnenden Eliminierung der Gesellschaft und der ganzen Entwicklung der politischen Verhältnisse infolge des Eingreifens der Reichsregierung stand. Aufwendungen zur Entwicklung der Kolonie wurden, wie wir in den vorhergehenden Kapiteln zeigten, in diesen Jahren so gut wie gar nicht gemacht. Die trotzdem die 100 000 erreichenden Verluste erklären sich durch andere Momente (Gehälter, namentlich auch Abschreibungen etc.).

Nach diesen Feststellungen kommen wir nunmehr zum Ablösungsvertrage vom 20. November 1890. Wir haben im Verlauf der bisherigen Erörterungen zeigen können, wie die Reichsregierung allmählich alle obrigkeitlichen Funktionen der DOAG an sich zog. Am 1. Januar des Jahres 1891 fand dieser Vorgang

---
[1]) Siehe S. 138.

mit der Konstituierung einer Reichskolonie Ostafrika seinen Abschluß. Wenn auch der Abgeordnete Oechelhäuser, ein Mitglied des Verwaltungsrats der DOAG, am 5. Februar 1891 im Reichstage von der »patriotischen Resignation« sprach, mit der die Gesellschaft sich die »Fettfeder des Zollvertrages mit dem Sultan habe ausziehen lassen«, so ist es doch eine Tatsache, daß sie die Ablösung ihrer Hoheitsrechte direkt angeregt und die Regierung des Reichs zu wiederholten Malen über ihre Stellungnahme dazu sondiert hat. Schon im Oktober 1888 erörterte Konsul Vohsen von Zanzibar aus in einer ausführlichen Denkschrift die Frage: Reichskolonie oder Fortbestand des Sultansvertrages? Er kam zu dem Schluß, daß es drei Möglichkeiten einer gedeihlichen Weiterentwicklung gäbe: Entweder nimmt das Reich, so sagt er, während der Sultan sich seiner sämtlichen Hoheitsrechte begibt, Besitz von Zanzibar und der Küste und zahlt dem Sultan dafür aus den Staatseinkünften eine jährliche Rente von 500000 Mk., oder das Reich erklärt nur den Küstenstreifen, wie er im Zollvertrage mit der DOAG begrenzt ist, zur Reichskolonie, handhabt die dortige Verwaltung unabhängig vom Sultanat und bestreitet die Kosten aus den dortigen Revenuen, Zöllen, Steuern, Lizenzen etc. Sollte es aber das Reich verschmähen, sich zum Souverän an der Küste zu machen, so müsse der Küstenvertrag auf einige Jahre suspendiert und der Sultan gezwungen werden, die gesamte Zollverwaltung in Zanzibar und im Küstengebiet der Oberleitung der DOAG zu unterstellen. Auf diese Weise würde eine Garantie dafür geschaffen werden, daß später einmal der Küstenvertrag vollständig zur Ausführung käme. Es ist anzunehmen, daß der Abgeordnete Oechelhäuser in der Denkschrift, die er am 8. Dezember 1888 dem Staatssekretär des Auswärtigen Amtes überreichte, und auch in dem Vortrage, den er dem Reichskanzler bald darauf in Gegenwart seines Parteifreundes Dr. v. Bennigsen hielt[1]), dieselbe Alternative stellte. Wir haben an anderer Stelle gezeigt, daß Bismarck darauf mit der Aussendung der Wissmann-Expedition antwortete. Inwieweit diese Maßnahme den Vorschlägen der DOAG in dem einen oder anderen Sinne gerecht zu werden versuchte, oder ob sie etwa die bestehenden staatsrechtlichen Zustände im Küstengebiet entgegen jenen Propositionen konservieren wollte, wird sich schwer entscheiden lassen, während wohl als sicher anzunehmen ist, daß ihre offizielle Motivation vor dem Reichstage, die auf die moralische Verpflichtung

---

[1]) Verhandlungen des Reichstages vom 5. Februar 1891.

Deutschlands ging, gegen die Barbarei des Sklavenhandels einzuschreiten, nur gebraucht wurde, um den Reichsboten die ganze Vorlage annehmbar zu machen. Die Tätigkeit Wissmanns, welche die DOAG ihrer Verpflichtungen aus dem Küstenvertrage, abgesehen von der Erhebung der Zölle, enthob, war eben darum geeignet, die Klagen der Gesellschaft über ihre prekäre Lage auf einige Zeit verstummen zu lassen. Schon Ende des Jahres 1889 aber, bevor Konsul Vohsen zum zweiten Male und zwar mit einer Spezialmission, welche die Abänderung des Küstenvertrages vom 28. April 1888 bezweckte, nach Ostafrika ging, fragte er gelegentlich eines Besuchs im Auswärtigen Amt vorsichtig beim Staatssekretär Herbert Bismarck an, wie sich der Kanzler jetzt zur Übernahme der Kolonie auf das Reich stelle, erhielt aber eine ausweichende Antwort. Ob ernstliche Erwägungen in dieser Richtung dann noch unter Bismarck angestellt worden sind, läßt sich nach den zugänglichen Quellen nicht sagen. Der Fürst leitete aber Verhandlungen mit England über Ostafrika ein, die jedoch noch nicht begonnen hatten, als er seinen Platz verließ.

Es scheint nun, daß eine reinliche Scheidung zwischen England und Deutschland die Vorfrage war, von deren Lösung die zukünftige Stellung Ostafrikas zum Reich abhing. Für die bevorstehenden Besprechungen mit England wurden in einer Kaiserlichen Entscheidung vom 2. Mai 1890[1]) dem Reichskanzler von Caprivi Richtlinien gegeben. In ihr heißt es,

»1. daß die für Kolonialzwecke verfügbar zu machenden Mittel in erster Linie auf Ostafrika zu verwenden sind;
2. daß in den jetzt beginnenden Verhandlungen mit England auf Anerkennung der deutschen Ansprüche auf die strittigen Interessensphären, zunächst auf die nördliche, dann die südliche hingewirkt werde, und daß im Notfall das Preisgeben von Wituland bis Kismaju, vorbehaltlich der Befriedigung etwaiger berechtigter Ansprüche der dort interessierten Deutschen, als Kompensation zulässig sei;
3. daß der Übergang der Hoheitsrechte in dem innerhalb der deutschen Zone liegenden Küstenstriche auf das Deutsche Reich angestrebt werde;
4. daß die Umwandlung der Truppen des Reichskommissars Wissmann in eine Kaiserlich deutsche Truppe zu bewirken sei;

---
[1]) Reichskanzler v. Caprivi in der Sitzung des Reichstages am 5. Februar 1891.

5. daß die Schaffung einer über dem Reichskommissar und den sonst beteiligten deutschen Behörden und Korporationen stehenden Zentralstelle mit dem Sitz auf dem Festlande ins Auge zu fassen, und
6. daß die Übernahme der Verwaltung des Küstenstriches und des Schutzgebietes in die unmittelbare Reichsverwaltung zu betreiben sei.«

Nach diesen Direktiven wurde mit England am 1. Juli 1890 der deutsch-englische Vertrag, der sogenannte Zanzibarvertrag, geschlossen, durch welchen das deutsche Protektorat über Witu aufgegeben wurde, Zanzibar unter englischen Schutz kam und England sich verpflichtete, die Reichsregierung bei ihren Verhandlungen mit dem Sultan zwecks endgültiger Aufgabe seiner Hoheitsrechte im deutschen Küstenstreifen zu unterstützen; dem Sultan sollte dafür eine billige Entschädigung gezahlt werden.

Witu gehörte damals schon der DOAG. 1889 war die Deutsche Witu-Gesellschaft an sie mit der Anregung auf Abtretung ihres gesamten Vermögens und ihrer Rechte gegen Anteilscheine herangetreten. Verlockend war das Angebot nicht, wenn man die Übernahme des Sultanats Witu und der dortigen Anlagen der Witu-Gesellschaft als Selbstzweck betrachtete. Sie besaß in Lamu ein Haus mit Mobiliar und dazu eine Anzahl Schuldner, die nicht zur Einlösung ihrer Verpflichtungen zu bewegen waren. Auf dem Festlande hatte sie zwei kleine Zollstellen, Kimbo und Dumbwe, eingerichtet und eine Kokosplantage Kiongwe von mäßiger Größe angelegt, während eine zweite Schamba bereits wieder verlassen und gänzlich verwildert war. Andere Schambas oder Faktoreien existierten nicht, und eine Vermehrung der Zollstellen war im Süden des Gebiets, gegen Kau und Kipini, durch die Askaris und Akidas des Sultans von Zanzibar verhindert worden.

Nur eine Niederlassung, die eines deutschen Missionars, der 20 Stück Rindvieh und 40 Ziegen auf seinen Feldern hielt, befand sich Anfang 1890 in dem ganzen 25 deutsche Quadratmeilen großen Gebiet, welches vom Meere bis zur Stadt Witu im Innern reichte und in welchem nur die Städte Kipini und Kau dem Sultan von Zanzibar gehörten.

Seit an Stelle der Denhardts, welche Versuche zur Besiedlung des Landes gemacht hatten, die jedoch über Anfänge nicht hinausgekommen und schließlich gescheitert waren, Kurt Toeppen als Generalbevollmächtigter draußen getreten war, hatte die

Deutsche Witu-Gesellschaft den Getreidehandel, besonders auch die Ausfuhr von Sesam, gepflegt. Export und Import gingen über Lamu, das hier eine ähnliche Stelle einnahm, wie Zanzibar in Deutsch-Ostafrika. Seyyid Said von Maskat war über Lamu Protektor gewesen, während Seyyid Bargasch schon Souveränitätsrechte ausübte. Die Sultane von Zanzibar erhoben dort natürlich Ein- und Ausfuhrzölle, hatten aber erst 1889 den Suahelisultanaten an der gegenüberliegenden Küste eine neue Abgabe von 5 % für Import und Export auferlegt, so daß alle Güter, welche aus dem zanzibaritischen Küstengebiete kamen und in Lamu verladen wurden, zweimal verzollt wurden.. Für Sesam kam auf diese Weise eine Gesamtabgabe von 27 %, für Mtama, Bohnen, Reis von 21—23 % zustande, wenn man den Zoll für die eingeführten Tauschwaren, der auch zweimal gezahlt wurde, mit einrechnet. Unter solchen Bedingungen mußten die Suahelisultanate der Küste natürlich konkurrenzunfähig — hatten sie doch nicht etwa ein Monopol in der Ausfuhr von Lebensmitteln —, und auch der von ihnen teilweise abhängige Getreidehandel der Witu-Gesellschaft stark in Mitleidenschaft gezogen werden.

Nur die genannten billigen Produkte wurden ausgeführt; der Handel mit Elfenbein, Kautschuk, Nilpferdzähnen und selbst Häuten hielt sich in ganz mäßigen Grenzen, weil ein Karawanenverkehr wegen der das Hinterland bewohnenden kriegerischen Galla und Somali nahezu unmöglich war.

Für die Witu-Gesellschaft gewann ihr ostafrikanischer Besitz erst einigen Wert, wenn sich die Reichsregierung dazu verstand, die Mandabucht mit den Inseln Patta und Manda zu annektieren; denn mit der letzteren kam man in den Besitz eines an ihrem Nordende gelegenen vorzüglichen Hafens und konnte sich von den Lamuzöllen unabhängig machen.

Als die DOAG dem Projekt der Übernahme näher trat, war diese Annektion immer noch nur ein heißer Wunsch, was sie ja auch bleiben sollte. In Ansehung des torsohaften und unentwickelten Zustandes des Gebietes wollte die DOAG auf den Kauf nur eingehen, wenn eine Abrundung vorgenommen würde, und wollte auch dann das Gesamtgebiet nicht als Kolonie dauernd in Verwaltung und Bewirtschaftung nehmen, sondern nur als Tauschobjekt etwa gegen die Gewährung der Zollpacht auf Zanzibar und Pemba gelten lassen. Die DOAG dachte sich die Abrundung nicht durch Annektion der Mandabucht und ihrer Dependenzen, welche man berechtigterweise, wie der Zanzibarvertrag später bestätigte, für undurchführbar hielt, sondern durch Erteilung eines Schutzbriefes für diejenige Küstenstrecke, welche von den Grenzen Witus bis zu einem Punkte nördlich der Jubmündung und von dieser bis Barawa sich ausdehnte (Verträge Dr. Jühlkes), und durch Anwartschaften auf das Hinterland von Witu am Tana, das Gebiet der Bareta-Galla (Verträge v. Andertens), welches im Londoner Abkommen dem Sultan von Zanzibar zugesprochen worden war. Es liegt auf der Hand, warum man als Kompensationsobjekt für eventuelle spätere Aufgabe dieser Territorien gerade die Zollpacht von Zanzibar und Pemba bezeichnete. Als besonderer Stimulus kam in jenem Moment (Sept. 1889) hinzu, daß es den Engländern eben gelungen war, die Häfen der Benadirküste vom Sultan zu pachten.

Die Reichsregierung machte sich die Kompensationsidee zu eigen, wie aus Erklärungen des Reichskanzlers v. Caprivi[1]) hervorgeht, und gab ihre nach den Satzungen der Gesellschaft erforderliche Zustimmung zur Fusion mit der Deutschen Witu-Gesellschaft. Diese brachte der DOAG eine Mehrbelastung in Höhe von 292 757,45 Mk., wenn man das aus dem Posten Landbesitzkonto Witu in der Berlin-Bilanz per 31. Dezember 1890 erschließen darf. Wie weit das Reich den Plan eines Tausches im Detail akzeptierte, läßt sich freilich nicht sagen; daß der DOAG aber auch in den Einzelheiten gewisse Versprechungen gemacht worden sein müssen, dürfte man aus der Enttäuschung schließen können, welche der Zanzibarvertrag bei ihr hervorrief.

Außer durch die Abtretung Witus wurde der Zanzibar-Vertrag für die DOAG dadurch von Bedeutung, daß der Sultan von Zanzibar veranlaßt werden sollte, den der deutschen Interessensphäre vorgelagerten Küstenstreifen mit seinen Dependenzen, in dem Umfange, wie ihn der Vertrag von 1888 kennzeichnete, mit sämtlichen Hoheitsrechten an das Deutsche Reich abzutreten.

Eine Schwierigkeit, die es der Reichsregierung leicht hätte verleiden können, die entscheidenden Schritte zur Ablösung des Sultans zu tun, lag in den durch den Küstenvertrag geschaffenen staatsrechtlichen Verhältnissen[1]). Er hatte dem Sultan im Küstengebiete nur eine nominelle Staatshoheit gelassen, ja manche Last zugunsten der Gesellschaft auferlegt. Diese Erbschaft anzutreten, konnte dem Reich nicht zugemutet werden, wenn es nicht gelang, mit der Ablösung des Sultans die der DOAG zu verknüpfen.

---

[1]) Verhandlungen des Reichstages vom 5. Februar 1891, Rede des Reichskanzlers v. Caprivi.

Der starke Wille der Reichsregierung zu solchem Vorgehen war schon in der Kaiserlichen Entscheidung vom 2. Mai 1890 zum Ausdruck gekommen, und wir haben oben gezeigt, daß die DOAG schon lange auf dasselbe Ziel hindrängte. Nun gab es zu diesem Ziel zwei Wege: Entweder entschädigte die Reichsregierung den Sultan aus Reichsmitteln für die von ihm in einem besonderen Staatsvertrage an sie abgetretenen Souveränitätsrechte, oder man überließ der DOAG die Zahlung der Abfindungssumme, wenn auch der Staatsvertrag selbst für das Reich abgeschlossen wurde, und ersetzte der DOAG ihre Auslagen später und im Zusammenhang mit der Entschädigung, welche sie für die Überlassung ihrer Rechte aus dem Küstenvertrage erhalten sollte. Der erste Weg hatte den Nachteil, daß zuvor die Reichsboten um Bewilligung der Abfindungssumme angegangen werden mußten. Wie der Reichskanzler v. Caprivi später darlegte[1]), fehlte dazu auch die nötige Zeit. Das Geld mußte spätestens am 1. Januar 1891 in London gezahlt sein und bis dahin noch eine Vorlage an den Reichstag zu bringen und ordnungsmäßig durchzusprechen, war unmöglich. Zudem schien es ungewiß, ob sich die Reichsboten zu einer Bewilligung der Summe überhaupt würden bereit finden lassen.

Aus diesen Gründen wandte sich der Kanzler an die DOAG wegen Zahlung der Entschädigung und beschritt damit den oben skizzierten zweiten Weg. Es wurde mit der Gesellschaft der Vertrag vom 20. November 1890 geschlossen[2]), in welchem sie sich bereit erklärte, 1. den Sultan abzufinden, 2. ihre Rechte aus dem Küstenvertrage an das Reich abzutreten. Für beides, wie auch, ohne daß es ausgesprochen wurde, für ihre bisherige Tätigkeit im eigentlichen Schutzbriefgebiet und die dort in beträchtlicher Höhe erlittenen Verluste, sollte sie mit einer Anzahl Privilegien und mit barem Gelde entschädigt werden.

Eigentümlich ist dem Vertrage zunächst, daß in ihm der Schutzbrief der DOAG überhaupt keine Erwähnung findet. Offenbar hat ihn die Reichsregierung ganz autonom und ohne jede vertragliche Übereinkunft zurückgezogen[3]). Daß sie damit aber die Aufwendungen der DOAG im Schutzbriefgebiet, wie auch die großen für die zahlreichen Expeditionen vorher aus-

---

[1]) Verhandlungen des Reichstages vom 5. Februar 1891, Rede des Reichskanzlers v. Caprivi.
[2]) Abgedruckt im Anhang VIII.
[3]) Vgl. dazu v. Stengel, Annalen des Deutschen Reichs. Jahrg. 1895.

geworfenen Summen nicht einfach ignorierte, ergibt sich aus den weitgehenden Vorrechten, welche ihr verliehen wurden — und erklärt sie zugleich. Nichts jedenfalls konnte das Reich zu solchen Konzessionen veranlassen, wenn man lediglich den Küstenvertrag kompensieren oder etwa die an der Küste in Ausführung desselben seit 1888 geleistete Arbeit oder die getätigten Kapitalinvestitionen entschädigen wollte.

Eigentümlich ist dem Übereinkommen ferner, daß es nur für »das Küstengebiet, dessen Zubehörungen, die Insel Mafia und das Gebiet des Kaiserlichen Schutzbriefes« Gültigkeit haben sollte. Dadurch ergab sich beispielsweise hinsichtlich der künftigen Landgerechtsame der DOAG eine absonderliche Situation. In den Gebieten, in welchen die Gesellschaft Trägerin von Hoheitsrechten gewesen war — d. i. also im ehemaligen Schutzbriefgebiet und in den Gegenden, für welche der Küstenvertrag Gültigkeit gehabt hatte —, stand ihr fernerhin ein ausschließliches Okkupationsrecht zu, während sie volle Eigentumsrechte am gesamten Grund und Boden in denjenigen Territorien der deutschen Interessensphäre besaß, welche zwar außerhalb der vorhin genannten Gebiete lagen, in welchen die DOAG aber durch ihre auf den Erwerbungsexpeditionen geschlossenen Verträge diesbezügliche privatrechtliche Ansprüche erworben hatte. In diesem Sinne ist jedenfalls der Passus in § 7, 1 des Vertrages von 1890 zu interpretieren, wonach die ausschließlichen Okkupationsrechte von der Kaiserlichen Regierung »unbeschadet der von der Gesellschaft außerhalb des Küstengebietes, seiner Zubehörungen, der Insel Mafia, sowie außerhalb des Gebietes, für welches der Kaiserliche Schutzbrief erteilt ist, vertragsmäßig erworbenen Rechte« zediert wurden.

Im übrigen zerfällt das Abkommen in zwei Teile: Die §§ 1—3, 5 und 6, in welchen die Beteiligung der DOAG an der Abfindung des Sultans erörtert wird, und die §§ 4 und 7—9, in welchen die Entschädigungen der DOAG für die Aufgabe des Küstenvertrages festgesetzt werden. Was die Abfindung betrifft, so war die DOAG gehalten, im Wege der Begebung einer Anleihe 10 556 000 Mk. aufzubringen, deren Amortisation und Verzinsung das Reich übernahm, indem es sich verpflichtete, der Gesellschaft halbjährlich 30000 Mk. aus den »Bruttozollerträgen der Ein- und Ausfuhr ohne jeden Abzug und ohne jede Aufrechnung« zur Verfügung zu stellen.

Die an den Sultan zu zahlende Entschädigung belief sich,

wie in Besprechungen mit England schließlich vereinbart worden war[1]), auf 4 Millionen Mk., die der englischen Regierung überwiesen werden sollten, welche an Zanzibar alljährlich den Nutzen der Summe abzuführen hat[2]). Mit den ca. 6 Millionen Mark, welche übrig blieben, sollte die DOAG (nach § 3 des Vertrages) zunächst die Betonnung der Häfen — eine Pflicht, welche durch Zahlung von 100000 Mk. an das Reich abgelöst wurde — und die Schaffung von Beleuchtungsanlagen im Höchstbetrage von 250000 Mk. in die Wege leiten, dann aber gehalten sein, den Rest in längstens 10 Jahren für »Herstellung dauernder wirtschaftlicher Anlagen im deutschostafrikanischen Gebiet und zur Beförderung des Verkehrs nach demselben« zu verwenden. Wenn sich die Reichsregierung auch ein in engen Grenzen gehaltenes Aufsichtsrecht über die Verwendung vorbehielt[3]), so ist diese Summe ihrer Zweckbestimmung nach ein großartiges Geschenk an die Gesellschaft. Wieweit man es etwa mit den seit 1885 gemachten Aufwendungen in Zusammenhang zu bringen und demgemäß als Kompensation und nicht als Geschenk anzusehen hat, entzieht sich der Beurteilung.

Auffallend bleibt die Kontrahierung einer Schuld von 10556000 Mk. statt 4000000 Mk. Die Reichsregierung muß es doch für nötig gehalten, bzw. die DOAG es für die Voraussetzung zu ihrer Einwilligung zum Vertragsabschluß angesehen haben, daß der Gesellschaft neben einer Entschädigung in Rechten auch eine solche in barem Gelde gegeben wurde. Im Interesse der wirtschaftlichen Entwicklung der Kolonie lag eine solche Maßnahme gewiß. Wir wagen jedoch nicht zu entscheiden, wieweit die DOAG auf Grund ihrer bis dato gemachten Aufwendungen außer auf die ihr zedierten umfangreichen Privilegien auch darauf noch einen Rechtsanspruch hätte geltend machen können.

Was nun die Amortisation und Verzinsung der 10½ Mill. Mk. durch das Reich betrifft, indem es sich verpflichtete, halbjährlich 300000 Mk. aus den Bruttozollerträgen an die DOAG zu diesem Zweck abzuführen, so scheint uns die auch im Reichtag gehegte Befürchtung[4]) übertrieben, daß das Reich damit ein weitgehendes Risiko lief. Theoretisch ist ja zwar nicht zu leugnen, daß sich

---

[1]) Verhandlungen des Reichstages vom 5. Februar 1891, Rede des Reichskanzlers v. Caprivi.
[2]) Lyne, a. a. O., S. 159.
[3]) § 3 des Abkommens vom 20. November 1890.
[4]) Verhandlungen des Reichstages vom 4., 5., 6. Februar 1891.

die Regierung, wie auch an vielen anderen Stellen des Vertrages, große Verpflichtungen auferlegte [1]; praktisch erscheinen sie jedoch nicht so groß, wenn man die bisher erzielten Zolleinnahmen berücksichtigt. Schon im Zolljahre 1888/89 hatte die Gesamtzolleinnahme 431 765 Rps. 11 A. 2 P. betragen [2]), was, wenn man den Durchschnittswert der Rp. für die angegebene Zeit in Rechnung setzt (etwa 1,40 Mk.), ca. 600 000 Mk. entspricht. Nun gingen gerade in der Zeit von August 1888 bis dahin 1889 (das Zolljahr) die Wogen des Aufstandes am höchsten, und der Handelsumsatz des Jahres bezeichnet infolgedessen einen Tiefstand. Bei vorsichtigster und maßvollster, pessimistischer Berechnung kann man auf Grund der Zollstatistik, welche die DOAG herausgegeben hat, für 1889/90 mindestens eine Verdoppelung des Warenverkehrs konstatieren; ja, die Erhebungen der Gesellschaft für die Zeit vom 18. August 1890 bis 31. Dezember 1890 berechtigen dazu, für das mit diesem Zeitraum begonnene Zolljahr eine weitere Steigerung zu erwarten [3]). Da die prozentuale Beteiligung der einzelnen Produkte am Gesamtverkehr in dieser Zeit kaum eine Änderung erfahren hat, so ergibt sich auch für die Bruttoeinnahmen aus den Zöllen — genaue Zahlen sind leider nicht vorhanden — eine entsprechende Steigerung und damit die Tatsache, daß, im Lichte dieser Zahlen betrachtet, das Risiko, welches die Reichsregierung mit der Zahlung von 600 000 Mk. jährlich aus den Bruttozöllen übernahm, nicht so groß war, wie es von manchen Rednern im Reichstage dargestellt wurde.

Als Entgelt nun für die Aufgabe der Rechte aus dem Küstenvertrage wurden der DOAG weitgehende Privilegien verliehen, insbesondere das ausschließliche Okkupationsrecht an herrenlosen Grundstücken und Wäldern, mit der Maßgabe jedoch, daß erstens wohlerworbene Rechte Dritter, zweitens das Okkupationsrecht der Regierung im Interesse öffentlicher Bauten und das Recht derselben, Gesetze und Verordnungen für die Ausnutzung der Wälder zu erlassen, unberührt bleiben sollten (§ 7, 1). Ferner wurden der DOAG Meistbegünstigung bei der Verleihung von Schürffeldern, das Erträgnis einer Abgabe von 5 % von geförderten Mineralien (§ 7, 2), unter gewissen Bedingungen ein Vorrecht vor anderen Bewerbern bei der Konzessionierung des

---

[1] § 6 des Vertrages vom 20. November 1890.
[2] Jahresbericht der DOAG von 1888.
[3] Für genauere Vergleichungen der Ergebnisse der einzelnen Zolljahre sind die Statistiken aus manchen Gründen unbrauchbar. S. darüber »Koloniales Jahrbuch«, 1894.

Baues und Betriebes von Eisenbahnen (§ 7, 3), das Notenbankprivileg (§ 7, 4) und das Münzregal (§ 7, 5) zugesichert. Man wird ja nun nicht sagen können, daß die DOAG mit alledem materiell viel mehr erhielt, als sie schon durch den Küstenvertrag in ihren Besitz gebracht hatte. Bei der Beurteilung aller jener Konzessionen kommt es aber auch gar nicht auf das Mehr oder Weniger gegenüber dem Küstenvertrage an, als vielmehr darauf, daß für die DOAG diese ihre Gerechtsame, nachdem sie von der Reichsregierung und für ein von dieser verwaltetes Gebiet garantiert worden waren, erst recht eigentlich Wert erhielten, und zwar einen solchen, dessen ständige Steigerung man mit Recht erwarten durfte. Man kann darum die Größe der Privilegierung der DOAG erst ermessen, wenn man nicht nur die Vorrechte selbst, sondern die Wertsteigerung ins Auge faßt, welche sie erfahren hatten in dem Moment, als die Regierung des Deutschen Reiches sich an die Stelle derjenigen des Sultans von Zanzibar setzte, und sodann die Wertsteigerung in Rechnung setzt, welche sie in Zukunft mit Sicherheit erfahren würden. Von hieraus gesehen war die DOAG für ihre zweifellos aufopferungsvolle Tätigkeit in den schwersten Jahren der deutschen Kolonialpolitik reichlich belohnt.

Auch vergesse man bei einem Vergleich des Küstenvertrages mit diesem uns vorliegenden Auseinandersetzungsvertrage das andere nicht, daß jener neben Gerechtsamen auch Verpflichtungen, namentlich hinsichtlich der Verwaltung des Landes enthielt, welche bei diesem ganz in Fortfall kamen, und ferner, daß die Reichsregierung durch Entsendung der Wissmann-Expedition die DOAG in der Ausübung ihrer vertraglichen Pflichten aus dem Küstenvertrage mit bedeutenden Summen unterstützt hatte, ohne jedoch die Gesellschaft regreßpflichtig zu machen. In der deutschen Öffentlichkeit ist ein solches Vorgehen des Reiches gegen die DOAG, eventuell auch gegen den Sultan öfters angeregt worden. Der Anregung folgend, befragte das Auswärtige Amt das Reichsjustizamt über die Regreßpflicht des Sultans bzw. der DOAG. Jene wurde verneint, weil der Küstenvertrag keine Handhabe dazu bot, diese, weil die lex Wissmann vom 2. Februar 1889 formell nicht im Interesse der DOAG, sondern zur Bekämpfung von Sklavenhandel und Sklavenjagden erlassen worden war[1]). Obwohl also an die Gesellschaft rechtlich keine Ansprüche auf Ersatz der Kosten der Expedition gestellt werden konnten, kann es doch keinem Zweifel unterliegen, daß sie moralisch berechtigt gewesen wären.

---

[1]) Rede des Reichskanzlers v. Caprivi in den Verhandlungen des Reichstages vom 5. Februar 1891.

Zusammenfassend wird man sagen können, daß der Auseinandersetzungsvertrag der DOAG nicht nur die von ihr aufgewendeten Kapitalien überreichlich ersetzte und verzinste, sondern darüber hinaus auch den »Unternehmergewinn« sicher stellte, auf welchen die Gesellschaft durch ihre aufopferungsvolle Tätigkeit bei Erwerbung, Erweiterung und Erhaltung des ostafrikanischen Kolonialbesitzes gegen äußere Feinde und die Gegner in der deutschen Öffentlichkeit gewiß Anspruch hatte.

2. Kapitel.
Die fernere Entwicklung der Privilegien der DOAG.

Damit sind wir am Ende unserer Aufgabe, eine Darstellung der Tätigkeit zu geben, welche die Gesellschaft auf Grund des Schutzbriefes in den Jahren 1885—90 entfaltete, und wollen abschließend einen Blick auf die Entwicklung derjenigen Rechte werfen, die ihr als Sonderrechte auch nach dem Vertrage vom 20. November 1890 noch verblieben.

Dieser Auseinandersetzungsvertrag trat mit dem 1. Januar 1891 in Kraft, jedoch führte die DOAG im Namen und für Rechnung des Reiches die Zollverwaltung noch bis zum 1. Juli 1891. Dann übernahm das Gouvernement auch auf diesem Gebiete seine Funktionen, und es blieben der Gesellschaft fortan nur die oben genannten einzelnen Privilegien. Auch sie erfuhren in den folgenden Jahren manche Einschränkung, nicht alle wurden tatsächlich ausgeübt und der größte Teil in einem Vertrage mit der Kaiserlichen Regierung vom 15. November 1902 abgelöst. Ob die DOAG auch nach dieser Abmachung noch den Namen einer Konzessionsgesellschaft oder privilegierten Unternehmung verdient oder ob sie heute als eine einfache Erwerbsgesellschaft angesehen werden muß, ist eine Frage, deren Beantwortung je nach dem Standpunkt des Beurteilers verschieden ausfallen dürfte.

Wir sehen hier von einer Untersuchung dieser Spezialfrage ab und wenden uns zu einer kurzen Erörterung der einzelnen Privilegien und des Gebrauchs, den die Gesellschaft bis zum 1. April 1903 von ihnen machte.

Wie wir bereits feststellen konnten, waren die Bodengerechtsame im sogenannten Vertragsgebiet[1]) anderer Art als außerhalb

---

[1]) Unter »Vertragsgebiet« ist im folgenden immer das ehemalige Schutzbriefgebiet und das Territorium, für welches der Küsten- oder Zollvertrag Gültigkeit besessen hatte, zu verstehen.

seiner Grenzen. Hier Eigentumsrechte, die aus den mit den Negerhäuptlingen auf den Erwerbungsexpeditionen direkt geschlossenen Verträgen hergeleitet wurden, dort Okkupationsrechte auf Grund des Auseinandersetzungsvertrages. Jene ersteren aber standen, wie sich bald herausstellte, auf schwachen Füßen. Man hatte mit Negern kontrahiert, die niemals Verfügungsrecht über das Land besessen, das sie freiwillig abtraten. Dieser Erkenntnis konnte man sich schon 1891 namentlich in bezug auf Usambara nicht mehr verschließen, und so erklärt es sich, daß die DOAG in einem Übereinkommen mit der Kaiserlichen Regierung vom 3. August 1891[1]) ihre Landeigentumsrechte in Usambara und Bondei (im Vertrage genau begrenzt), die ihr aus Erwerbungs-Verträgen ihrer Beauftragten »zustehen möchten«, an das Reich weitergab. Das geschah ohne Vorbehalt, aber auch ohne Gewähr für Inhalt oder Umfang dieser Rechte, und aus ihrer Übernahme sollten dem Reich keine Verpflichtungen gegen die DOAG erwachsen, die auch keine Entschädigung erhielt, was die Wertlosigkeit des Objektes am besten illustriert. Wie hier wohl aus formal-rechtlichen Gründen mit vielen Worten, so sind später ganz still und ohne vertragliche Abmachung auch die übrigen in gleicher Weise fundierten Landrechte, die in Khutu und anderen südlich gelegenen Landschaften bestanden, begraben worden. Auf sicherem Rechtsgrunde dagegen ruhten die Okkupationsbefugnisse im Vertragsgebiet. Sie erfuhren ein erstes Mal, am 5. Februar 1894[2]), bedeutende räumliche Einschränkungen, und ein zweites Mal durch die Allerhöchste Verordnung vom 26. November 1895[3]). In dieser Verordnung und den dazu ergangenen Ausführungsbestimmungen wurde auch die Abgrenzung der einzelnen Negersiedelungen gegen das Kronland befohlen und damit andererseits erst endgültig festgelegt, was nur als okkupationsfähiges Land im Sinne des Auseinandersetzungsvertrages angesehen werden könne. Selbstverständlich bedeutete dieses Vorgehen der Regierung keine Schmälerung der Vertragsrechte der Gesellschaft. Demgemäß hatte sie auch keinen Anspruch auf Entgelt. Anders aber war die Situation bei Abschluß des Über-

---

[1]) Mitgeteilt im Jahresbericht der DOAG von 1891.
[2]) Vertrag zwischen der Kaiserl. Regierung und der DOAG betr. herrenloses Land. Mitgeteilt Deutsche Kolonialgesetzgebung (DKG.), VI. Teil, S. 70 ff.
[3]) Allerhöchste Verordnung über die Beschaffung, Besitzergreifung und Veräußerung von Kronland und über den Erwerb und die Veräußerung von Grundstücken in Deutsch-Ostafrika. DKG., II. Teil, S. 200 ff.

einkommens vom 5. Februar 1894. Die hier getätigten Zessionen[1]) durfte und hat sich die DOAG bezahlen lassen, indem sich die Reichsregierung verpflichtete, vom 1. April 1894 an ohne Abzug der Erhebungskosten die Hälfte der Einnahmen an die Gesellschaft abzuführen, welche durch Nutzung der im Vertrage aufgegebenen Wälder der Gouvernementskasse zufließen sollten. Der Anteil der DOAG betrug:

1899	2397 Rps.,
1900	2805 Rps.,
1901	2036 Rps.[2])

Außer durch die genannten Abkommen hat das Okkupationsrecht keine wesentliche räumliche Beschränkung erfahren. Der Gegenstand der Vereinbarung vom 10. April 1900[3]) ist jedenfalls zu unbedeutend, als daß es sich verlohnte, im gegebenen Rahmen näher darauf einzugehen.

Es ist jedoch nötig, in diesem Zusammenhange einer anderen Erwerbung zu gedenken, obwohl sie mit dem Auseinandersetzungsvertrage und den dort verliehenen Bodenrechten in keiner direkten Beziehung steht. Als die DOAG im Jahre 1891 es übernahm, eine Usambara-Eisenbahngesellschaft ins Leben zu rufen[4]), wurden ihr von der Regierung Okkupationsrechte in den nördlichen Landschaften des Schutzgebietes, welche die Bahn durchschneiden sollte, überlassen. Diese Usambararechte gingen aber schon 1899 wieder verloren, als das Unternehmen mit allen Aktiven und Passiven vom Reich angekauft wurde. Nur 6800 ha, über die bereits »anderweitig verfügt« war[5]), verblieben im Eigentum der DOAG, so daß der gesamte Landbesitz in Usambara nach dem Jahresbericht von 1900 einen Umfang von 11000 ha hatte.

Der Ablösungsvertrag vom 15. November 1902 beschäftigte sich dann wieder mit den Okkupationsrechten im Vertragsgebiet, die allein noch im Eigentum der Gesellschaft waren. Eine radikale Beseitigung des Privilegs brachte auch er nicht, schränkte die

---

[1]) Es handelte sich um Ländereien in der Umgebung der Zoll- und Militärstationen, Wälder usw.

[2]) Siehe die Denkschrift zum Vertrage vom 15. November 1902. Drucksachen des Reichstages, Beilage zum Etat 1903.

[3]) DKG., VI. Teil, S. 243f.

[4]) Verträge vom 5. August und 1. Dezember 1891. Mitgeteilt im Jahresbericht der DOAG 1891.

[5]) Vgl. dazu die Denkschrift betr. Usambara-Eisenbahn, Beilage B zum Entwurf eines Gesetzes betr. die Feststellung des Haushaltsetats für die Schutzgebiete auf das Rechnungsjahr 1899 und die Verhandlungen des Reichstages vom 13. März 1899.

Okkupationsbefugnis aber bedeutend ein und knüpfte sie vor allem an die Voraussetzung, daß im Vertragsgebiet Bahnen gebaut würden[1]). Da bald darauf die Zentralbahn in Angriff genommen wurde, konnte die DOAG ihre Rechte geltend machen und okkupierte, wie das vorgesehen war, die ihr zustehenden Parzellen auf Grund eines Verteilungsmodus, der dem amerikanischen Schachbrettsystem nachgebildet war. In diesen Tagen hat sie in Gemeinschaft mit der Zentralbahngesellschaft, die ihre Grundstücke längs der Bahn einbrachte, eine Gesellschaft zum Zweck der Verwertung jener Parzellen gebildet.

Neben dem Bodenprivileg spielte dann in den neunziger Jahren noch das Vorrecht auf bergbaulichem Gebiete eine Rolle. Im Zusammenhang mit den Glimmer- und Granatfunden und den Erwartungen, welche man anknüpfend an die allzu optimistischen Berichte eifriger Prospektoren um die Mitte des Jahrzehnts hegte, wurde am 9. Oktober 1898 eine Bergordnung für Ostafrika erlassen, die jedoch für das »Vertragsgebiet« zunächst nicht in Kraft trat[2]). Erst als die entgegenstehenden Rechte der DOAG am 25. September 1900[3]) beteitigt waren, wurde die Verordnung auch auf jenes Territorium ausgedehnt. In diesem Abkommen verzichtete die Gesellschaft auf ihr Privileg gegen die Versicherung, daß bis zum 31. Dezember 1935 die Hälfte der Feldersteuern und Förderungsabgaben, welche auf Grund der §§ 54—56 der Verordnung vom 9. Oktober 1898 erhoben werden würden, an sie abgeführt werden sollte. Ihren Anteil bezog sie erst seit dem 1. Januar 1902 und erhielt im ersten Quartal dieses Jahres 145 Rps.[4]). Die Berechtigung blieb im vollen Umfange auch nach dem Vertrage vom 15. November 1902[5]) bestehen und ist bis heute noch nicht aufgehoben worden.

Bezüglich der Münzrechte und ihrer Ausübung sei nur hervorgehoben, daß im Anfang verhältnismäßig wenig Silberrupien geprägt, dagegen Kupferpesas in größerer Zahl auf den Markt geworfen wurden. Als jedoch im Jahre 1897 der Kurs der Rp. sich zu befestigen begann, während der Silberwert dauernd und

---

[1]) Einzelheiten in §§ 5 und 6 des Vertrages vom 15. November 1902. DKG., VI. Teil, S. 547ff.
[2]) Vgl. § 80 der Bergordnung vom 9. Oktober 1898. DKG., III. Teil, S. 138ff.
[3]) Vereinbarung zwischen der Kaiserl. Regierung und der DOAG betr. Bergbaurechte. DKG., V. Teil, S. 148f.
[4]) Denkschrift zum Vertrage vom 15. November 1902, a. a. O.
[5]) Siehe diesen a. a. O.

stark weiter sank, gab die DOAG auch ihre »Gesellschaftsrupie«, die mit der indischen in Gewicht und Feingehalt übereinstimmte, häufiger aus. Der Umfang der Ausprägungen, die teilweise beträchtliche Kursgewinne einschlossen[1]), ist aus der folgenden Übersicht zu ersehen:

I. Silbermünzen[2]).

Jahr	2-Rps.-Stücke. Rps.	1-Rp.-Stücke. Rps.	½-Rp.-Stücke. Rps.	¼-Rp.-Stücke. Rps.	Zusammen Rps.
1890	—	78 000	—	—	78 000
1891	—	202 652	30 000	15 000	247 652
1892	—	359 735	—	—	359 735
1893	7 008	88 724	—	—	95 732
1894	94 700	101 831	—	—	196 531
1895	—	—	—	—	—
1896	—	—	4 171	4 172	8 343
1897	—	244 030	25 000	—	269 030
1898	—	318 000	—	12 500	330 500
1899	—	226 754	—	—	226 754
1900	—	209 289	12 500	12 500	234 289
1901[3])	—	319 022	107 500	87 500	514 022
Summe	101 708	2 148 037	179 171	131 672	2 560 588

II. Kupfermünzen.

Die Prägung von Pesas belief sich insgesamt auf 41 092 335 Stück = 642 067 Rps. 47 P. Sie sind allein in den Jahren 1890—93 zur Ausgabe gelangt.

Die Münzrechte sind im Jahre 1902 ohne Vorbehalt abgelöst worden. Das gleiche gilt übrigens von dem Notenbankprivileg und dem Vorrecht bezüglich des Baues und Betriebes von Eisenbahnen, von dem die DOAG einmal, bei der Usambarabahn, Gebrauch machte, während sie das Recht der Notenausgabe ignorierte; es gilt auch von kleineren Berechtigungen, die wir unerwähnt lassen.

Neben den Privilegien verdient noch das Schicksal der ca. 6 Mill. Mk. unsere Beachtung, die der DOAG 1890 aus der Zehnmillionenanleihe nach Auszahlung der Entschädigung an den Sultan verblieben, ob als Kaufpreis oder als Geschenk, war ein

---

[1]) Nach der in Anmerkung 3 genannten Denkschrift war der Nominalwert der Rupie in der letzten Zeit vor dem Ablösungsvertrag um 90% höher als der Metallwert.

[2]) Vgl. die Denkschrift zum Vertrage vom 15. November 1902, a. a. O.

[3]) Vom 1. Januar 1902 bis zur endgültigen Übertragung des Regals an das Reich am 1. April 1903 war die Ausgabe von Münzen im Wege der Vereinbarung auf 150 000 Rps. kontingentiert.

— 177 —

ewiger Streitpunkt zwischen dem Abgeordneten Richter und Vertretern der rechtsstehenden Parteien des Reichstages. Was die Verwendung der Summe betrifft, so erklärte Freiherr von Richthofen am 12. Februar 1898, daß der Regierung kein Recht zustände, in dieser Beziehung einen Zwang auszuüben, und Kolonialdirektor v. Buchka ein Jahr später[1]), daß die DOAG Recht daran getan hätte, das Geld »zur Entwicklung und Ausdehnung ihrer Plantagen« auszuwerfen. Nur einmal, bei der Finanzierung der Usambara-Eisenbahngesellschaft, dürften die Mittel auch einem anderen Zweck zugeführt worden sein.

Wir sind am Ende dieser Betrachtung. Der flüchtige Blick auf den Gang der Ereignisse zeigt uns in den ersten 12 Jahren nach dem Auseinandersetzungsvertrag ein langsames Abbröckeln der 1890 verliehenen Privilegien, mit dem eine allmähliche Klärung der Rechtslage zwischen Regierung und Gesellschaft Hand in Hand geht. Einen Markstein in dieser Entwicklung bildet das Abkommen vom 15. November 1902. Es beseitigte jedoch nicht alle Vorrechte der Gesellschaft, ja, die folgenden Jahre brachten einmal mit der Wiederverleihung des Notenbankprivilegs, 1905, die entgegengesetzte Tendenz von neuem zur Geltung. Die Eventualrechte an okkupationsfähigem Land, der Anspruch auf Beteiligung an den Einkünften aus den Bergwerksabgaben, der fernere Anspruch auf halbjährliche Zahlung von je 300000 Mk. aus den Zöllen, wie das Recht der Notenausgabe, alles das sind die noch heute vorhandenen Zeugen der Herrschaftsstellung, welche die DOAG ehemals in den Werdejahren der deutschen Kolonialpolitik im ostafrikanischen Schutzgebiet unter Opfern innehatte.

---

[1]) Verhandlungen des Reichstages vom 10. März 1899.

Anhang.

Anlage I.
Drei Verträge, welche auf der Usagara-Expedition mit Negerhäuptlingen geschlossen wurden.

1. Mafungu Biniani, Herr von Quatunge Quaniani usw., Sultan von Nguru, tritt hiermit durch sein Handzeichen und unter Zuziehung der mitunterschriebenen Zeugen das ihm widerspruchslos als alleinigem Souverän gehörige Land Quaniani Quatunge in Nguru mit allen ihm widerspruchslos und unbestritten gehörigen Rechten für ewige Zeiten und zu völlig freier Verfügung an Herrn Dr. Peters als den Vertreter der Gesellschaft für deutsche Kolonisation, Herrin von Useguha, ab.

Die Rechte, welche mit dieser Abtretung auf Herrn Dr. Carl Peters als den Vertreter der Gesellschaft für deutsche Kolonisation, Herrin von Useguha, übergehen, sind die dem Sultan von Nguru einzeln und mündlich dargelegten Rechte, welche nach den Begriffen des deutschen Staatsrechtes die Staatsoberhoheit sowie den privatrechtlichen Besitz des Landes bedeuten; unter anderem: das Recht überall, wo es Herrn Dr. Carl Peters oder der von ihm vertretenen Gesellschaft für deutsche Kolonisation gefällt, Farmen, Häuser oder Straßen, Bergwerke usw. anzulegen; das alleinige Recht, Grund und Boden, Forsten und Flüsse usw. in jeder ihm beliebenden Weise auszunutzen; das alleinige Recht, Kolonisten in das Land zu führen, eigene Justiz und Verwaltung einzurichten, Zölle und Steuern aufzulegen.

Dafür übernimmt die Gesellschaft für deutsche Kolonisation, Herrin von Useguha, und verspricht durch ihren Vertreter Dr. Carl Peters, den Sultan Mafungu Biniani und sein Volk zu schützen gegen jedermann, soweit es in ihren Kräften steht, sein ihm privatrechtlich reserviertes Eigentum als solches zu respektieren und ihm außer den am heutigen Tage übermittelten Geschenken eine jährliche, mündlich vereinbarte Rente, in Vieh und Handelsartikeln zahlbar, zu gewähren.

Dieser Vertrag ist unter den in Nguru üblichen Rechtsformen, und nachdem Herr Dr. Carl Peters mit dem Sultan Mafungu Biniani Blutsbrüderschaft gemacht hatte, unter Zuziehung rechtsgültiger Zeugen als für ewige Zeiten gültig und beide Teile ohne Widerruf bindend, am 23. November Eintausendachthundertundvierundachtzig in Quaniani abgeschlossen und von beiden Teilen durch bindende

Unterschrift gezeichnet worden, nachdem er dem Sultan Mafungu Biniani durch den Dolmetscher Ramassani sachgemäß und wortgetreu mitgeteilt war.

Dr. Carl Peters. (Handzeichen des Sultans Mafungu Biniani.)

Für die Richtigkeit der wortgetreuen Übersetzung:
Ramassani.

Zeugen: Osmani.
(Handzeichen von Bori, Neffen des Sultans Mafungu.)
(Handzeichen des Dieners Hamisi Adi Osmani.)
(Handzeichen des Dieners Sururu.)
(Handzeichen des Dieners Ali, früheren Begleiters des Majors Cambier.)
(Handzeichen des Dieners Marabu, früheren Begleiters von Stanley.)
Dr. Karl Jühlke.
J. F. Graf Pfeil.
August Otto.

2. Kwindokaniani, den 24. November 1884. Zweiter Vertrag zwischen Sr. Hoheit dem Sultan Mafungu von Nguru, Besitzer von Kwamkungu, Kwindokaniani usw. usw. und Herrn Dr. Carl Peters, Vertreter der Gesellschaft für deutsche Kolonisation, Herrin von Useguha und Nguru.

Der Sultan von Nguru, Mafungu, nachdem er gestern, Sonntag den 23. November 1884, sein Land mit allen Hoheitsrechten an Herrn Dr. Carl Peters, Vertreter der Gesellschaft für deutsche Kolonisation, auf ewige Zeiten abgetreten hat, fühlt das Bedürfnis, mit seinem Blutsfreund und Bruder Dr. Carl Peters, Vertreter der Gesellschaft für deutsche Kolonisation, eine noch engere Verbindung zu schaffen. Zu diesem Zweck erklärt er am 24. November 1884, abends 6 Uhr, vor versammeltem Volke in seiner Nebenresidenz Kwindokaniani, daß er die Gesellschaft für deutsche Kolonisation, welche er als Herrin von Useguha anerkennt, in deren Vertreter, seinem Blutsfreund und Bruder, Herrn Dr. Carl Peters, auf ewige Zeiten als alleinige und ausschließliche Oberherrin seiner selbst und seines ganzen Volkes anerkennt.

Insbesondere verspricht er die Bestrebungen des Herrn Dr. Carl Peters und der von ihm vertretenen Gesellschaft in Ostafrika mit allen Mitteln und in jeder Weise zu unterstützen. Er verspricht auf Wunsch Arbeitsleistungen und militärische Gefolgschaft gegen jedermann.

Dafür verspricht Herr Dr. Carl Peters, im Namen der von ihm vertretenen Gesellschaft, Sr. Hoheit dem Sultan von Nguru, seinem Blutsfreund, nach Kräften Schutz und dauernde Freundschaft.

Dr. Carl Peters. (Handzeichen des Sultans von Nguru.)

Daß Se. Hoheit der Sultan von Nguru, Mafunga Biniani, mit Herrn Dr. Carl Peters durch dieses sein eigenes Handzeichen den vorstehenden Kontrakt rechtsgültig abgeschlossen hat, bezeugen:
(Handzeichen des Dolmetschers Ramassan.)
(Handzeichen von Marabu, Stanleys Begleiter.)
(Handzeichen von Ali, Begleiter Cambiers.)
(Handzeichen von Sururu, v. Schölers Begleiter.)
(Handzeichen von Hamissi, Ramassans Bruder.)
(Handzeichen von Semdi, Neffen Sr. Hoheit des Sultans von Nguru.)
Osmani.

(Handzeichen des Mariko, Schwagers Sr. Hoheit des Sultans von Nguru.)
(Handzeichen des Sekoromo, Schwagers Sr. Hoheit des Sultans von Nguru.)
Dr. Karl Jühlke.
J. F. Graf Pfeil.
August Otto.

3. Muinin Sagara, den 4. Dez. 1884. Muinin Sagara, Herr von Muinin Sagara usw., alleiniger und absoluter Herr von ganz Usagara, und Dr. Carl Peters, als Vertreter der Gesellschaft für deutsche Kolonisation, schließen hierdurch einen ewigen Freundschaftsvertrag ab.

Sultan Muinin Sagara erhält eine Reihe von Geschenken; weitere Geschenke für die Zukunft werden ihm versprochen, und er tritt hierdurch unter den Schutz der Gesellschaft für deutsche Kolonisation resp. deren Vertreter.

Dafür tritt der Sultan Muinin Sagara an Herrn Dr. Carl Peters, als den Vertreter der Gesellschaft für deutsche Kolonisation, kraft seiner absoluten und unumschränkten Machtvollkommenheit das alleinige und ausschließliche Recht, Kolonisten nach ganz Usagara zu bringen, ab.

Dr. Carl Peters, als Vertreter der Gesellschaft für deutsche Kolonisation, verspricht, von diesem Rechte Gebrauch zu machen.

Zu diesem Behufe tritt Sultan Muinin Sagara das alleinige und ausschließliche Recht völliger und uneingeschränkter privatrechtlicher Ausnutzung von ganz Usagara an Herrn Dr. Carl Peters, als den Vertreter der Gesellschaft für deutsche Kolonisation, hierdurch ab.

Ferner tritt der Sultan Muinin Sagara an Herrn Dr. Carl Peters, als den Vertreter der Gesellschaft für deutsche Kolonisation, alle diejenigen Rechte ab, welche nach dem Begriff des deutschen Staatsrechts den Inbegriff staatlicher Oberhoheit ausmachen; unter anderem: das alleinige und uneingeschränkte Recht der Ausbeutung von Bergwerken, Flüssen, Forsten; das Recht, Zölle aufzulegen, Steuern zu erheben, eigene Justiz und Verwaltung einzurichten, und das Recht, eine bewaffnete Macht zu schaffen.

Dafür bleibt der Titel Muinin Sagara erblich in der Familie des Sultans Muinin Sagara.

Der privatrechtliche Besitzstand des Sultans wird von Herrn Dr. Carl Peters, als Vertreter der Gesellschaft für deutsche Kolonisation, anerkannt und garantiert, und die Vertreter der Gesellschaft für deutsche Kolonisation werden angewiesen werden, diesen Besitzstand mit allen Kräften mehren zu helfen.

Die Gesellschaft für deutsche Kolonisation wird mit allen Kräften dahin wirken, daß Sklaven aus dem Gebiet des Sultans Muinin Sagara nicht mehr fortgeschleppt werden dürfen.

Dieser Vertrag ist heute, am 4. Dezember 1884, vor versammeltem Volk von Usagara unter Zuziehung einer Reihe rechtsgültiger Zeugen von Muinin Sagara, alleinigem und uneingeschränktem Oberherrn von ganz Usagara, und Herrn Dr. Carl Peters, als dem Vertreter der Gesellschaft für deutsche Kolonisation, durch Namensunterschrift und Namenszeichnung von beiden Seiten in durchaus rechtsverbindlicher Form vollzogen worden.

(Handzeichen des Sultans Muinin Sagara.)
(Handzeichen von Kibuana, Sohn des Sultans Muinin Sagara.)
Dr. Carl Peters.

Daß dieser Vertrag völlig rechtsgültig und auf ewige Zeiten verbindlich von beiden Kontrahenten, dem Sultan Sagara, Herrn von Muinin Sagara usw. einerseits und dem Herrn Dr. Carl Peters, als dem rechtmäßigen Vertreter der Gesellschaft für deutsche Kolonisation andererseits, heute am 4. Dezember 1884 vor versammeltem Volke abgeschlossen ist und wortgetreu dem Sultan Muinin Sagara, Oberherrn von ganz Usagara, durch den Dolmetscher Ramassan vorgetragen war, bezeugen hiermit durch Namens- reps. Zeichenunterschrift:

(Handzeichen des Sohnes des Sultans Muinin Sagara, Maheneko ade Muinin Sagara.)
(Handzeichen des Sohnes des Sultans Muinin Sagara, Sefo ade Muinin Sagara.)
(Handzeichen des Salim, Beamten des Sultans Muinin Sagara.)
(Handzeichen des Dolmetschers Ramassan.)
(Handzeichen des Dieners Hamisi.)
(Handzeichen des Dieners Marabu.)
(Handzeichen des Dieners Ali.)
(Handzeichen des Dieners Sururu.)
Osmani.
Dr. Karl Jühlke.
J. F. Graf Pfeil.
August Otto.

Am Sonnabend, den 6. Dezember, erscheint Masengo, ältester Sohn des Sultans Muinin Sagara, Herr von Sima, und erklärt seine besondere Freude über die in Aussicht stehende Kolonisation Usagaras und erbittet auch für sich Freundschaft und den Schutz der Gesellschaft für deutsche Kolonisation. Er bezeugt dies durch seine eigenhändige Unterschrift.

(Handzeichen des Masengo.)

Anlage II.

Das deutsch-englische Abkommen vom 29. Oktober/1. November 1888.

1. Deutschland und Großbritannien erkennen die Souveränität des Sultans von Zanzibar über die Inseln Zanzibar und Pemba, sowie über diejenigen kleineren Inseln an, welche in der Nähe der ersteren innerhalb eines Umkreises von 12 Seemeilen liegen; desgleichen über die Inseln Lamu und Mafia.

Dieselben erkennen in gleicher Weise als Besitz des Sultans auf dem Festlande eine Küstenlinie an, welche ununterbrochen von der Mündung des Minniganiflusses am Ausgang der Tunghibucht bis Kipini reicht. Diese Linie beginnt im Süden des Minniganiflusses, folgt dem Laufe desselben fünf Seemeilen und wird dann auf dem Breitenparallel bis zu dem Punkte verlängert, wo sie das rechte Ufer des Rovumaflusses trifft, durchschneidet den Rovuma und läuft weiter an dem linken Ufer entlang.

Die Küstenlinie hat eine Tiefe landeinwärts von zehn Seemeilen, bemessen durch eine gerade Linie ins Innere von der Küste aus bei dem höchsten Wasserstande zur Flutzeit. Die nördliche Grenze schließt den Ort Kau ein. Im Norden von Kipini erkennen die genannten Regierungen als dem Sultan gehörig an die Stationen von Kismaju, Barawa, Marka, Makdischu mit einem Umkreis landeinwärts von je zehn Seemeilen und Warscheik mit einem Umkreis von fünf Seemeilen.

2. Großbritannien macht sich verbindlich zur Unterstützung derjenigen Verhandlungen Deutschlands mit dem Sultan, welche die Verpachtung der Zölle in den Häfen von Daressalam und Pangani an die Deutsch-Ostafrikanische Gesellschaft gegen eine dem Sultan seitens der Gesellschaft zu gewährende jährliche Zahlung bezwecken.

3. Beide Mächte kommen überein, eine Abgrenzung ihrer gegenseitigen Interessen-Sphären in diesem Teile des ostafrikanischen Festlandes vorzunehmen, in gleicher Weise, wie dies früher bei den Gebieten am Golf von Guinea geschehen ist.

Das Gebiet, auf welches dieses Übereinkommen Anwendung findet, soll begrenzt sein im Süden durch den Rovumafluß und im Norden durch eine Linie, welche, von der Mündung des Tanaflusses ausgehend, dem Laufe dieses Flusses oder seiner Nebenflüsse bis zum Schneidepunkt des Äquators mit dem 38^0 östlicher Länge folgt und dann in gerader Richtung fortgeführt wird bis zum Schneidepunkt des 1^0 nördlicher Breite mit dem 37^0 östlicher Länge, wo die Linie ihr Ende erreicht.

Die Demarkationslinie soll ausgehen von der Mündung des Flusses Wanga oder Umbe, in gerader Richtung nach dem Jipe-See laufen, dann entlang an dem Ostufer und, um das Nordufer des Sees führend, den Fluß Lumi überschreiten, um die Landschaften Taveta und Dschagga in der Mitte zu durchschneiden und dann entlang an dem nördlichen Abhang der Bergkette des Kilima-Ndscharo in gerader Linie weiter geführt zu werden bis zu demjenigen Punkte am Ufer des Victoria-Nianza-Sees, welcher von dem 10^0 südlicher Breite getroffen wird.

Deutschland verpflichtet sich, im Norden dieser Linie keine Gebietserwerbungen zu machen, keine Protektorate anzunehmen und der Ausbreitung englischen Einflusses im Norden dieser Linie nicht entgegenzutreten, während Großbritannien die gleiche Verpflichtung für die südlich von dieser Linie gelegenen Gebiete übernimmt.

4. Großbritannien wird seinen Einfluß geltend machen, um den Abschluß eines freundschaftlichen Übereinkommens hinsichtlich der konkurrierenden Ansprüche des Sultans von Zanzibar und der Deutsch-Ostafrikanischen Gesellschaft auf das Kilima-Ndscharo-Gebiet zu befördern.

5. Beide Mächte erkennen als zu Witu gehörig die Küste an, welche nördlich von Kipini beginnt und sich bis zum Nordende der Mandabucht erstreckt.

6. Deutschland und Großbritannien werden gemeinschaftlich den Sultan von Zanzibar zum Beitritt zu der General-Akte der Berliner Konferenz auffordern, vorbehaltlich der bestehenden Rechte Sr. Hoheit gemäß den Bestimmungen des Artikels I der Akte.

7. Deutschland macht sich verbindlich, der Erklärung beizutreten, welche Großbritannien und Frankreich am 10. März 1862 mit Bezug auf die Anerkennung der Unabhängigkeit von Zanzibar gezeichnet haben.

Anlage III.

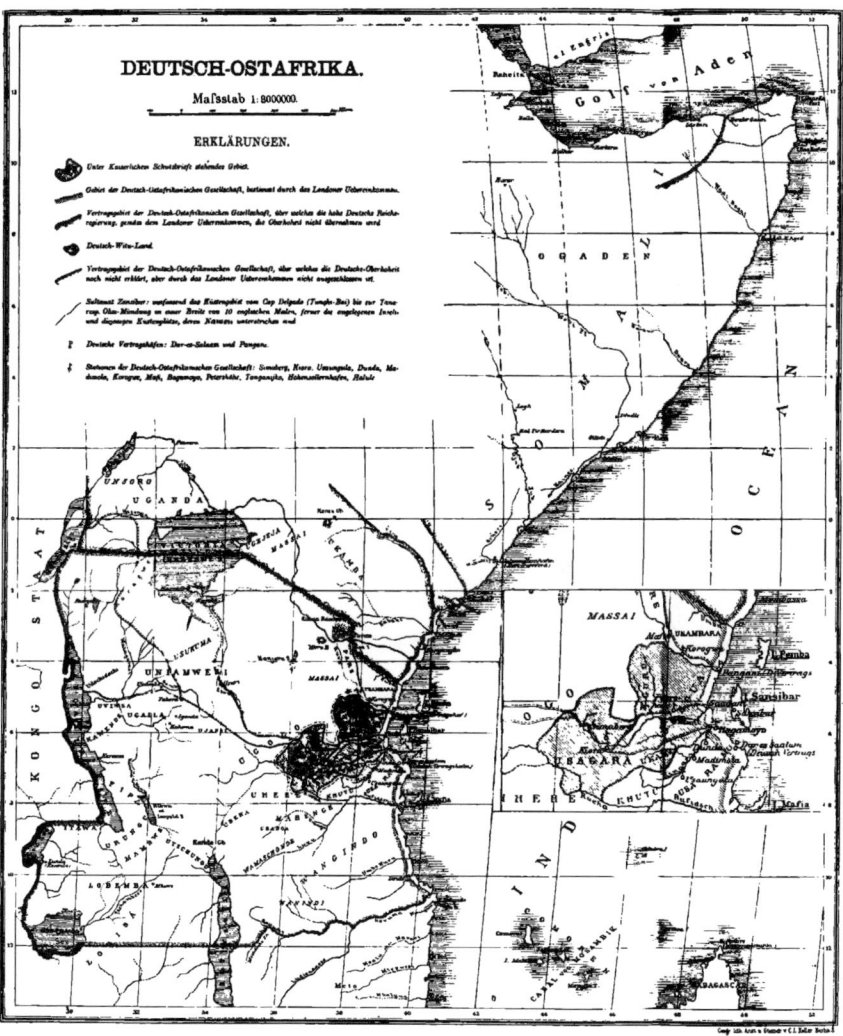

Anlage IV.
Küstenvertrag.

(Übersetzung.)

Seine Hoheit Seyyid Khalifa ben Said, Sultan von Zanzibar,
und
die Deutsch-Ostafrikanische Gesellschaft,
welche mit Genehmigung Seiner Durchlaucht des Fürsten von Bismarck, Kanzlers des Deutschen Reiches, den deutschen Generalkonsul Dr. juris Gustav Michahelles zu ihrem Bevollmächtigten ernannt hat, haben den nachstehenden Vertrag geschlossen.

Artikel I.

Seine Hoheit der Sultan überträgt der Deutsch-Ostafrikanischen Gesellschaft alle Gewalt, welche Ihm auf dem Festlande (Mrima) und in Seinen Territorien und Dependenzen südlich vom Umbafluß zusteht, und Er überläßt und übergibt derselben die gesamte Verwaltung dieser Gebiete. Die Verwaltung soll von der Gesellschaft im Namen Seiner Hoheit und unter Seiner Flagge sowie unter Wahrung Seiner Souveränitätsrechte geführt werden. Es versteht sich hierbei jedoch, daß die Gesellschaft für alle Angelegenheiten und für die gesamte Verwaltung der in dieser Abtretung (concession) eingeschlossenen Gebiete Seiner Hoheit verantwortlich ist, und daß Seiner Hoheit dem Sultan weder aus den damit verbundenen Ausgaben, noch aus Krieg und Diya (Blutgeld), noch aus hiermit im Zusammenhang stehenden Ansprüchen Verbindlichkeiten erwachsen sollen, und daß Er zu einer Regelung dieser Angelegenheiten nicht herangezogen werden darf. Niemand außer der Gesellschaft soll das Recht haben, öffentliche Ländereien auf dem Festlande oder sonstwo in den Gebieten, Besitzungen und Dependenzen Seiner Hoheit innerhalb der obengenannten Grenzen zu kaufen, es sei denn, daß der Erwerb durch Vermittlung der Gesellschaft, wie jetzt durch Vermittlung Seiner Hoheit geschieht. Der Sultan gewährt der Gesellschaft auch die Befugnis, von der Bevölkerung des Festlandes innerhalb der bezeichneten Gebietsgrenzen Steuern zu erheben. Seine Hoheit willigt ferner ein, alle Akte und Handlungen, welche erforderlich sind, um die Bestimmungen dieses Vertrages zur Ausführung zu bringen, vorzunehmen und der Gesellschaft mit seiner ganzen Autorität und Macht zu helfen und beistehen, damit die gewährten Rechte und Gewalten sichergestellt werden; die vertragschließenden Teile sind ferner darüber einig, daß der Inhalt der folgenden Artikel des Vertrages die Rechte, welche von Seiner Hoheit den Untertanen oder Bürgern von Deutschland, Frankreich, Großbritannien, von den Vereinigten Staaten von Amerika oder anderen mit Seiner Hoheit in Vertragsverhältnissen stehenden Mächten bewilligt sind, in keiner Weise beeinträchtigen oder schmälern soll; ebensowenig sollen die Verpflichtungen berührt werden, welche Seiner Hoheit infolge Seines Beitrittes zur Generalakte der Berliner Konferenz auferlegt sind oder auferlegt werden mögen.

Artikel II.

Seine Hoheit ermächtigt die Gesellschaft, vorbehaltlich der unten vorgesehenen Ausnahmen, in Seinem Namen und an Seiner Statt überall in den obenbezeichneten Gebietsgrenzen Beamte für die Verwaltung Seiner Besitzungen zu bestellen; die erforderliche Anzahl von Unterbeamten zu ernennen; Gesetze für die gedachten Gebiete zu erlassen; Gerichtshöfe einzurichten und überhaupt alle Maßnahmen zu treffen, welche zum Schutze der unter ihrer Regierung stehenden Gebiete und Interessen notwendig sind. Seine Hoheit ermächtigt die Gesellschaft ferner, Verträge mit ihm unterstehenden oder anderen Häuptlingen der Eingeborenen zu schließen, und sollen solche Verträge und Abmachungen in denjenigen Fällen, in welchen sie im Namen Seiner Hoheit abgeschlossen werden, von Ihm ratifiziert und bestätigt werden. Seine Hoheit willigt auch ein, abgesehen von Seinen Privatländereien und Schambas, alle die Grundgerechtsame, welche Ihm auf dem Festlande von Afrika innerhalb der obenbezeichneten Grenzen zustehen, der Gesellschaft abzutreten und ihr alle Forts und nicht im Gebrauch befindlichen öffentlichen Gebäude zu übergeben, sofern Er sie nicht für Seinen Privatgebrauch zurückzubehalten wünscht. Ein Verzeichnis solcher Gebäude, Pflanzungen oder Besitzungen soll aufgestellt und von Seiner Hoheit und der Gesellschaft genehmigt werden. Ferner ermächtigt Er die Gesellschaft, alles noch nicht in Besitz genommene Land zu erwerben und Bestimmungen über die Okkupation von solchem Land zu treffen; lokale sowie andere Steuern, Abgaben und Zölle auszuschreiben und zu erheben und alle Maßnahmen zu treffen, welche zur Einrichtung und Unterhaltung der Verwaltung, des Justizwesens, zur Verbesserung der Wege oder Wasserstraßen oder anderer öffentlicher Arbeiten, sei es für Verteidigungs- oder sonstige Zwecke, zur Zahlung von Schulden und von Zinsen des aufgewendeten Kapitals notwendig sind. Die Richter sollen von der Gesellschaft vorbehaltlich der Zustimmung des Sultans bestellt, alle „Kadis" dagegen sollen von Seiner Hoheit ernannt werden.

In den von Ureinwohnern besiedelten Landstrichen ist die Rechtspflege Sache der Gesellschaft und ihrer Beamten. Die Gehälter der Gouverneure und aller anderen Beamten in den von der Gesellschaft in Besitz genommenen und verwalteten Territorien sollen von derselben bezahlt werden.

Artikel III.

Seine Hoheit gewährt der Gesellschaft das Recht, innerhalb der durch diesen Vertrag bezeichneten Gebietsgrenzen Handel zu treiben, Eigentum zu haben, Gebäude zu errichten und mit Zustimmung der Eigentümer Ländereien oder Häuser durch Kauf oder sonstiges Rechtsgeschäft zu erwerben.

Artikel IV.

Seine Hoheit erteilt der Gesellschaft das besondere und ausschließliche Recht und die Befugnis, Vorschriften für den Handel und Verkehr, die Schiffahrt auf Flüssen und Seen, die Kontrolle der Fischerei, den Bau von Wegen, Straßen und Eisenbahnen, Kanälen und Telegraphen zu erlassen und hierfür Zölle und Abgaben zu erheben. Insoweit Seine Hoheit nicht Verpflichtungen gegen die anderen Mächte eingegangen ist, überträgt Er der Gesellschaft ferner die Befugnis, die Einfuhr von Waren, Waffen, Munition, berauschenden Getränken jeglicher Art und allen anderen Gütern, welche nach ihrer Ansicht der öffentlichen Ordnung oder Sittlichkeit schädlich sind, zu beaufsichtigen oder zu verhindern. Es versteht sich indessen, daß bei Ausübung dieser Privilegien und Befugnisse die Verträge, welche zwischen Seiner Hoheit und anderen Mächten abgeschlossen sind, beobachtet werden sollen.

Artikel V.

Seine Hoheit ermächtigt die Gesellschaft, in Seinem Namen alle Häfen, welche an den Flußmündungen oder an anderen Stellen Seiner obenbezeichneten Besitzungen gelegen sind, in Besitz zu nehmen, und Er verleiht ihr das Recht, Zollhäuser zu errichten und von Schiffen, Gütern usw., welche in den Häfen ankommen oder aus denselben abgehen, Abgaben zu erheben und alle zur Verfolgung des Schmuggels erforderlichen Maßregeln zu treffen, jedoch sollen hier in allen Fällen die Bestimmungen der obengenannten Verträge gewahrt bleiben.

Artikel VI.

Seine Hoheit verleiht der Gesellschaft das ausschließliche Recht, in allen Teilen der Territorien Seiner Hoheit innerhalb der obenbezeichneten Gebietsgrenzen Blei, Kohlen, Eisen, Kupfer, Zinn, Gold, Silber, Edelsteine, sonstige Metalle und Mineralien, sowie Mineralöle aller Art aufzusuchen und zu gewinnen, hierauf bezügliche Verordnungen zu erlassen und die gedachten Bergwerksrechte zu verpachten oder zu überweisen; ebenso soll die Gesellschaft allein berechtigt sein, mit den gewonnenen Metallen usw., frei von Steuern und Abgaben, Handel zu treiben. Nur an Seine Hoheit hat die Gesellschaft eine mäßige Abgabe (royalty) für Mineralien zu entrichten; dieselbe soll 5% des ersten Preises der Artikel, von welchen die für Gewinnung des Minerals aufgewendeten Kosten in Abzug gebracht sind, nicht übersteigen und später zwischen dem Sultan und der Gesellschaft vereinbart werden. Auch wird der Gesellschaft das Recht eingeräumt, alle Waldbäume, sonstiges Holz, sowie Materialien aller Art für die vorgenannten Arbeiten wie auch zum Handelsbetriebe zu benutzen. Das Bau- und Brennholz indessen, welches unter dem Namen „Burti" bekannt ist, darf auf dem Festlande auch von anderen, wie bisher, geschlagen werden, falls sie hierfür die mit der Gesellschaft zu vereinbarenden Abgaben bezahlen; solche Abgaben sollen jedoch nicht für Holz gefordert werden, welches für den Gebrauch Seiner Hoheit gefällt wird.

Artikel VII.

Seine Hoheit gewährt der Gesellschaft das Recht, in Seinen obenerwähnten Territorien ein oder mehrere Bankinstitute mit dem ausschließlichen Privileg der Notenausgabe einzurichten.

Artikel VIII.

Alle zuvor genannten Befugnisse und Privilegien sollen verliehen werden und der Gesellschaft zur Verfolgung ihrer Zwecke und Ziele zustehen für die Zeit von fünfzig (50) Jahren, welche von dem Tage der Unterzeichnung dieses Vertrages zu laufen beginnt. Mit dem Ablauf der bezeichneten Zeit fallen alle öffentlichen Werke, Gebäude usw. an den Sultan, Seine Erben oder Nachfolger zu einem Schätzungswerte zurück, welcher auf Verlangen von beiderseits bestellten Taxatoren festzustellen ist.

Artikel IX.

Seine Hoheit gewährt der Gesellschaft die „Regie" oder Pacht der Zölle in sämtlichen Häfen des oben bezeichneten Teils Seiner Territorien für eine gleiche Zeitperiode, wie die vorher erwähnten anderen Rechte (concessions), und zwar unter den folgenden Bedingungen: fünfzigtausend (50 000) Rupien in bar; dieser Betrag ist in gleichen Monatsraten binnen der ersten sechs Monate zurückzuerstatten. Im ersten Jahr liefert die Gesellschaft am Ende eines jeden Monats europäischer

Zeitrechnung den ganzen Betrag der in den oben bezeichneten Territorien erhobenen Ein- und Ausfuhrzölle an Seine Hoheit ab. Abgezogen wird nur eine gewisse Summe für die Ausgaben, welche durch die Zollerhebung erwachsen. Diese Ausgaben dürfen die Summe von einhundertundsiebenzigtausend (170 000) Rupien in dem ersten Jahre nicht übersteigen, und wenn die Gesellschaft nicht in der Lage ist, durch ihre Bücher nachzuweisen, daß sie in Wirklichkeit die obenerwähnte Summe verausgabt hat, so hat sie an Seine Hoheit auch die Differenz zwischen ihren wirklichen Ausgaben und dem Betrage von 170 000 Rupien zu zahlen. Der einzige Nutzen, welchen die Gesellschaft im ersten Jahre haben soll, besteht in einer Kommissionsgebühr von fünf (5) Prozent der an Seine Hoheit gezahlten Nettoeinkünfte.

Auf Grund der im ersten Jahre gemachten Erfahrungen soll die Durchschnittssumme, welche von der Gesellschaft jährlich an Seine Hoheit zu zahlen ist, festgestellt werden; die Gesellschaft soll jedoch das Recht haben, am Ende eines jeden dritten Jahres auf Grund der in den letzten drei Jahren erzielten Ergebnisse, welche durch ihre Bücher nachzuweisen sind, in neue Unterhandlungen mit Seiner Hoheit einzutreten, um die Durchschnittssumme zu revidieren und neu festzusetzen, und Seine Hoheit ist berechtigt, einen Beamten zu bestellen, welcher die Zolleinnahmen in den Häfen des hier in Betracht kommenden Gebietes zu kontrollieren hat.

Ferner versteht es sich, daß Seine Hoheit von keinem Zweige des Handels den Zoll zum zweiten Male beanspruchen darf. Der Gesellschaft steht daher das Recht zu, über die Zollbeamten Seiner Hoheit in Zanzibar zu diesem Behuf eine Kontrolle auszuüben und die Rückvergütung aller Zollbeträge zu verlangen, welche künftighin etwa von der Einfuhr nach den in diesem Vertrage (concession) bezeichneten Häfen oder von der Ausfuhr aus denselben direkt an Seine Hoheit bezahlt werden. Die Gesellschaft verspricht ferner Seiner Hoheit fünfzig (50) Prozent von dem weiteren Reineinkommen zu zahlen, welches ihr aus der Zollabgabe der in Rede stehenden Häfen zufließen wird. Seine Hoheit überträgt der Gesellschaft alle Rechte an den Territorialgewässern, welche innerhalb der oben bezeichneten Grenzen Seines Gebietes liegen oder zu demselben gehören; insbesondere soll sie die Befugnis haben, die Beförderung, die Durchfuhr, das Landen und Verschiffen von Waren und Produkten innerhalb der genannten Gewässer durch Küstenwächter zu Lande und zu Wasser zu beaufsichtigen und zu kontrollieren.

Artikel X.

In Anbetracht der Konzessionen, Befugnisse und Privilegien, welche der Gesellschaft im Vorstehenden eingeräumt sind, sichert dieselbe dem Sultan die Zahlung der Dividende von zwanzig (20) Anteilscheinen der Deutsch-Ostafrikanischen Gesellschaft zu je zehntausend (10 000) Mark, das heißt die Zahlung der Dividende eines Kapitalbetrages von ungefähr zehntausend (10 000) Pfund Sterling zu; diese Zusicherung soll Ihm den Anspruch auf den einem solchen Anteil an dem Gesellschaftsvermögen zukommenden Teil desjenigen Reingewinnes geben, welcher ausweislich der Bücher der Gesellschaft vorhanden ist, nachdem Zinsen in Höhe von acht (8) Prozent auf das eingezahlte Kapital der Anteilscheinbesitzer bezahlt worden sind.

Artikel XI.

Die Deutsch-Ostafrikanische Gesellschaft soll alle Rechte, Privilegien, Abgabenfreiheiten und Vorteile genießen, welche anderen Gesellschaften oder Personen eingeräumt sind oder künftig eingeräumt werden, denen für einen anderen Teil des Herrschaftsgebietes Seiner Hoheit ähnliche Rechte wie die in diesem Vertrage gewährten übertragen sind oder übertragen werden mögen.

Artikel XII.

Die im Vorstehenden bezeichneten Rechte (concessions) erstrecken sich nicht auf die Besitzungen Seiner Hoheit auf den Inseln von Zanzibar und Pemba noch auf Seine Territorien nördlich des Umbaflusses, und es versteht sich, daß alle öffentlichen, richterlichen oder Regierungsbefugnisse und Funktionen, welche der Gesellschaft in diesem Vertrage übertragen sind, von derselben nur im Namen und unter der Autorität des Sultans von Zanzibar ausgeübt werden sollen.

Artikel XIII.

Beide Teile sind darüber einig, daß die hier in Rede stehenden Rechtsübertragungen (concessions) und die denselben entsprechenden Verpflichtungen, sowie sie im Vorstehenden dargelegt sind, für beide Teile, ihre Erben und Rechtsnachfolger für den vereinbarten Zeitraum von fünfzig (50) Jahren bindend sein sollen.

Artikel XIV.

Seine Hoheit ist bereit, die im Vorstehenden bezeichneten Zölle, Ländereien und Gebäude der Deutsch-Ostafrikanischen Gesellschaft an einem von ihr zu wählenden Tage nach dem fünfzehnten (15.) August eintausendachthundertachtundachtzig (1888) zu übertragen.

Artikel XV.

Der gegenwärtige Vertrag ist in vier Abschriften ausgefertigt worden, von denen zwei in englischer und zwei in arabischer Sprache abgefaßt sind.

Alle diese Abschriften haben denselben Sinn; sollten gleichwohl später Meinungsverschiedenheiten über die richtige Auslegung des englischen und arabischen Textes der einen oder der anderen der Vertragsbestimmungen entstehen, so soll die englische Abschrift als die maßgebende betrachtet werden.

Zur Beglaubigung dessen haben Seine Hoheit Seyyid Khalifa ben Said und Dr. G. Michahelles diesen Vertrag gezeichnet und demselben ihre Siegel angeheftet.

Geschehen in Zanzibar den achtundzwanzigsten Tag des April in dem Jahre unseres Herrn 1888 (eintausendachthundertachtundachtzig), entsprechend dem sechszehnten Schaban eintausenddreihundertundfünf der Hedschra.

(Folgen Unterschriften und Siegel.)

Abgeänderter Artikel IX des Küstenvertrages nach Abmachung vom 13. Januar 1890.

Artikel IX.

Seine Hoheit gewährt der Gesellschaft die „Regie" oder Pacht der Zölle in sämtlichen Häfen des oben bezeichneten Teils Seiner Territorien für eine gleiche Zeitperiode, wie die vorher erwähnten anderen Rechte (concessions), und zwar unter den folgenden Bedingungen:

Die Gesellschaft liefert am Ende eines jeden Monats europäischer Zeitrechnung den ganzen Betrag der in den oben bezeichneten Territorien erhobenen Ein- und Ausfuhrzölle an Seine Hoheit ab. Abgezogen wird nur eine gewisse Summe für die Ausgaben, welche durch die Zollerhebung erwachsen; diese Ausgaben dürfen die Summe von einhundertundsiebenzigtausend (170 000) Rupien per Jahr für die ersten 3 Jahre des Vertrages nicht übersteigen, und wenn die Gesellschaft nicht in der Lage ist, durch ihre Bücher nachzuweisen, daß sie in Wirklichkeit die obenerwähnte Summe verausgabt hat, so hat sie an Seine Hoheit auch die Differenz zwischen ihren wirklichen Ausgaben und dem Betrage von 170 000 Rupien zu zahlen. Auf Grund der in den ersten 3 Jahren durch die Gesellschaft direkt gemachten Nettozolleingänge (das sind die eingenommenen Jahres-Zollgelder weniger 170 000 Rupien) soll am 18. August 1891 europäischer Zeitrechnung die Durchschnittssumme, welche von der Gesellschaft jährlich an Seine Hoheit zu zahlen ist, festgesetzt werden; die Gesellschaft soll jedoch das Recht haben, am Ende eines jeden dritten Jahres auf Grund der in den letzten drei Jahren erzielten Ergebnisse, welche durch ihre Bücher nachzuweisen sind, in neue Unterhandlungen mit Seiner Hoheit einzutreten, um die Durchschnittssumme zu revidieren und neu festzusetzen. Seine Hoheit ist berechtigt, einen Beamten zu bestellen, welcher die Zolleinnahmen in den Häfen des hier in Betracht kommenden Gebietes zu kontrollieren hat.

Ferner versteht es sich, daß Seine Hoheit von keinem Zweige des Handels den Zoll zum zweiten Male beanspruchen darf. Der Gesellschaft steht daher das Recht zu, über die Zollbeamten Seiner Hoheit in Zanzibar zu diesem Behuf eine Kontrolle auszuüben und die Rückvergütung aller Zollbeträge zu verlangen, welche künftighin etwa von der Einfuhr nach den in diesem Vertrage bezeichneten Häfen oder von der Ausfuhr aus denselben direkt an Seine Hoheit bezahlt werden. Die Gesellschaft verzichtet hierbei ausdrücklich auf Rückerstattung solcher Zölle, welche durch Seine Hoheit auf von Europa oder dem Auslande kommende Waren in Zanzibar vereinnahmt worden sind und die nachträglich von Zanzibar nach dem der Verwaltung der Gesellschaft unterstellten Gebiete ausgeführt werden. Die Gesellschaft verspricht ferner, Seiner Hoheit fünfzig (50) Prozent von dem weiteren Reineinkommen zu zahlen, welches ihr aus den Zollabgaben der hier in Rede stehenden Häfen zufließen wird. Seine Hoheit überträgt der Gesellschaft alle Rechte an den Territorialgewässern, welche innerhalb der oben bezeichneten Grenzen Seines Gebietes liegen oder zu denselben gehören; insbesondere soll sie die Befugnis haben, die Beförderung, die Durchfuhr, das Landen und Verschiffen von Waren und Produkten innerhalb der genannten Gewässer durch Küstenwächter zu Lande und zu Wasser zu beaufsichtigen und zu kontrollieren.

Anlage V.
Zur Übernahme der Zollverwaltung.

Bekanntmachung.

In Gemäßheit des zwischen Seiner Hoheit dem Sultan von Zanzibar, Seyyid Khalifa ben Said, und der Deutsch-Ostafrikanischen Gesellschaft abgeschlossenen Vertrages übernimmt die letztere mit dem sechszehnten August des Jahres achtzehnhundertundachtundachtzig im Namen Seiner Hoheit die gesamte Verwaltung an der Küste südlich des Umba-Flusses bis zum Rovuma-Fluß.

Es wird bekannt gemacht, daß die nachstehende Verordnung mit dem obengenannten Datum innerhalb der oben näher bezeichneten Grenzen in Kraft treten wird.

Für die Deutsch-Ostafrikanische Gesellschaft:
gez. Ernst Vohsen.

Verordnung Nr. 1.

Der Zoll auf alle von der Küste zwischen dem Umba-Fluß und dem Rovuma-Fluß ausgeführten Waren und Produkte jeglicher Art, welcher vertragsmäßig an der Küste bezahlt werden muß, wird bis auf weiteres in den Hauptzollstationen

    Tanga,
    Pangani,
    Bagamoyo,
    Daressalam,
    Kiloa Kiwindje,
    Lindi und
    Mikindani

bezahlt.

2. Jeder, welcher Waren oder Produkte von oder nach einem dieser Orte ausführt oder einführt, ist verpflichtet, dieselben an dem für diesen Zweck bestimmten Platz beim Zollhause zu untersuchen und abzuschätzen, und es ist nicht erlaubt, an einer andern als den in diesen Häfen dazu bestimmten Landungs- oder Verschiffungsstellen zu landen oder zu löschen.

3. Nach Untersuchung und Verwiegung der Waren und Produkte ist der Zollbetrag in Gemäßheit des Vertrages in bar oder in Produkten oder in Waren am Zollhause zu bezahlen. Der Wert jeder Klasse von Waren oder Produkten, auf welche vertragsgemäß Zoll zu erheben ist, wird durch eine im Zollhause angeschlagene Liste bekannt gegeben. Diese Liste wird monatlich aufgestellt und soll mit den Zanzibar-Zollhauspreisen übereinstimmend sein.

4. Nach Entrichtung des Zollbetrages erhält der Verlader eine Deklaration, deren Besitz allein ihn zum Verlassen des Hafens berechtigt. Bei der Ankunft in Zanzibar ist diese Deklaration vorzuzeigen und dem Zollbeamten Seiner Hoheit des Sultans als ein Beweis der richtigen Zahlung der Zölle abzuliefern.

5. Nebenzollstationen werden in

    Saadani,
    Bweni,
    Kikunya,
    Samanga,
    Kiloa Kisiwani und
    Sudi

eingerichtet werden. Nur solche Waren oder Produkte, welche nach Zanzibar oder einem Küstenpunkt innerhalb der Zollgrenzen vom Umba-Fluß bis zur Rovuma-Bai bestimmt sind, dürfen auf diesen Stationen verschifft werden.

Der Verlader hat die Waren zum Zollhaus zu bringen, woselbst sie eingeschrieben werden, und erhält einen Schein, ohne welchen er die Station nicht verlassen darf.

6. Der Zoll auf diese oben erwähnten Waren und Produkte wird nach Ankunft des Schiffes in Zanzibar an die Zollbeamten bezahlt, welche die Waren und Produkte auf Übereinstimmung mit dem Passagierschein prüfen und bei Richtigbefund dem Eigentümer erlauben, seine Güter

vom Zollhaus zu entfernen. Zur Genehmigung hierzu ist die Zuziehung der Beamten der Deutschen Gesellschaft erforderlich.

7. In gleicher Weise ist der vorgeschriebene Zoll auf alle Waren und Produkte, welche von einer Hauptzollstation nach einer anderen innerhalb der Zollgrenze vom Umba-Fluß bis zur Rovuma-Bai verschifft werden, an dem Verschiffungsorte zu zahlen. Dieser Zoll wird indessen zurückerstattet werden, sobald ein hinreichender Nachweis beigebracht ist, daß die Waren und Produkte loco verbraucht und nicht wieder exportiert worden sind.

8. Alle Waren und Produkte, welche von den oben erwähnten Nebenzollstationen verschifft werden und nicht nach Zanzibar oder der Küste innerhalb der oben erwähnten Zollgrenzen bestimmt sind, müssen zur Verzollung nach einer Hauptzollstation gebracht werden. Versäumt der Verschiffer dies, so unterliegt er den Bestimmungen des § 14 dieser Verordnung.

9. Außer von den oben erwähnten Haupt- und Nebenzollstationen dürfen Waren oder Produkte von keinem Punkt der Küste verschifft werden.

10. Waren oder Produkte, welche nicht von Zanzibar, sondern von außerhalb kommend in das Küstengebiet innerhalb der oben genannten Zollgrenzen eingeführt werden sollen, dürfen nur an den sieben Hauptzollstationen eingeführt und gelöscht werden und entrichten hier den vorgeschriebenen Zoll.

11. Verlader von Waren und Produkten, welche ihren Zoll in Zanzibar zu entrichten wünschen, müssen bei der Ausklarierung ihrer Produkte an der Küste eine schriftliche Erklärung ihrer Absicht einreichen, welche die Bezeichnung der Art und des Wertes ihrer Güter enthält.

Der Zoll ist dann bei der Ankunft auf dem Bureau der Deutschen Gesellschaft zu zahlen.

12. Waren und Produkte, auf welche bereits Zoll in Zanzibar gezahlt ist, bedürfen, wenn sie an der Küste eingeführt werden, um zollfrei zu passieren, eines Passierscheines des Zollbeamten in Zanzibar. Jeder, der also derartige Waren oder Produkte von Zanzibar nach der Küste exportieren will, muß dies dem Zanzibarer Zollvorsteher oder dem Beamten der Deutsch-Ostafrikanischen Gesellschaft ordnungsgemäß anzeigen und erhält einen Erlaubnis- oder Passierschein. Waren oder Produkte indes, auf welche kein Zoll in Zanzibar gezahlt ist, müssen in derselben Weise wie die unter Nr. 10 dieser Verordnung genannten Güter an der Küste verzollt werden. Der Erlaubnis- oder Passierschein ist den Zollbeamten der Küstenstationen, wo die Güter eingeführt werden sollen, abzuliefern.

13. Nur die Vorzeigung eines derartigen Erlaubnis- oder Passierscheines berechtigt zur zollfreien Einführung von Waren oder Produkten an der Küste.

Wird ein derartiger Erlaubnis- oder Passierschein an der Küstenzollstation nicht vorgelegt, so sind die Güter, ebenso wie die unter Nr. 10 dieser Verordnung erwähnten, nach den Tarifen zu verzollen und unterliegen denselben Bestimmungen wie Güter, welche direkt von außerhalb an der Küste eingeführt werden.

14. Jeder Verlader von Waren oder Produkten hat die Verpflichtung, sowohl Ausfuhrdeklaration wie Erlaubnis- oder Passierschein auf Verlangen den Beamten der Deutsch-Ostafrikanischen Gesellschaft vorzuzeigen. Jedes von Zanzibar oder von der Küste innerhalb der Zollgrenzen der Gesellschaft kommende Schiff, welches im Widerspruch zu dieser Verordnung keinen Erlaubnis- oder Passierschein besitzt, kann als schmuggeltreibend betrachtet und mit Beschlag belegt werden.

Verlader sowohl wie Schiffsbesitzer und Kapitäne in Zanzibar und der Küste werden daher auf das dringendste aufgefordert, genaue Kenntnis von diesen Bestimmungen zu nehmen und ihnen Folge zu leisten.

15. Bei allen Fällen schwer zu entscheidender Streitigkeiten über die Höhe der vertragsgemäß zu zahlenden Zölle ist die Angelegenheit zur Entscheidung den zuständigen Behörden in Zanzibar zu unterbreiten. Bis zur Entscheidung durch dieselben sollen die streitigen Güter entweder in dem Zollhause, wo der Streit entstanden, zurückbehalten werden, oder der Verlader soll, wenn er seine Güter frei zu bekommen wünscht, beim Zollbeamten unter Protest die volle Summe des geforderten Zolles gegen eine Quittung, welche ihm dafür ausgestellt wird, hinterlegen.

gez.: Ernst Vohsen,
Generalbevollmächtigter der Deutsch-
Ostafrikanischen Gesellschaft.

gez.: von St. Paul,
Chef der Zollverwaltung.

Anlage VI.

Zur Übernahme der Verwaltung an der Küste.

Verordnung II.

In Ausführung des Artikels II des Vertrages vom 28. April ds. Js. betr. die Übernahme der Verwaltung des dem Sultan gehörigen Küstengebietes durch die Deutsch-Ostafrikanische Gesellschaft wird in Hinblick auf die uns hiermit übertragene Ausübung der Gerichtsbarkeit in diesem Küstengebiete verordnet, wie folgt:

Es wird jede Woche zweimal und zwar jeden Dienstag und Samstag nachmittag von 2—4 Uhr von dem Bezirkschef unter Beisitz des Wali und mit Zuziehung einiger vom Bezirkschef zu berufenden Indier oder Araber eine Gerichtssitzung abgehalten. Alle Klagen, welche unter die Jurisdiktion einer europäischen Macht oder in den Wirkungskreis des vom Sultan zu ernennenden Kadi fallen, sind bei diesen Sitzungen vorzubringen und zwar nach der Ordnung, welche der Bezirkschef zu bestimmen für gut hält.

Jede Anzeige in Strafsachen ist sofort und unmittelbar an den Bezirkschef zu erstatten, welcher hierüber mit tunlichster Beschleunigung das Nötige zu verfügen haben wird.

Zanzibar, den 16. August 1888.

Für die Deutsch-Ostafrikanische Gesellschaft.
Der Generalbevollmächtigte:
gez.: Ernst Vohsen.

Verordnung III.

In Ausführung des Artikels II des Zoll- und Küsten-Vertrages vom 28. April ds. Js., welchem zufolge Se. Hoheit der Sultan alle Rechte auf das in seinem Küstengebiete befindliche Land südlich des Umba-Flusses, mit Ausnahme der Privat-Ländereien und Schambas und öffentlichen Gebäude und mit Ausnahme der für seinen Privatgebrauch reservierten Baulichkeiten, auf die Deutsch-Ostafrikanische Gesellschaft überträgt, wird hiermit verordnet, wie folgt:

Alles Eigentum an Ländereien und Gebäuden in dem Sr. Hoheit dem Sultan gehörigen Gebiete jedes einzelnen Bezirkes ist von dem betreffenden Besitzer in einem Zeitraum von sechs Monaten vom 16. August 1888 an in einem bei dem Bezirkschef aufzulegenden Grundbuche einzutragen, wobei von den Eigentümern die Grenzen zu bezeichnen sind und ein genügender Nachweis des Ankaufes oder Besitzes zu liefern sein wird. Alles Eigentum an Häusern oder Land, welches binnen sechs Monaten nach Veröffentlichung dieser Verordnung nicht als Privatbesitz nachgewiesen werden kann oder nicht eingetragen ist, wird als öffentliches Gut betrachtet.

Die Haus- oder Landbesitzer, welche an dem Sitze eines Bezirkschefs wohnen, haben ihre Häuser einfach anzuzeigen, und erhält jedes ihrer Häuser oder Grundstücke, die innerhalb des Ortsrayons liegen, eine Nummer.

Die Eintragungen können jeden Morgen von 8—9 Uhr auf dem Bureau des Bezirkschefs erfolgen.

Zanzibar, den 16. August 1888.

Für die Deutsch-Ostafrikanische Gesellschaft.
Der Generalbevollmächtigte:
gez.: Ernst Vohsen.

Anlage VII.
Instruktion Wissmanns.
(Auszug.)

Berlin, den 12. Febr. 1889.

Was Ihr Verhältnis zu den Beamten der Deutsch-Ostafrikanischen Gesellschaft in Ostafrika betrifft, so ist daran festzuhalten, daß die Rechte der Gesellschaft, welche sich aus dem zu Ihrer Information abschriftlich anliegenden Vertrage derselben mit dem Sultan vom 28. April v. Js. ergeben, unverändert fortbestehen. Die Verwaltung bleibt unter Ihrer, in meiner Vertretung nach Art. 41 u. 42 des anliegenden Statuts geübten Aufsicht den Organen der Gesellschaft in den ihr unterstellten Gebieten, insoweit nicht durch militärische Rücksichten Einschränkungen beziehungsweise eine zeitweilige Suspension geboten erscheinen und mit dem Standrecht die Civil-Befugnisse auf das Militär übergehen. Eine Einmischung in die geschäftlichen Angelegenheiten der Gesellschaft und namentlich auch in die Zollverwaltung wollen Sie vermeiden. Dagegen übertrage ich Ihnen die Ausübung der mir statutenmäßig zustehenden Aufsicht über die Gesellschaft, soweit es sich um die Tätigkeit derselben auf dem ostafrikanischen Festlande handelt. Euer Hochwohlgeboren werden sich daher für befugt zu erachten haben, Abänderung etwaiger Anordnungen der Gesellschaft zu verlangen, welche geeignet scheinen, die einheimische Bevölkerung zu beunruhigen oder welche im Widerspruch mit den vertragsmäßigen Rechten anderer europäischer Nationen stehen.

Wird Ihrem Verlangen keine Folge geleistet, können Sie die von Ihnen angefochtenen Verordnungen zeitweilig außer Kraft setzen.

Desgleichen sind Euer Hochwohlgeboren berechtigt, in dringenden Fällen die Entfernung von Beamten der Gesellschaft herbeizuführen, deren Verbleiben mit der Aufrechterhaltung der Sicherheit und der guten Beziehungen zu der einheimischen Bevölkerung nicht vereinbar erscheint.

gez. von Bismarck.

Seiner Hochwohlgeboren dem Reichskommissar für Ostafrika,
Herrn Hauptmann Wissmann,

hier.

Anlage VIII.

Vertrag zwischen der Kaiserlichen Regierung und der Deutsch-Ostafrikanischen Gesellschaft vom 20. November 1890.

Zwischen der Kaiserlichen Regierung einerseits und der Deutsch-Ostafrikanischen Gesellschaft mit dem Sitz zu Berlin, vertreten durch ihren Vorstand, andererseits, wird, nach erfolgter Zustimmung der Hauptversammlung der Mitglieder der Gesellschaft, folgender Vertrag abgeschlossen, in dessen Text unter der „Gesellschaft" stets die „Deutsch-Ostafrikanische Gesellschaft" verstanden wird.

§ 1.

Die Kaiserliche Regierung beabsichtigt den Abschluß eines Staatsvertrages, durch welchen die Hoheitsrechte über das der deutschen Interessensphäre in Ostafrika vorgelagerte Küstengebiet samt dessen Zubehörungen und der Insel Mafia gegen Entschädigung Seiner Hoheit des Sultans von Zanzibar an Seine Majestät den Deutschen Kaiser abgetreten werden sollen. Das gegenwärtige Übereinkommen tritt nur unter der Voraussetzung in Rechtswirkung, daß der vorgedachte Vertrag spätestens am 1. Dezember 1890 zum Abschluß gelangt ist, und daß in diesem Vertrage der Übergang der Hoheitsrechte von seiten des Sultans von Zanzibar auf keinen späteren Zeitpunkt als den 1. Januar 1891 festgesetzt wird.

§ 2.

Zum Zweck der Bezahlung der dem Sultan von Zanzibar für die Abtretung Seiner Hoheitsrechte zu gewährenden Entschädigung verpflichtet sich die Gesellschaft, der Kaiserlichen Regierung spätestens am 28. Dezember 1890 den Betrag von vier (4) Millionen Mark deutscher Reichswährung in Gold zur Verfügung zu stellen und auszuzahlen.

Die Kaiserliche Regierung wird dafür besorgt sein, daß der Gesellschaft zum Zwecke der Aufbringung der Mittel für diese Zahlung sowie zu den in § 3 dieses Vertrages bezeichneten weiteren Zwecken rechtzeitig die nach dem Preußischen Gesetz vom 17. Juni 1833 (Ges.-Slg. 1833, S. 75) erforderliche landesherrliche Genehmigung zur Aufnahme einer mit 5 Prozent jährlich verzinslichen und halbjährlich mit 0,3257 Prozent ihres Nennbetrages zuzüglich der aus den ersparten Zinsen tilgbaren Nominalbeträge zu amortisierenden, zum Kurse von 105 Prozent rückzahlbaren Darlehnsschuld in auf jeden Inhaber lautenden Schuldverschreibungen und die nach § 37, Ziffer 4 und § 42, Ziffer 3 der Satzungen der Gesellschaft nötige Genehmigung ihrer Aufsichtsbehörde erteilt werden.

§ 3.

Zur Aufbringung der Mittel für die nach § 2 an die Kaiserliche Regierung zu leistende Zahlung, sowie zur Verwendung für dauernde wirtschaftliche Anlagen in dem deutsch-ostafrikanischen Gebiet und zur Beförderung des Verkehrs nach demselben verpflichtet sich die Gesellschaft gegenüber der Kaiserlichen Regierung, eine Anleihe im Gesamtbetrage von 10 556 000 Mark zu schaffen.

Die Gesellschaft ist gehalten, aus dem Erlöse der Anleihe, soweit sie die in § 2 vorgesehene, sofort zu leistende Zahlung übersteigt, die Betonnung der Häfen im Küstengebiete nach Maßgabe des unter dem 27. Mai 1890 von seiten des Reichs-Marineamts ausgearbeiteten Planes auszuführen, sowie Beleuchtungs-Anlagen im Höchstbetrage von 250 000 Mark zu machen. Mit dieser Arbeit wird spätestens am 1. April 1891 begonnen werden.

Eine Verwendung des Erlöses der Anleihe muß, sofern diese Verwendung sich nicht innerhalb der in Abs. 1 gedachten Zweckbestimmung hält, auf Verlangen der Kaiserlichen Regierung unterbleiben.

Die Verwendung muß innerhalb der ersten 10 Jahre erfolgen, soweit die Kaiserliche Regierung eine Verlängerung nicht eintreten läßt.

§ 4.

Der von der Gesellschaft am 28. April 1888 mit Sr. Hoheit dem Sultan von Zanzibar abgeschlossene und durch das Nachtrags-Übereinkommen vom 13. Januar 1890 modifizierte Vertrag wird mit dem Zeitpunkt der Zahlung der Abfindungssumme (§ 2) außer Kraft gesetzt, insoweit seine Festsetzungen nicht durch den gegenwärtigen Vertrag ausdrücklich aufrecht erhalten werden.

Die Kaiserliche Regierung übernimmt von diesem Zeitpunkt ab die Verwaltung des Küstengebietes und seiner Zubehörungen, der Insel Mafia, sowie des Schutzgebietes.

Der Kaiserlichen Regierung fallen dementsprechend alle vom Zeitpunkte der Übernahme der Verwaltung ab eingehenden Zölle, sowie die etwa zur Hebung gelangenden Steuern und sonstigen öffentlichen Gefälle jeder Art zu.

§ 5.

Dagegen verpflichtet sich die Kaiserliche Regierung, vom 1. Januar 1891 ab bis dahin, daß die von der Gesellschaft aufzunehmende Anleihe (§§ 2 u. 3) zur völligen planmäßigen Tilgung gelangt ist, an die von der Gesellschaft zu bezeichnende Stelle zum Zweck der Verzinsung und Amortisation der aufzunehmenden Anleihe aus den von der Kaiserlichen Regierung vereinnahmten Brutto-Zollerträgen der Ein- und Ausfuhr in das Küstengebiet bezw. aus demselben ohne jeden Abzug und ohne jede Aufrechnung unter allen Umständen den Jahresbetrag von Sechshunderttausend (600 000) Mark zu zahlen.

Die Zahlung erfolgt in halbjährlichen Raten von je 300 000 Mark an jedem Juni und 20. Dezember.

Vier Wochen nach Abschluß jeder Monatsaufstellung der Zolleingänge wird der Gesellschaft von ihrem Betrage Kenntnis gegeben.

§ 6.

Solange die Verpflichtung der Kaiserlichen Regierung zu der in § 5 bedungenen Zahlung besteht, wird die Kaiserliche Regierung Änderungen der zur Zeit des Vertragsabschlusses an der Küste geltenden Zollsätze nicht eintreten lassen, sofern eine solche Änderung das Aufkommen eines Brutto-Zollerträgnisses von mindestens 600 000 Mark jährlich gefährdet.

Werden Zollstellen seitens der Kaiserlichen Regierung außerhalb des Küstengebietes errichtet, so werden für die Dauer der Vertragszeit auch die Erträgnisse dieser Zollstellen zur Aufbringung der vorerwähnten 600 000 Mark verwendet werden.

Falls in einem Jahre oder in einer Mehrheit von Jahren der für den Dienst der Anleihe erforderliche Betrag von 600 000 Mark durch die Brutto-Erträgnisse der Zölle nicht erbracht werden sollte, ist die Differenz aus den den Betrag von 600 000 Mark überschreitenden Erträgnissen späterer Jahre nachzuzahlen (§ 5).

§ 7.

Die Kaiserliche Regierung räumt der Gesellschaft als ein ferneres Entgelt für die Aufgabe ihrer Rechte aus dem Vertrage vom $\frac{\text{28. April 1888}}{\text{13. Januar 1890}}$ die folgenden Befugnisse ein:

Unbeschadet der von der Gesellschaft außerhalb des Küstengebietes, seiner Zubehörungen und der Insel Mafia (§ 1), sowie außerhalb des Gebietes, für welches der Kaiserliche Schutzbrief erteilt ist, vertragsmäßig erworbenen Rechte tritt die Kaiserliche Regierung der Gesellschaft für das Küstengebiet, dessen Zubehörungen, die Insel Mafia und das Gebiet des Schutzbriefes das ausschließliche Recht auf den Eigentumserwerb durch Ergreifung des Besitzes (Okkupationsrecht) an herrenlosen Grundstücken und deren unbeweglichen Zubehörungen, vornehmlich also auch das Okkupationsrecht an Wäldern ab, jedoch mit dem Vorbehalt

a) der wohlerworbenen Rechte Dritter an dergleichen herrenlosen Grundstücken;

b) des Rechts der Kaiserlichen Regierung, herrenlose Grundstücke, insoweit solche nach ihrem Ermessen zu öffentlichen Bauten im Interesse der Verwaltung und der Sicherung des Küsten- und des Schutzgebietes erfordert werden, durch Okkupation für das Reich zu Eigentum zu erwerben;

c) des Rechts der Kaiserlichen Regierung, für die Ausnutzung der Wälder auch für die Gesellschaft verbindliche Gesetze und Verordnungen im Interesse der Landes- und Forstkultur zu erlassen.

2. In bezug auf die Gewinnung von Mineralien werden der Gesellschaft für das Küstengebiet, dessen Zubehörungen, die Insel Mafia und das Gebiet des Kaiserlichen Schutzbriefes, gleichviel ob die Gesellschaft selbst oder ein Anderer der Finder ist, die gleichen Vorteile, insbesondere auf die Verleihung von Feldern, eingeräumt, welche die in jenen Ge-

bieten jeweilig geltende Gesetzgebung dem Finder zugesteht. Außerdem verpflichtet sich die Kaiserliche Regierung, bei Verleihung von Feldern an Andere als die Gesellschaft, dem Beliehenen, insofern er nicht der Finder ist, eine Abgabe von fünf (5) Prozent der von ihm geförderten Mineralien zugunsten der Gesellschaft aufzuerlegen.

3. Bei der Konzessionierung des Baues und des Betriebes von Eisenbahnen im Küstengebiet, dessen Zubehörungen, auf der Insel Mafia und in dem Gebiet des Kaiserlichen Schutzbriefes soll der Gesellschaft im Falle der Übernahme und der Erfüllung der gestellten Konzessions-Bedingungen ein Vorrecht vor anderen Bewerbern zustehen. Die ihr, im Falle sie von diesem Vorrecht Gebrauch macht, zu erteilende Bau- und Betriebs-Erlaubnis soll übertragbar sein.

4. Der Gesellschaft wird das Recht auf Errichtung einer Bank mit dem Privilegium der Ausgabe von Noten erteilt werden.

5. Die Gesellschaft verbleibt im Besitz der ihr zur Zeit des Vertragsschlusses zustehenden Befugnis, Kupfer- und Silber-Münzen, welche an den öffentlichen Kassen des Küstengebietes, dessen Zubehörungen und der Insel Mafia, sowie des Gebietes des Kaiserlichen Schutzbriefes in Zahlung genommen werden müssen, zu prägen und auszugeben.

§ 8.

Vor dem Erlaß von Gesetzen und Verordnungen für das Küstengebiet, dessen Zubehörungen, die Insel Mafia und das Gebiet des Kaiserlichen Schutzbriefes wird die Kaiserliche Regierung die Gesellschaft zur gutachtlichen Äußerung auffordern, sofern nicht die Dringlichkeit des Falles eine Abweichung von der Regel erheischt.

§ 9.

Insoweit es sich nicht um Rechte handelt, welche die Gesellschaft auf Grund der ihr hier eingeräumten Befugnisse während der Dauer dieses Vertrages erworben hat (vgl. § 7), tritt das gegenwärtige Übereinkommen außer Geltung, sobald die aufzunehmende Anleihe (§§ 2 u. 3) getilgt ist.

Berlin, 20. November 1890.

Der Reichskanzler.	Deutsch-Ostafrikanische Gesellschaft.	
(gez.) v. Caprivi.	Die Vors. d. Verwaltungsrats.	Der Vorstand.
	(gez.) K. v. d. Heydt.	(gez.) Lucas.
	(gez.) H. Oppenheim.	(gez.) Bourjau.

Literaturverzeichnis.

1. Akten der DOGA.
2. Jahresberichte, Statuten der DOGA seit 1887.
3. Kolonial-Politische Korrespondenz, 1., 2. und 3. Jahrgang, 1885—87. Organ der DOGA und der Gesellschaft für deutsche Kolonisation.
4. Anton, Die Entwicklung des französischen Kolonialreiches. Dresden 1897.
5. Pierre Bonnassieux, Les grandes Compagnies de commerce. Paris 1892.
6. Jahresberichte der British-North-Borneo-Company.
7. Berichte über die Generalversammlungen der British-North-Borneo-Company.
8. Brode, British and German East-Africa, their economic and commercial relations. London 1911.
9. Burton, Zanzibar; City, Island and Coast. London 1872.
10. Edmond Carton de Wiart, Les grandes compagnies coloniales anglaises du 19ᵉ siècle. Paris 1899.
    Pierre Decharme, Compagnies et sociétés coloniales allemandes. Paris 1903.
12. C. C. von der Decken, Reisen in Ostafrika in den Jahren 1859—1865. Leipzig und Heidelberg 1869.
13. Guillain, Documents sur la géographie et l'histoire de l'Afrique orientale. Paris 1856.
14. Jäckel, Die Landgesellschaften in den deutschen Schutzgebieten. Jena 1909.
15. Koloniales Jahrbuch 1888—94.
16. Koloniale Rundschau 1910/11.
17. Kolonialzeitung, Deutsche. 1884—1903.
18. v. Koschitzky, Deutsche Kolonialgeschichte. Leipzig 1887/88.
19. Dr. F. Lange, Reines Deutschtum. Berlin 1904.
20. Lyne, Zanzibar in Contemporary Times. London 1905.
21. Neue Preußische (Kreuz-) Zeitung, Januar bis März 1885.
22. Noback, Münz-, Maß- und Gewichtsbuch. Leipzig 1877.
23. Norddeutsche Allgemeine Zeitung. Januar bis März 1885.
24. Peez und Raudnitz, Geschichte des Maria-Theresien-Thalers. Wien 1898.
25. Peters, Die Gründung von Deutsch-Ostafrika. Berlin 1906.
26. Dr. Joachim Graf Pfeil, Zur Erwerbung von Deutsch-Ostafrika. Ein Beitrag zu seiner Geschichte. Berlin 1907.
27. Verhandlungen des deutschen Reichstages vom 14. Dezember 1888, 15., 26., 29. und 30. Januar 1889, 4., 5. und 6. Februar 1891.

28. G. Rohlfs, Quid novi ex Africa? Kassel 1886.
29. Schmoller, Umrisse und Untersuchungen zur Verfassungs-, Verwaltungs- und Wirtschaftsgeschichte des Preußischen Staates im 17. und 18. Jahrhundert. Leipzig 1898.
30. Schwarze, Die wirtschaftlichen Verhältnisse im Sultanat Zanzibar vor und nach der Errichtung der englischen Herrschaft. Berlin 1912.
31. v. Stengel, Die deutschen Schutzgebiete, ihre rechtliche Stellung, Verfassung und Verwaltung. Annalen des Deutschen Reiches 1895.
32. v. Stengel, Die Rechtsverhältnisse der deutschen Schutzgebiete. Tübingen und Leipzig 1901.
33. Stuhlmann, Die wirtschaftliche Entwicklung Deutsch-Ostafrikas. Berlin 1898.
34. Stuhlmann, Beiträge zur Kulturgeschichte von Ostafrika. Berlin 1909.
35. Vohsen, Zum deutsch-englischen Vertrag. Berlin 1890.
36. Vohsen, Ein Kolonialprogramm für Ostafrika. Berlin 1891.
37. Wagner, Deutsch-Ostafrika. Berlin 1888.
38. Zeitschrift für das gesamte Handelsrecht. Band 34, 35.
39. Zeitschrift für Kolonialpolitik, Kolonialrecht und Kolonialwirtschaft. Bis 1912.
40. Deutsches (Preußisches) Handelsarchiv. 1847—90.
41. Herrfurth, Fürst Bismarck und die Kolonialpolitik. Berlin 1909. 8. Band der Geschichte des Fürsten Bismarck in Einzeldarstellungen. Herausgegeben von Johannes Penzler.